国家社科基金
GUOJIA SHEKE JIJIN HOUQI ZIZHU XIANGMU
后期资助项目

老庄自然和谐思想研究

Research on Lao-Zhuang's Thoughts of Natural Harmony

汪韶军　著

北京师范大学出版集团
BEIJING NORMAL UNIVERSITY PUBLISHING GROUP
北京师范大学出版社

图书在版编目(CIP)数据

老庄自然和谐思想研究/汪韶军著 . —北京:北京师范大学出版社,2018.4

ISBN 978-7-303-21972-8

Ⅰ. ①老… Ⅱ. ①汪… Ⅲ. ①老子－哲学思想－研究 ②庄周(约前369—前286)－哲学思想－研究 Ⅳ. ①B223.05

中国版本图书馆CIP数据核字(2017)第020826号

营 销 中 心 电 话 010－58805072 58807651
北师大出版社高等教育与学术著作分社 http://xueda.bnup.com

LAOZHUANG ZIRAN HEXIE SIXIANG YANJIU

出版发行:北京师范大学出版社 www.bnup.com
　　　　　北京市海淀区新街口外大街 19 号
　　　　　邮政编码:100875

印　　刷:北京京师印务有限公司
经　　销:全国新华书店
开　　本:787 mm×1092 mm　1/16
印　　张:16.75
字　　数:290 千字
版　　次:2018 年 4 月第 1 版
印　　次:2018 年 4 月第 1 次印刷
定　　价:65.00 元

策划编辑:杜松石　　　　责任编辑:王 宁
美术编辑:李向昕　　　　装帧设计:包 丹 李向昕
责任校对:陈 民　　　　责任印制:马 洁

国家社科基金后期资助项目
出 版 说 明

　　后期资助项目是国家社科基金设立的一类重要项目，旨在鼓励广大社科研究者潜心治学，支持基础研究多出优秀成果。它是经过严格评审，从接近完成的科研成果中遴选立项的。为扩大后期资助项目的影响，更好地推动学术发展，促进成果转化，全国哲学社会科学规划办公室按照"统一设计、统一标识、统一版式、形成系列"的总体要求，组织出版国家社科基金后期资助项目成果。

全国哲学社会科学规划办公室

代　序

——写在《老庄自然和谐思想研究》出版之际

老庄哲学一直是门显学，古今有关它的注疏和研究成果汗牛充栋，但还有进一步探讨的空间，何况围绕它存在着较多的误解、歪曲与过度阐释。在这种情形下，把它的本来面目讲得尽可能清楚，将有利于中华优秀传统文化的这一重要组成部分与当代社会进行有效的对话。

十多年前韶军考入北京大学哲学系硕博连读，因为学术方向相近，我们常常在一起长谈，以至于忘记时间的流淌。他对传统哲学，尤其是道家、禅宗等方面的深厚素养，给我很深印象。读了这本即将出版的《老庄自然和谐思想研究》文稿，我觉得在当初我们交谈时，他就已经露出一些思考的痕迹了，现在看到形成如此系统而有深度的研究成果，真为他感到特别地高兴。

本书关注点不再是道为何物，而是老庄为什么提出"道"论，或者说，老庄哲学需要一个什么样的"道"？作者认为，"道"、"无"、"自然"等概念谈的主要不是知解的形上学问题，而是实践、生活上的概念。为此，他把老庄哲学放回到春秋战国时期的生活世界，让道家与其他学派在如何重建秩序这个共同的时代话语平台上展开争鸣。应该说，这一思路是切中肯綮的。他不认为以西方哲学的本体论模式来理解老庄道论是完满的模式，因为道不是上帝式的创造者和设计者，不是强势的决定者，而是不宰万物而使其自己的创化之伟力，是覆载万物、成就万物的一个物事。道论的提出，是为了给人类行为树立伟大的典范，老庄以道与万物的关系模型来推演君民关系乃至一般意义上的人我关系，从中导出自然无为的伦理政治主张。这样的提问方式和对核心问题的看法，有很高的学术价值。

这本书资料翔实可靠，对一手文献、古代注疏和现当代研究成果把握得比较全面，因而能在前人研究基础之上再推进一步。作者提出了许多有价值的、值得重视的见解，比如，他把老庄哲学的内在理路概括为"有"的发现→以"无"全"有"→各适其天（"有"指宇宙全体生命，"无"指行事处世的无为原则），从而质疑了认为崇"无"便是贱"有"，以及"有"的发现始于魏晋的传统观点；点出"自然"的对立面是"他然"，而"他然"意味着"使然"与"同然"，这一论断可让人恍悟道家为何强调"处无为之事，行不言之教"；指出"无"的生命智慧（"无为"、"无知"、"无欲"、"无身"、"无功"、"无名"、"无己"、"丧我"等）不仅仅是个人修养问题、精神境界问题，事实上还连带着他者，它是个体（首先是人君）对自我的节制和对他者的尊重与包容，如此则能减少乃至防止社会冲突；辨明"绝学"、"无知"讨论的不是知识论问题，而是价值论问题，老庄有关思想并非什么否定经验知识的反智主义、神秘主义；通过玄德与仁义、道家与儒家等思想流派的比较研究，为老庄哲学找回了广阔的伦理空间和深沉的公共关怀；引入西方自由理论作为理论背景，发现庄子式逍遥并非虚幻的精神自由，亦非一己之自由，而是倡导实实在在的自由和群己皆自由……这些观点关涉老庄哲学的根本性问题，解释的角度和得出的结论无疑具有新意。

尽管本成果属基础性的哲学研究，但对传统美学的研究也具有学术价值，因为这些基本的哲学问题，同样是传统美学中的重要问题。比如，老庄自然和谐思想最终是要达成万类并生、各适其天的境界，这其实就是中国自古以来所追求的万物一体。这是一个大美的世界，作者不仅把老庄自然和谐思想阐释得很有深度，还揭示出道家思想乃至中国文化所蕴含的"美丽精神"。再如，关于老庄"非美倾向"的论述，可以部分解答"美"为何不是中国古典美学的中心范畴和最高范畴，以及中国古典美学与艺术的当家面目为何是如此这般。还有，作者把黑格尔的一句名言补充为：审美不仅令人解放，也应该让物得到解放。这种着力超越人类中心主义的观点，对于审美态度研究，尤其是生态美学的构建，是有启发作用的。

哲学家雅斯贝尔斯曾言，人类文明的每次飞跃，一大动力就是来自轴心时代的思想文化遗产。韶军的研究对象也具有极强的现实品格，因为如何提升人的生命境界，促成人的自由充分发展与社会的和谐、世界的和谐，是我们面临的一个迫切问题。本书揭示出的老庄自然和谐思想，正可为此提供重要启示。

韶军毕业多年，在研究上不曾懈怠，据悉他的下一部学术著作《可能的〈老子〉——文本对勘与思想探原(道篇)》也已被立项为国家社科基金后期资助项目。我相信他的持续性的研究,一定会推动道禅哲学与美学的研究向纵深发展。韶军新著出版,作为多年的朋友,写上浅浅之语,以表祝贺之情。

朱良志
2017 年 6 月 30 日于北京大学燕南园

前　言

　　道家的"自然"到底意味着什么？其"自然"最终要解决什么问题？它有什么样的现代价值？笔者认为，道家开出的"自然"，其旨归可用"见"字（音"现"）来加以概括。他们认为，每个个体都有独一无二的价值，但由于个体受他者侵扰或个体自身未能自尊自主，故其价值与意义经常不能无碍地展现，而"见"的核心义涵就是"真"的出潜离隐和世界万有的无碍兴现。它期望从被各种欲望所淹没、"我"见所遮蔽的状态回到本真状态，让在者之在敞开，让一切在者如其所是地在。"见"是成人之道，也是成物之道，且成人是成物的前提。这里的人与物分别指"我"与他者或"我"与世界。其关系可以落实在不同层面上，诸如政治秩序中的君民关系、社会交往中的群己关系、面向世界时的人与自然关系、审美经验中主体与对象的关系。道家一贯强调摆正"我"的位置，强调认清人的自我形象，因为人的自我理解不仅深刻影响着人的在世方式，还左右着世界意义的彰显。道家通过"无"的工夫损除"我"的控制占有欲和各种人为判分，一方面回到了本真的自我生命，一方面世界也得以以本样呈现。这就是"我"与他者的"见"。此时，双方组成一个"吾—吾"的双主体结构，一同归复到本真状态，两不相扰、各适其天。可见，道家"自然"的终极目标是期望在个体自由发展的基础上达成自然的（而非强制的）和谐、自然的秩序。无疑，此一广大和谐之道，可以作为处理现实中各种关系的重要思想资源。

　　古今对道家的误解、曲解很多，有些是停留于对片言只语或字面意涵的理解；有些是把自己的过度发挥、随意比附当成学说本身；有些是没有厘清老庄这个源头，从而把本是源头的思想当作后人的独特贡献。有鉴于此，笔者会通原始材料，力争用材料互证，以限定文本的解释学空间，从而试图将道家的伦理政治层面阐释清楚，同时把道家与其他思想流派的分分合合梳理清楚。

凡 例

一、文中征引的古籍材料，个别标点重新点定。

二、引文中的着重号，皆原书本有。

三、【 】内文字乃笔者随文附注。

四、《老子》版本众多，为尽量贴近《老子》文本之旧观及思想之原貌，笔者将在必要时参互诸本，所用的版本主要是年代较早的郭店楚简本、马王堆帛书本(帛甲、帛乙)、北京大学藏西汉竹书本(汉简本)、傅奕本、河上公本、王弼本、严遵本、想尔注本等。

五、只引用过一两次的参考文献，出版信息随文注出。

六、参考文献中同一古籍有多个版本的，注明引文所据；只列一种版本的古籍，引文即本于此，不另作说明。

目 录

导　论

　　和谐是人类的夙愿。作为哲学概念，它在中西哲学的发端时期即已出现。在西方，古希腊毕达哥拉斯学派认为美是和谐，而和谐来自数的比例。哲人赫拉克利特也留下了这样的思想片断："自然也追求对立的东西，它是用对立的东西制造出和谐，而不是用相同的东西，例如将雌雄相配，而不是将雌配雌、将雄配雄；联合相反的东西造成协调，而不是联合一致的东西。艺术也是这样做的，显然是模仿自然。绘画在画面上混合着白色和黑色、黄色和红色的成分，造成酷肖原物的形象。音乐混合音域不同的高音和低音、长音和短音，造成一支和谐的曲调。书法混合元音字母和辅音字母，拼写出完整的字句。"①在中国，这类思想出现得更早。尽管"和谐"作为一个合成词在先秦尚未出现，但《尚书·舜典》就有这样的说法："八音克谐，无相夺伦，神人以和。"西周末期，史伯又提出了"和实生物，同则不继"的命题："以他平他谓之和，故能丰长而物归之，若以同裨同，尽乃弃矣……声一无听，色一无文，味一无果，物一不讲。"（《国语·郑语》）这与《左传·昭公二十年》记载的晏子和同论，都重在突出互不凌越、相反相成的道理。而《老子》42 章亦曰："万物负阴而抱阳，冲气以为和。"的确，宇宙间的"众妙"都是由异质的东西相因而成的。

　　作为一种理想的生存状态，和谐意指异质个体多元并存、和睦融洽，因而整个社会安定有序的关系格局。②《管子·兵法》："畜之以道则民和，养之以德则民合，和合故能谐。"此处，"和"、"谐"即描述一个群体协调有序的状态。和谐之所以重要，缘于它是符合生命需求的状态，是

────────

① 北京大学哲学系外国哲学史教研室编译：《西方哲学原著选读》上卷，北京，商务印书馆，1981，第 23 页。

② 本书中的"个体"概念应从广义上来理解，它可以指一个人，也可以指一个学派、一个民族、一个国家、一种思想、一种文化等。

万物得以生长发展的最佳环境。然而,"和而不同"的主张虽然早在先秦就已提出,但无论在历史上还是在现实生活中,人们似乎有种倾向,即只想获取和谐带来的秩序感,却有意无意地忽略了和谐的逻辑预设是必须有异。在这种情况下,强调和谐本是异质个体之间的协调,就显得非常必要。"和"不仅要有序,还得多元,多元才有可能达成和谐,一元就无所谓和谐,而只能叫"同"。"同"既不是"和",也不可能带来"谐"。举个简单的例子,一个社会如果只有一种文化、一种声音,那就没有和谐可言。

人是一种关系性的存在。人注定要在与他者的并立中,恰当地为自我定位,并建立彼此之间共存的行为规范。易言之,身处社会中,每一个体都需要处理好人我关系或群己关系。我们知道,群体是个体的集合,个体是群体的分子。离开个体,无所谓群体;离开群体,亦无所谓个体,故个体与群体本可以没有什么冲突。但在现实生活中,个体与社会、个体与个体之间经常发生矛盾冲突。这些不和谐因素很多时候是因为一方不能容忍他者的差异性、没有尊重他者的自主性而导致的。个体的差异性、多样性是一个给定的直接现实,它是不可避免的;而容忍他者的差异性,尊重他者的自主性,则是我们可以做到也是应该做到的。若想泯灭差异性、多样性,则非但不能带来和谐,反而会使矛盾冲突进一步升级。那么,现在的问题是,如何在不泯灭多元性、差异性的基础上,达成整体的和谐?

张岱年曾指出:"中国哲学的最大贡献,在于生活准则论即人生理想论,而人生理想论之最大贡献是人我和谐之道之宣示。"①"人我和谐之道",在方东美那里又称"广大和谐之道"(comprehensive harmony)。但这个世界似乎存在着不同意义上的和谐,粗分为强制的和谐与自然的和谐。强制的和谐指异质个体被压制或被迫趋同时所形成的暂时的、表面上的有序状态。在不受干预的自然状态下,每一个体都想成为自我生命的引擎,都愿意顺着自己的禀赋去发展,而当他们被迫趋同时,个体就感觉受到了强制,这样一来,群己关系开始紧张,并有可能引发矛盾冲突。强制的和谐以压迫为代价,因其无视乃至践踏个体性、差异性,个体的自主性得不到发挥,个体的自由无法得到保障,最终必将走向不和谐,因而不是真正意义上的和谐。我们有必要突破这种假和谐,去争取自然的和谐。自然的和谐非指人与自然界的和谐,这一点首先需要申明。

———————————

① 张岱年:《中国哲学大纲》,北京,中国社会科学出版社,1982,第588页。

"自然"与"他然"根本对立，而"他然"一方面指"使然"（个体被强制塑造成如此这般，其主体性得不到发挥）；另一方面指"同然"（差异性、多样性被扼杀）。强调"自然"必然会反对压制，突出个性。自然的和谐即指社会不强制干涉个体，而异质个体也相互尊重、相互承认，由此自发自主形成的有序状态。此时，个体之间互不凌越，双方的差异性、主体性、自由都得到了保护，因而是真正的、持久的和谐。

春秋战国是一个礼崩乐坏、战乱频仍的混乱时期，先秦诸子身处其中，他们所面临和所要解决的问题其实是同一个，即如何从混乱走向秩序。诸子之不同，主要是路径与方法的不同。举例而言，儒家是从传统中求取重建秩序的武器，道家则向天地自然之道那里寻找协调的原则。但是，儒家通过仁义礼乐的教化、墨家通过"尚同"、后期法家倚仗严苛的法制禁令所试图营造的秩序，都属于不同程度的强制的和谐。而老庄道论的主要意义，不在于提出一个玄之又玄的形上实体来解释世界的由来。老子讨论道与天地万物的关系，是把它作为处理君民关系、邦国关系乃至群己关系的模型，以"道"这个伟大的典范来纠正人类的偏差，缓和人间世的冲突，开出一个有道的人间世作为万物的安身立命之所。因此，"道"更是用以引导世人行为的一个概念，我们首先应该把它理解成要求人君走的路。老子思想首先是对社会治理者的建言，他提出的抟气致柔、挫锐解纷、知雄守雌、不宰不割、处下不争等主张，说的都是权力的自我节制，甚至少私寡欲、知足知止。这些主张都是为了不挤压民众的生存空间，从而让天下得以和谐与安宁。道家哲学可以说是一种关系哲学，凡是不扣住君民关系、群己关系来谈的人，凡是以为道家只喜欢不切实际地玄谈冥想的人，大多会产生理解上的偏差。道家很讲究君民关系、群己关系的和谐，而且只有他们讲的和谐才是自然的和谐，其"群己交享之道"（严复语）才是真正的人我和谐之道、广大和谐之道。可以说，老庄哲学就是要规划出一种理想的君民关系和群己关系，让每一个个体都拥有一片宽松的存在空间。张世英称法国哲学家保罗·利科（Paul Ricoeur）能给我们带来这样的启发："人与人要和谐相处，首要的是尊重他人的相异性和独特性，而不是消灭相异性，强求一致。用强求一致的办法所得来的和谐相处，总是脆弱的，还不如通过承认他人的不同一性，承认他人的个性的权利，反而更能得到相互理解，更能得到稳定的和谐相处。"[①]其实在中国，先秦的老庄即已达到这种自觉，他们倡

---

① 张世英：《新哲学讲演录》，桂林，广西师范大学出版社，2004，第401页。

导的自然无为，实则是要求权力对自我做出节制，转而尊重民众的自主性与差异性，并期望个体之间也达成一种自由、多元、平等的群己关系，如此才能获致自然的和谐。

第一节　研究意向

一、研究思路

"自然"是老庄哲学的内核与核心价值，它渗透在老庄哲学的各个层面，所以把握好这个概念，对理解其思想而言，至关重要。所谓"自然"，实指行事处世的无为原则和事物的一种自在自成状态，因而是一种合乎生命需求的规范和状态。老庄的核心观念"自然无为"，就是要通过"无为"来保住"自然"。

老庄所倡的"自然"，在当时就产生了很大影响，在后世也得到了进一步的传承与发展。我们无法否认，"自然"业已成为深植于我们民族意识中的一个基本观念。本书的研究对象就是老庄的"自然"，笔者将书题名为"老庄自然和谐思想研究"，目的是为了突出这种"自然"思想的理论归宿。

老庄所期盼的自然和谐，还可以表述为一个"见"（音"现"）字。《说文解字》："见，视也。"这是其本义，也是古今最常用的义项。但它有一条非常重要的义项容易被今人遗忘，即显现义。作此训时，"见"读若"现"。《广韵·霰韵》："见，露也。现，俗。"《集韵·霰韵》："见，显也。"《王力古汉语字典》："在显示、出现等意义上，古本作'见'。""见"读若"现"的现象在古籍中俯拾即是，《战国策·燕策三》荆轲刺秦王"图穷而匕首见"的故事以及北朝民歌《敕勒歌》"风吹草低见牛羊"，便是耳熟能详的极好例子。历史地看，"见"早已发展出显现义。现就先秦文献列举几则，如《周易》乾卦九二爻辞"见龙在田"，《乾·文言》："潜之为言也，隐而未见。"《墨子·修身》："君子之道也，贫则见廉，富则见义，生则见爱，死则见哀。"《中庸》："莫见乎隐，莫显乎微。"《孟子·尽心上》："其生色也，睟然见于面。"《老子》也有"见素抱朴"；"见小曰明"；"不见可欲，使民心不乱"；"其不欲见贤"；等等。《庄子》一书中，"见"在多处也读"现"，如《人间世》、《至乐》、《外物》中的"见梦"；《缮性》，"非伏其身而弗见也"；《让王》，"捉衿而肘见"；等等。又，《应帝王》，"尽其所受乎天而无见得，亦虚而已"；《徐无鬼》，"见巧乎王"，其中的"见"也读"现"，但含义则是炫耀，如同《老子》"自见者不明"、"不自见故明"、"自知不自见"。当然，我们没必要在语言学意义上对"见"字纠缠过多。我们只需明白，"现"是后起字，在中古以前，凡表达显现、显示、显露、示现、呈现、展现、展示、出示等意味时，一般都用"见"。

"见"字用得最富哲学意味的莫过于《庄子·庚桑楚》："宇泰定者，发乎天光；发乎天光者，人见其人，【物见其物】。"①此篇虽列于杂篇，但所表露的思想与内七篇一脉相承。前半句意同《人间世》说的"虚室生白"。后半句，历代则对其有不同的解释。郭象注："天光自发，则人见其人，物见其物。物各自见而不见彼，所以泰然而定也。"此注本于《骈拇》②，意为自闻自见，不求性分之外。成玄英、林希逸、褚伯秀、陆西星、王夫之、宣颖等人则倾向于将它理解为"发乎天光者"，虽显为人貌，实已侔于天，故不为常人所识。吕惠卿、林疑独还怀疑"人见其人"之后脱漏"而莫知其天"。这些解释并不切合文意。相比之下，韩林合的阐释较为精到："一个人的心灵如果安泰静定即心斋，那么他便可体道。体道便可反射出道之光辉（即能够像道那样行事）。反射出道之光辉即意味着显示了其作为人所应该回归的本真状态（所谓'人见其人'），同时在他所处的境界中众物也显示了其本真状态（所谓'物见其物'）。"③而笔者以为，物的显现不只是观照的结果，也是现实中的自在呈现。"人见其人，物见其物"的大致意思是：人成其为人，物成其为物，人与物皆还出各自的本来面目，双方不再相互妨害，均得以如其所存地自在兴现。让事物本样呈现，不只是美学主张，它最初是一种伦理政治主张，是对独特个性与多样性的尊重，是对事物平等存在权利的承认。

需要注意的是，我们不能把这里的"物"局限为一般意义上的物，它实际指与"我"相对的他者或周遭世界，既指涉一般意义上的物，也包括他人。《庄子·达生》："凡有貌象声色者，皆物也。"凡是可见可闻的对象，都是物。如此，人当然也是一物。在道家文献中，"物"有时就指人，如《人间世》栎社树见梦于匠石说："若与予也皆物也，奈何哉其相物也？""若"（匠石）与"予"（栎社树）都是物。《德充符》篇首说兀者王骀行不言之

① "物见其物"四字原无，但北宋陈景元《庄子阙误》载张君房本有此四字，依郭象注也可以推测郭本有此四字。

② 《庄子·骈拇》："吾所谓聪者，非谓其闻彼也，自闻而已矣；吾所谓明者，非谓其见彼也，自见而已矣。夫不自见而见彼，不自得而得者，是得人之得而不自得其得者也，适人之适而不自适其适者也。"

③ 韩林合：《虚己以游世：〈庄子〉哲学研究》，北京，北京大学出版社，2006，第291页。

教，鲁国的一半学子奔趋其门下。常季很是不解，于是问孔子："物何为最之哉？""物"显然也指人。此外还有《缮性》"冒则物必失其性"；《田子方》"物无道，正容以悟之"；《徐无鬼》"夫子，物之尤也"；等等。以"物"指称人的现象在道家文献中很常见，因为道家一系都认为，人与物在根源上是相同的，人本来就是自然界中与物并列的一个成员。老子的"万物"概念就是把人包纳进去谈的。再如《文子·九守》："吾处天下，亦为一物，而物亦物也。物之与物，何以相物！"《论衡·雷虚》："人在天地之间，物也；物，亦物也。""物"指称人的现象在其他文献中也时或可见，如郭店儒简《性自命出》："凡见者之谓物。"《孟子·尽心上》："有大人者，正己而物正者也。"今天汉语词汇中"尤物"、"人物"等，就是这种用法的遗留。

准此，"人见其人，物见其物"中人与物的关系可转换为"我"与他者或"我"与世界的关系。这种关系可以落实在不同层面上，如政治情境中的君民关系、社会交往中的群己关系、面向世界时的人与自然关系、审美活动中主体与对象的关系等。道家一贯强调摆正"我"的位置，强调认清人的自我形象，因为人的自我理解不仅深刻影响着人的在世方式，还左右着世界意义的彰显。道家通过"我"的消解，一方面回到了本真的自我生命，一方面也还世界以本来面目。从本体论方面说，"见"就是一个"真"的问题，"见"的核心义涵是"真"的出潜离隐和世界万有的自在呈现。"见"的思想要求去蔽现真，让在者之在敞开，让一切在者如其所是地在。这是一种万类并生、各适其天的天籁境界。

必须强调，老庄的"自然"侧重点是对生命的关怀，不只是一己之生命，更是宇宙全体之生命。"见"既是成人之道，也是成物之道，且成人是成物的基础。从老子"见素抱朴"到庄子"人见其人，物见其物"，我们可以看到"见"这一思想的发展脉络，看到它是由政治领域扩展到人生领域并进而渗入中国美学中的，也可以看出老庄的"自然"的旨归就在于重返自我与世界的真性，达成万物互不相碍、各适其天的天籁境界。而这种境界的达成需要一种涵养工夫、一种艺术的在世方式。

"见"的境界有似"我—你"的关系世界。这一提法来自宗教哲学家马丁·布伯(Martin Buber)的《我与你》。马丁·布伯是宗教存在主义的主要代表人物，但其思想已越出宗教的界限。他在《我与你》及其续篇《人与人之间》系统地阐明了以"我—你"关系为枢机的关系哲学，其核心是把全部生命投入与他者的相遇之中。布伯认为，人都有二重性："我—它"之我、"我—你"之我。相应地，世界也就表现为"我—它"的经验世界或"我—你"的关系世界。在人停留于"我—它"之"我"时，世界只是他征服、攫取、占有、利用的对象（"它"）。也就是说，人不是虔心承接这个世界，而是君临世界万物、沉溺于自我幻相之中。此时，人与世界处于一种紧张的对立状态。人将自身滞留在世界之外，他与世界疏远了。"为意欲所支配者无所信仰，无所相遇，他不知何谓'我'与'你'的璧合。他所知者乃沸腾的外部世界以及他力图利用它的疯狂欲念。"①人在把世界当作"它"时，就把自己也当成了"它"。人绝无可能在"它"之中与世界相遇，与他者相遇。而当人超越"我—它"之我，进入"我—你"之我，或者说进入我之"无我之在"时，世界也就显现为"我—你"的关系世界。"我实现'我'而接近'你'；在实现'我'的过程中我讲出了'你'。"②此时再也没有知、欲横亘在人与世界之间，人走出自我，赋世界以权利，而世界也向人敞开，从而达到万有一体的境界。这种在世方式的转换并不要求人断除所有的欲念和功利性活动。"应该根除弃绝的非是'我'，而是惟我独尊之虚妄本能，它诱使人回避……关系世界，逃入'对物的占有'……进入纯粹关系并非是视万物为敝屣土芥，而是尊奉万物为'你'；非是遗弃世界，而是将其置在本真基础之上。"③我们将看到，马丁·布伯的这种思想，在很大程度是源自道家思想对他的启发。1910 年，他从英译《庄子》中挑出 54 则译成德文，题名《庄子的言论和寓言》，而他的主要著作《我与你》于 1923 年出版。应该说，庄子思想对他产生过很大影响，比如"我—它"之"我"向"我—你"之"我"的转换、"无我之在"就直接来自庄子"吾丧我"的心灵转化，而万有一体的观念也来自庄子。

此外，现象学鼻祖胡塞尔也提出了"主体间性"（或译"交互主体性"）的概念。不过，较之"我—你"的关系世界或"主体间性"，笔者更愿意说"吾—吾"的双主体结构。这里提出"双主体结构"的概念，来自王博的启发。它指的是，在群己关系或人我关系中，自我与他者皆为主体（自主且自律），双方不是控制与被控制的关系，更非主奴关系；而要做到这一点，自我与他者双方都需要做丧"我"显"吾"的工夫，尽量回归到生命的本真（"吾"）。满足这两个条件，自我与他者便皆得以无碍地自在兴现。这就是"人见其人，物见其物"的深层含义，亦即老庄"自然"的理论归宿——多元个体和谐无碍地"见"。这样的群己关系便是"吾—吾"相互独

---

① 〔德〕马丁·布伯：《我与你》，陈维纲译，北京，生活·读书·新知三联书店，2002，第 52 页。

② 〔德〕马丁·布伯：《我与你》，陈维纲译，北京，生活·读书·新知三联书店，2002，第 9 页。

③ 〔德〕马丁·布伯：《我与你》，陈维纲译，北京，生活·读书·新知三联书店，2002，第 67 页。

立、同时并存的双主体结构。此结构的基本组成单元是一个个本真的"吾",因而是多元的。既然每一个体都是本真的,他就不会想着去制人,也不必担心被他人所制,因而这种结构流动着自由的气息。"吾—吾"的双主体结构形成时,就有了自然的和谐,就达到了"见"的境界。

二、研究综述

老庄研究一直是显学,研究成果汗牛充栋。20 世纪以来,就时间和地域而言,大陆的研究成果主要集中在 20 世纪上半叶与 80 年代以来的 30 年。这之间的 30 年,由于学术与意识形态纠缠不清,大陆学界大多停留在阶级属性与哲学性质的争论中,虽然取得了一定成绩,但总体上可取之处不多。台港地区的同期研究在一定程度上可算作一种补充。80 年代以后,大陆的学术研究开始蓬勃发展(当然,80 年代文化热的焦点主要是传统文化是否适合现代化建设,批评性、否定性意见较多;90 年代以来局面开始反转),我国的学术研究逐渐趋于一体化,而国外的中国哲学研究也从无到有、从少到多。这里拣取与本书相关度较高的角度加以述评。

综观各种研究论文、专著和哲学史、思想史等,往哲与时贤对老庄思想做了多向度的诠释,其间有许多真知灼见。但不可否认的是,古今中外对老庄存在着诸多误解,甚至是根本性的歪曲。比如,无为成了不作为,不治成了无政府主义,道治成了权谋论或曲线策略论,自然成了放纵,无欲成了禁欲,无知成了愚民,大仁不仁成了不仁不义的异端、禽兽乃至禽兽不如,生命哲学成了保命哲学,方外成了出世,游世成了玩世、混世、滑头骑墙,真人的说法成了神仙方术,槁木死灰的说法成了土块儿,至德之世的理想成了开历史倒车、退回到原始社会的退化史观。此外,还被贴上相对主义、神秘主义、蒙昧主义等标签。诚如袁保新所批评:"这种集中在少数章句文字表层意义上的误解,既不能见道家义理之全貌,也无法看到道家智慧的高度与深度。"① 在人们择取片言只语而没有深入会通文本的情形下,做出如上简单化处理是不难理解的。他们没有顾及老子正言若反的特性和庄子得意忘言的警示,有时甚至意识不到自己的诸多理解原是相互矛盾的。比如,有论者对道家美学有精到研究,但又认为道家主张禁欲绝情、毁灭文化,这实际上把道家美学

---

① 袁保新:《从海德格尔、老子、孟子到当代新儒学》,武汉,武汉大学出版社,2011,第 228 页。

的根基都淘空了，道家美学的提法还能成立吗？

伴随着误解的是人们澄清误解的努力。研究老庄必须做的一件事就是消除误解，本书亦不例外。我们以为，中国哲学是思与生活世界的对话，老庄是为了人间秩序而去寻求本原的。黑格尔曾说过："就个人来说，每个人都是他那时代的产儿。哲学也是这样，它是被把握在思想中的它的时代。妄想一种哲学可以超出它那个时代，这与妄想个人可以跳出他的时代，跳出罗陀斯岛，是同样愚蠢的。"①生当乱世，老庄面临的时代问题也是如何从混乱走向秩序。笔者从伦理政治层面切入老庄研究。从理论形式上看，老庄思想固然充满着哲学思辨，但它的核心关切依然是现实社会和现实人生，是对理想政治与安身立命之道的探索和追求。老庄哲学是面向生活本身的哲学，这是我们把握它时需要牢记的一点。

早在西汉，司马谈《论六家要旨》即已指出先秦诸子皆"务为治"，道家自然不能例外。东汉班固则将道家思想视为"君人南面之术"。魏晋时期，老庄哲学风行。以老庄哲学为根基的魏晋玄学，不管是贵无论还是崇有论，目的都在于完成其政治学说。之后，古今注疏无虑千百家，虽然对道家的政治思想时有描述，但大抵缺乏系统的论证，因为注疏体例本身使得研究难以走向深入。

清末民初，诸子学研究开始复兴。20世纪上半叶，道家影响了一大批志士仁人。许多思想家和学者为了解决现实中的一些问题，都注意发掘道家的政治智慧、自由平等思想和价值多元论。比如，刊于1906年的王国维《老子之学说》一文认为恍惚虚静之道"非但宇宙万物之根本，又一切道德政治之根本也"，文中约略提及老子的伦理政治论，但延续了阴谋权术式的误解。严复认为，"《老子》者，民主之治之所用也"②，又在《庄子》中读到了自由主义，认为庄学讲求"群己之道交亨"。刘师培驳斥了老子愚民的误解，并将庄子式自由与卢梭的社会契约论做了比较③，但又错误地认为老庄讲不争、容忍会导致放弃权利，不足以砥柱颓风。新文化运动健将吴虞大力阐扬老庄思想，以反对专制主义，主张学术平等与自由。胡适在1919年出版的《中国哲学史大纲》中，首次利用现代学术范式研究中国哲学史，他将老子哲学界定为无为主义的政治哲学与人生哲学，认为其政治学说是对"干涉政策的反动"。同年，高一涵在《新青年》

---

① 〔德〕黑格尔：《法哲学原理》"序言"，范扬等译，北京，商务印书馆，1979，第12页。

② 王栻主编：《严复集》第四册，北京，中华书局，1986，第1092页。

③ 刘师培：《中国民约精义》，见《刘申叔遗书》上册，南京，江苏古籍出版社，1997，第571～572页。

第六卷第五号发表《老子的政治哲学》一文，认为老子所处的时代是"兵祸顶利害【厉害】的时代；贫富不均，损不足以奉有余的时代；暴君污吏以百姓为土芥的时代"，而老子政治思想是对这一社会现状的反动。朱谦之《革命哲学》（泰东图书局 1921 年版）据庄子思想宣扬绝对自由平等的社会政治思想。梁启超指出："中国学术，以研究人类现世生活之理法为中心"，"所谓'百家言'者，盖罔不归宿于政治。"①章太炎认为老子以内圣外王之道自持，其《齐物论释》又用庄子的价值多元论来破斥当时的全盘西化论。章氏弟子孙思昉撰有《老子政治思想概论》（商务印书馆 1930 年版），从无为论、放任论、民本论、调和论等方面对老子政治思想做了初步讨论。于省吾在《老子新证》中称老子"以家国天下为任，以救人救物为怀"。历劫余生的《老子研究与政治》（中国图书杂志公司 1939 年版）指出，《道德经》是一部政治经，而非修养经，其主旨在于敦促世人效法道之生养万物，让天下人皆得以畅遂其生、各率其性。老子期望的是人类生机之完成，绝非个人之实现。这本小册子还从群己关系的角度对老子有关言论做出了精到的阐释。萧公权于 1940 年写成《中国政治思想史》，此书有许多洞见，开创了中国政治思想研究的新局面。萧氏认为，老庄发出了中国思想史上反对专制的最强音，他们主张缩减政府权力，扩张民众自由。他还精辟地指出："齐物者其用在任物之自畸"，"庄子立言虽极尽深闳超脱之致，其用意则未尝欲冲决现世，化平民以为'真人'。盖就齐物之观点论，蚩蚩万众，无一不自具绝对之价值，即无一而非自得之'真人'"，"以天性绝对完美之假定为个人绝对自由之根据，就纯理论言，诚哉其言之成理也！"②几年以后，萨孟武、吕振羽、陶希圣都出版了各自的《中国政治思想史》，但对老庄政治思想实无所见。此外，李秀藩、王之屏、黄培龄、李源澄、束世徵等人也撰文探讨了老子的政治哲学，惜乎笔者未能找到这些论文一读。

　　20 世纪 80 年代以后又有类似研究，如张舜徽《周秦道论发微》（中华书局 1982 年版）认为周秦诸子的道论都是为君道而发。茅冥家《论"老子术"》则积极地评述了老子"君人南面之术"。詹剑峰认为老子是中国古代伟大的政治理论家，其《老子其人其书及其道论》最后一章专门讨论了老子的政治哲学，认为它是最激进的、具有民主意味的政治思想。詹氏的分析道出了一些实情，但某些总结和表述不太恰当。李泽厚认为："人们

---

① 梁启超：《先秦政治思想史》，北京，东方出版社，1996，第 1、2 页。
② 萧公权：《中国政治思想史》，沈阳，辽宁教育出版社，1998，第 168、174 页。

经常强调《老子》的消极无为，其实，《老子》一再讲'圣人'、'侯王'，是一种'以无事取天下'的积极的政治理论"，"但庄子已不是社会论政治哲学。"①"与老子以及其他哲人不同，庄子很少真正讲'治国平天下'的方略道理，他讲的主要是齐物我、同生死、超利害，养身长生的另外一套。"②李氏虽然正确指出老子思想是一种政治哲学，但他有时将老子与兵家、法家混为一谈，并认为庄子哲学只是为了个人的全生适性，这些都是值得商榷的。高秀昌认为，"由老子'无为而治'提倡的'自化'思想，包含着鲜明的政治自由、民主思想的意识"，"老子'无为而治'的思想，既不会导致无政府主义，也不会导致绝对自由主义"。③ 葛兆光《中国思想史》（复旦大学出版社 2000 年版）认为，道家也有很强的入世性，他们其实是想从"天道"与"上古"那里寻求秩序的依据。吕锡琛《道家道教与中国古代政治》（湖南人民出版社 2002 年版）认为，道家满怀忧国忧民的情怀，他们其实在以独特的方式深切关注着政治。该书的前四章讨论了道家的政治伦理思想，但扣住老庄本人来谈的成分不多。朴永灿《老子的自然主义政治思想之研究》（北京大学政府管理学院 2003 年博士论文）认为，老子思想的中心不是形而上学，而是其政治思想，老子的形而上学是为其政治思想服务而建构的；老子政治思想是以实现百姓的"自然"为目的，以统治者的"无为"为方法的一个政治理论体系。庞皎明认为道家思想与自由主义的宪政思想息息相通，同时指出道家思想中阻碍自身向宪政思想发展的两个弊端。④ 朱晓鹏《老子哲学研究》专章讨论了老子无为主义的政治哲学。他认为，中国传统中几乎没有纯粹的思辨哲学家；老子哲学起于救时之弊，渗透着社会批判精神和追求自由平等、个性解放的古典人道主义精神；老子的理想社会是一个平等、自由、无争的和平世界："老子哲学的深意并不是要作纯粹的形上学探求，而是要为社会变革和建立理想的政治秩序提供具有前瞻性的精神方向。""现代社会所倡导和实行的政治民主、经济自由，以及'小政府，大社会'、与民自治的社会管理模式，也无不与道家的'无为主义'理想有着内在的相通之处。因此，积极开掘这一古老的智慧之源，为当代社会的政治民主化和现代化服务，当是非常具有现实意义的。"⑤梅珍生《道家政治哲学研究》（中国社会科学

① 李泽厚：《孙老韩合说》，见《中国古代思想史论》，北京，人民出版社，1985，第85、91页。
② 李泽厚：《庄玄禅宗漫述》，见《中国古代思想史论》，北京，人民出版社，1985，第177页。
③ 高秀昌：《〈老子〉"无为而治"思想阐释》，《社会科学研究》1995年第1期。
④ 庞皎明：《论"无为"对中国构建和谐社会的现实意义》，见《和谐世界　以道相通：国际道德经论坛论文集》下卷，北京，宗教文化出版社，2007。
⑤ 朱晓鹏：《老子哲学研究》，北京，商务印书馆，2009，第279～280、84页。

出版社 2010 年版)认为道家也注重人与人之间的和谐;其思想与现代民主理论具有多方面的融通性;道家对于政府职能的看法,也近似于现代政府职能理论。这些观点都是值得肯定的,但其书实未能将道家思想加以贯通,如认为道家过于强调不受干预的消极性自由而忽视对自由的必要约束,又经常把"道"、"自然"理解为客观规律、自然规律。安继民虽然没有将秩序与自由对立起来,但其《秩序与自由:儒道互补初论》容易误导人们对号入座,而他事实上也认为,"道家离开了儒家,中国传统将陷入混乱"①,对此笔者不敢苟同。王英杰《自然之道——老子生存哲学研究》(人民出版社 2010 年版)认为老子的生存哲学是为了实现自然的社会秩序和自然的生命状态,但中间环节的缺失,导致其思想挂空而不切实际。

又有人提出"道治"的概念,如贺荣一、丁原明、涂又光、商原李刚、唐少莲等人。其中,商原李刚《道治与自由》(社会科学文献出版社 2005 年版)对过去从思想到思想、把道家思想只当作纯粹的哲学流派来加以研究的做法表示不满。他认为,道家的道治,是与儒家的礼治、法家的法治鼎足而三的中国古代政治文化类型。他还撰文认为,"与法家、儒家刚性的权威社会目标不同,道家追求的是柔性的自治社会","儒家、法家中的'民',只是一个服从者,主动或被动的服从者,而不是政治生活中的行为主体。道家无为而治的独特之处,就在于人民在政治生活中的独立性和自主性,并肯定了民的生活地位,以及人民在追求自我利益时形成的自【漏'发'】秩序"。②

个别学者讨论了道家的正义思想。吕锡琛《论道家对社会正义的诉求》(《湖北大学学报》哲学社会科学版 2005 年第 6 期)一方面认为道家政治智慧本身蕴含着对平等、自由等社会正义原则的诉求,因而与西方自然权利、限制政府权力的宪政精神有不少相通之处;一方面又认为这类诠释是赋予经典以崭新的意义,早已超越道家思想的本义。笔者臆测,吕氏可能是为了避免反向格义之讥,所以在这个问题上显出一种游移态度。孟凡拼《弱者关怀:罗尔斯与老子正义思想之契合》(《商丘师范学院学报》2008 年第 8 期)认为,老子的正义思想对于构建和谐社会具有重要意义。刘白明《老庄正义思想研究》(上海三联书店 2012 年版)专门讨论了老庄正义思想的理论基础,并梳理了老庄个体正义、社会正义思想,还

---

① 安继民:《秩序与自由:儒道互补初论》,北京,社会科学文献出版社,2010,第 174 页。

② 商原李刚:《自治:老子治道的独特视野》,见赵保佑主编:《老子与华夏文明传承创新》上册,北京,社会科学文献出版社,2013,第 290、281 页。

将其与先秦其他学派的相关思想及罗尔斯正义论做了比较。

当然，有的学者没有注意到、甚至明确否认道家有所谓政治哲学。周桂钿主编的《中国传统政治哲学》（河北人民出版社 2001 年版）500 多页的篇幅，对道家政治哲学几乎只字未提，与书名很不相称。郝长墀《政治与人：先秦政治哲学的三个维度》（中国政法大学出版社 2012 年版）讲了儒、墨、法，也没提及道家的政治哲学。有些学者则明确否认道家有所谓政治哲学，如李晨阳认为除了道家以外，中国哲学都有强烈的道德和政治品质。再如，赵敦华讨论了儒家的德性主义政治学、墨家的功利主义政治学、法家的集权主义政治学，但似乎没意识到道家的自然主义政治学。①

也有学者虽然讨论了道家政治哲学，但观点几无可取之处。刘泽华《先秦政治思想史》（南开大学出版社 1984 年版）、丁原明编著《简明中国政治思想史》（山东大学出版社 1990 年版）、朱日耀主编《中国政治思想史》（高等教育出版社 1992 年版）对道家政治思想的解读多为误解，否定远多于肯定。孙以楷、陆建华等人对老子的社会政治思想也基本持全盘否定态度。古棣、周英《老子通》（吉林人民出版社 1991 年版）以较大篇幅讨论了老子的政治哲学，但这种讨论仍然在阶级分析法里打转儿，得出的结论多数不能被接受。

詹石窗感慨道："一个曾经被许多人当作'出世'或'玩世不恭'的学术流派在其文献之中竟然具有如此丰富的'理身理国'的言论，这本身就值得仔细琢磨。"②蔡明田、石元康、许抗生、王博、龚群、朱晓鹏、唐少莲、杨宏声等人都意识到，道家其实也主张内圣外王之道。恰如王博所言："注意道家传统中这种内圣外王的理想，可以在很大程度上改变人们有关道家忽视积极的政治建构的印象。"③在和谐、民本、道德、忧患意识、公共关怀、内圣外王等似乎成为儒家专利的情形下，把握好道家的伦理政治层面是极为必要的。如实说，老庄哲学是在以一种独特的方式为生民立命，为万世开太平。老庄对政治的疏离，并不妨碍他们谈论政治。上述学者中，石元康批评道家内圣外王之道过于依赖统治者的德性。朱晓鹏批评道家的内圣外王之道将政治哲学与道德哲学混为一谈，认为

---

① Dunhua Zhao, Axiological Rules and Chinese Political Philosophy, *Journal of Chinese Philosophy*, Volume 34, Issue 2, June 2007. pp. 161-178.

② 詹石窗：《道家"理身理国"政治论》，见张炳玉主编：《老子与当代社会》，兰州，甘肃人民出版社，2008，第 129 页。

③ 王博：《论〈十大经〉中的"黄帝"形象——道家传统中的内圣外王理想》，见王博编：《薪火集》，北京，北京大学出版社，2004，第 136 页。

从内圣开不出外王。吕锡琛批评老庄的政治伦理主张缺乏相应的制度支撑。笔者以为，这类批评虽有一定道理，但还是对老庄缺乏足够的同情和理解。

将老子思想作为政治哲学来研究的做法，还比较好理解。相比之下，学界普遍将庄子思想个人主义化，因而从社会政治思想角度来研究庄子的论著就要少很多，这里举几篇期刊论文，比如虞友谦《反对君主专制的思想先驱——〈庄子〉无君论思想初探》(《复旦学报》社会科学版 1982 年第 3 期)、刘景山《庄子"绝圣弃智"再评价》(《理论探讨》2000 年第 6 期)、宋惠昌《论〈庄子〉的自然主义政治哲学》(《中共中央党校学报》2006 年第 6 期)等。

台港地区比较重要的研究者有唐君毅、徐复观、牟宗三、方东美、韦政通、王叔岷、钱穆、劳思光、严灵峰、陈鼓应、吴光明、吴怡、叶海烟、王邦雄、傅佩荣、叶维廉、周绍贤、郑良树等人。① 蔡明田《老子的政治思想》(艺文印书馆 1976 年版)、《庄子的政治思想》(牧童出版社 1974 年版)对老庄政治哲学多有所见。陈鼓应的道家研究始终贯穿着一条主线，即道家的人文关怀。其《老子注译及评介》(中华书局 1984 年版)、《老庄新论》(上海古籍出版社 1992 年版)等著作的出版发行，曾为大陆学界吹来一缕清新的风，拂去人们对老庄的许多偏见和误解。陈氏又将其 1995—2011 年的几篇论文结集为《道家的人文精神》(中华书局 2012 年版)。其中，《道家的和谐观》一文考察了老庄及黄老学派的和谐观。此外，陈氏还创办《道家文化研究》，至今已出版近 30 辑，推动了学界对道家思想的进一步研究。袁保新指出，"'周文疲弊'乃是先秦诸子所共同面对的时代环境，而'道'这一观念进入中国历史，成为先秦诸子共同思考的主题，正说明了当时的哲人，无不思欲重建秩序，重新打开人我、自然间的'通道'"，"老子围绕'道'一概念所展开的形上思考，与其视之为一套玄之又玄的、思辨性的形上体系，毋宁视之为一套回应文明危机、深具存有学理趣的'文化治疗学'(ontological therapeutics of cul-

---

① 较重要的研究著作有：徐复观《中国人性论史·先秦篇》有关章节(台湾商务印书馆 1969 年版)，唐君毅《中国哲学原论》有关章节(台湾学生书局，1984 年版、1986 年版、1990 年版)，严灵峰《老庄研究》(台湾中华书局 1966 年版)，王叔岷《庄学管窥》(中华书局 2007 年版)，方东美《中国哲学之精神及其发展》(中州古籍出版社 2009 年版)，劳思光《新编中国哲学史》有关章节(台北三民书局 1984 年版)，韦政通《先秦七大哲学家》有关章节(台北水牛图书出版事业有限公司 1985 年版)，吴光明《庄子》(台北东大图书股份有限公司 1992 年版)，叶海烟《庄子的生命哲学》(台北东大图书股份有限公司 1990 年版)，钱穆《庄老通辨》(台北东大图书股份有限公司 1991 年版)，陈鼓应《老庄新论》(香港中华书局 1991 年版)，杨儒宾《庄周风貌》(黎明文化事业股份有限公司 1991 年版)等。

ture)"。① 刘笑敢对老子思想的研究非常精到，他提出"自然的和谐"这一概念，并做了深入论述，笔者从中沾丐不少，但不敢认同他对庄子哲学的理解。邓立光在《老子新诠》(上海古籍出版社 2007 年版)中认为，《老子》一书乃中国古代政治哲学之最高成就者，老子立论宗旨在于证成无为之治，其言天道乃所以明无为之有本。

在欧美国家，罗素曾高度赞赏老子提倡创造的冲动并反对占有的冲动。1985 年出版的本杰明·史华兹《古代中国的思想世界》认为《老子》反映出一种富有诗性色彩的世界观。美国学者迈克·克兰代尔(Michael Mark Crandell)认为庄子是以"游"的态度打量世界。② 葛瑞汉(A. C. Graham)作为英国研究中国哲学的大家，为中国哲学的译介工作做出了杰出贡献，但他对道家还有所误解。比如，他把"反者道之动"理解成"达到目的的途径恰是停止对它的有目的的追求"③，又认为庄子是相对主义者。美国学者爱莲心(Robert E. Allinson)1989 年出版的《向往心灵转化的庄子：内篇分析》则明确否定了这一点。笔者以为，此书的最大亮点就在于破除庄子哲学是相对主义的说法，尽管其中也有不少值得商榷之处。美国学者孟旦(Donald J. Munro)认为："在道家思想中，平等主义被推向了极端：在描述性的意义上，人是平等的，因为'道'平等的存在于一切事物中；在评价性的意义上，人也都具有平等的价值，因此应该受到不偏不倚的对待。道家圣人修养了'明镜般'的心，使得它能够以同样的方式对任何人、事物和情况做出反应。"④ 由安乐哲(Roger T. Ames)和郝大维(David L. Hall)合著的《道不远人——比较哲学视域中的〈老子〉》一书指出，中国哲学家的理论思考充分受其实际职责，即政府和社会的日常动作的影响，对于他们而言，哲学是一种推动和造就当前社会、政治和文化发展的思想话语(intellectual discourse)。西方很多学者似乎对老庄思想中的吊诡尤感兴趣，并认为它有不可解决的理论困难，如斯林格兰(Edward Slingerland)认为"为无为"包含有欲与无欲的吊

① 袁保新：《从海德格尔、老子、孟子到当代新儒学》，武汉，武汉大学出版社，2011，第 200、220 页。
② Michael Mark Crandell, "On Walking without Touching the Ground: 'Play' in the Inner Chapters of the Chuang-tzu", *Experimental Essays on Chuang-tzu*, edited by Victor H. Mair, Honolulu: University of Hawaii Press, 1983.
③ 〔英〕葛瑞汉：《论道者：中国古代哲学论辩》，张海晏译，北京，中国社会科学出版社，2003，第 269 页。
④ 〔美〕孟旦：《早期中国"人"的观念》，丁栋等译，北京，北京大学出版社，2009，第 155 页。

诡。① 实际情况是他们没能把握住老庄的说理方式。特别值得注意的是，西方有一批学者（如 J. J. Clarke）认为对西方产生重大影响的自由放任（laissez-faire）经济政策，就直接源于道家的"无为"观念。耗散结构理论创始人普利高津（I. Prigogine）认为："道家的思想，在探究宇宙和谐的奥秘、寻找社会的公正与和平、追求心灵的自由和道德完满三个层面上，对我们这个时代都有新启蒙思想的性质。"② 在某种程度上，老子思想可视为西方自由主义思想的重要源泉。1966 年，哈耶克（Friedrich August Hayek）在东京的一次会议上发表《自由主义社会秩序诸原则》的演讲，认为《老子》"我无为而民自化，我好静而民自正"是对他自发秩序理论的最经典、最绝妙的阐述。③ 其他较重要的翻译家和研究者还有林语堂、陈荣捷、刘殿爵、成中英、华生（Burton Watson）、李约瑟（Joseph Need-ham）、梅维恒（Victor H. Mair）、艾兰（Sarah Allan）、卜松山（Karl-Heinz Pohl）、托马斯·默顿（Thomas Merton）、米凯尔·拉法格（Michael LaFargue）、鲍则岳（William G. Boltz）等人，其观点在正文中会有涉及，此处不再胪列。

　　日本也是老庄研究的重镇。狩野直喜是日本较早从伦理政治角度对老子思想进行研究的学者。他批驳了认为老子对道德未做任何思考的谬见，指出老子心目中最高的善是顺从天道，老子反对自我扩张而主张自我节制。小柳司气太是日本对《老子》做出全面而系统研究的第一人，其《老庄思想与道教》研究框架的一部分便是"政论"，但他不恰当地认为兼济天下在老子那里是独善其身的绪余、老子的伦理立场是个人主义而非天下主义。津田左右吉与武内义雄被誉为 20 世纪日本老子研究的双璧。

①　Edward Slingerland：*Effortless Action：Wu-wei as Conceptual Metaphor and Spiritual Ideal in Early China*，New York：Oxford University Press，2007，pp. 107-117.

②　以上参见葛荣晋：《21 世纪是〈道德经〉回归的伟大时代》，见赵保佑主编：《老子与华夏文明传承创新》上册，北京，社会科学文献出版社，2013。

③　此后，台湾学者殷海光比较早地讨论了哈耶克思想与老子思想的关联。1986 年，石元康发表《自发的秩序与无为而治》一文，对道家政治哲学与西方自由主义进行了比较研究。他认为，两种哲学理论虽然有着很大差异，但道家的基本观念与自由主义的一些观念相通，依照道家思想建立起来的秩序与依据哈耶克自由主义建立起来的自发的秩序（spontaneous order）也有某些相似之处。大陆经济学界的韦森、盛洪等人也都注意到哈耶克思想与老子思想的契合性。陈林林《无为而治和自发秩序：历史的耦合与分殊》（《苏州大学学报》哲学社会科学版 2010 年第 4 期）分析了两种思想的共通性与差异。种杨《"道法自然"与"自发秩序"——老子与哈耶克政治哲学思想比较研究》（天津师范大学 2009 年硕士论文）认为两种思想貌离神合。一波《老子"无为而治"与哈耶克"自发秩序"的比较研究》（中南大学 2012 年硕士论文）也考察了两种思想的分分合合，认为追求自由和限制政府权力才是两种思想的价值与意义所在。

津田代表作《道家思想及其展开》认为老子思想的主旨是治天下之术与处世之法，认为老子思想中有许多根本性的矛盾，如欲治天下即是有为，欲保自身便是大的欲求。应该说，他对老子思想的认识还有着较深的隔膜，他的很多解读难以令人信服。武内代表作是《老子原始》、《老子之研究》。他把《老子》的某些章节解读为愚民政策，但又认为这不是老子本人的思想，而是慎到之徒的言论。池田知久、板野长八、谷中信一以及韩国学者宋荣培也将老子政治思想解读成愚民政治，认为这种愚民政治通向"柔性的专制"(soft despotism)。① 木村英一《老子之新研究》认为老子只关心宇宙观、人生观等非政治的问题，其无为之治是有特色的绝对主义。笔者以为，日本学者做了细密的文献考证工夫，但其对老子思想的分析则有很多值得商榷之处。

如前所言，没有千姿百态的宇宙万物，也就无所谓和而不同的和谐世界。广大和谐之道之所以广大，在于它能把多元性乃至一些不和谐因素包涵其中。老庄哲学实则蕴含着丰富而深刻的和谐思想。《老子》55 章传世本"知和曰常，知常曰明"，当依楚简、帛甲、汉简作"和曰常，知和曰明"。老子重"和"的思想于此可见一斑。77 章也可以启示我们更好地建设一个和谐均衡的社会。许抗生认为，道家思想是扣住个体自由与社会和谐两大主题展开的。罗尚贤认为老子哲学是一种大和哲学："他【老子】认定，既然现实世界是冲和而成的，那么，和的破坏，便是现实世界的衰败。人类社会只有保合大和，才能有生机。"②董京泉也认为老子哲学可谓和谐哲学："老子以个人的自由以及在此基础上的社会和谐为最高价值，以自然而然的和谐为理想的社会状态。"③卫绍生等人较多地涉及老子的和谐思想。他认为，老子的和谐思想很丰富，其他学派无法与之比肩。卫氏通过系列论文，谈了老子和谐思想的渊源、架构、影响，也谈了这种思想对于当代和谐社会建设、生态文明建设的启示。但其讨论的深度还是不够，而且把"自然和谐"理解成人与自然界的和谐，并认为相对于儒家，道家不那么看重人与社会的和谐，④ 这些都是笔者所不能

① 〔日〕谷中信一：《"执一"思想在〈老子〉经典化过程中的作用》，见赵保佑主编：《老子与华夏文明传承创新》上册，北京，社会科学文献出版社，2013。〔韩〕宋荣培：《〈老子〉当中"无"的形而上学以及"无为"政治学的二重性》，见刘东主编：《中国学术》总第 29 辑，北京，商务印书馆，2011。
② 罗尚贤：《老子的玄同思想》，《广东社会科学》1996 年第 4 期。
③ 董京泉：《老子思想三论》，见赵保佑主编：《老子思想与人类生存之道》，北京，社会科学文献出版社，2011，第 46 页。
④ 赵保佑、卫绍生主编：《老子文化及其当代价值》，北京，社会科学文献出版社，2011。

认同的。和谐还成了近年来历次道家思想学术研讨会的重要主题：

> 2005 年，河南鹿邑，"自然·和谐·发展——弘扬老子文
> 化国际研讨会"
> 2006 年，甘肃兰州，"老子文化国际论坛"
> 2007 年，陕西西安、香港，"国际道德经论坛"
> 2008 年，河南鹿邑，"老子思想与共建和谐"国际论坛
> 2009 年，北京，"首届国际老子道学文化高层论坛"
> 2010 年，河南洛阳，"2010 洛阳老子文化国际论坛"
> 2011 年，河南洛阳，"2011 老君山大道和谐老子文化论坛"
> ……

　　翻检这几次会议的论文集，会发现以和谐为题的文章不下几十篇。齐晓飞指出："《道德经》通篇都闪烁着和谐的思想，是中国传统经典中富含和谐思想的代表作。"①谢阳举指出："道家的世界观，就是要引导人们超越违背'道'的人道因素，转而服膺道——德，推动天和、地和、人和、心和的同步实现，建构人间福地，从而实现永久、动态、稳固的和谐。"②又有人将老子的和谐思想总结为四个方面：以道修身，则人心清静；以道处世，则社会安定；以道理国，则国家太平；以道贯通，则世界和谐。③ 丹麦学者亨里克·克林特-詹森（Henrik Klindt-Jensen）则将道家与古希腊的和谐观念做了比较研究。④ 综观这类研究可以发现，越来越多的学者意识到道家丰富的和谐思想，并做了一些有益的探讨。比如，人们认识到道家既尊重每一个个体的差异性，也强调异质个体之间的和谐；也不再简单地把小国寡民理想定性为退化史观，而是认为它透显着对和谐的诉求。但这类研究也有几个缺陷：其一，多人将"自然和谐"理解为人与自然之间的协调；其二，将道家与道教混为一谈；其三，很少

---

① 齐晓飞：《阐释〈道德经〉弘扬和谐精神》，见《和谐世界　以道相通：国际道德经论坛论文集》续卷，北京，宗教文化出版社，2007，第 950 页。
② 谢阳举：《文化和自然的动态平衡：道家的深层和谐观》，见《和谐世界　以道相通：国际道德经论坛论文集》上卷，北京，宗教文化出版社，2007，第 228 页。
③ 丁常云：《传承老子之道　共建和谐世界》，见《和谐世界　以道相通：国际道德经论坛论文集》上卷，北京，宗教文化出版社，2007。
④ Henrik Klindt-Jensen, *The Harmony in Eastern and Western Conception：Taoism and Classical Greek Philosophy*，见《和谐世界　以道相通：国际道德经论坛论文集》续卷，北京，宗教文化出版社，2007。

涉及庄子。

与和谐密切相关的是对和平的诉求。冈田武彦指出："《老子》中说的无为自然……对人的现实生活和国际社会的安宁、和平所带来的贡献，是任何人都不能不承认的。"①成中英是最早倡导对中国传统和平思想加以研究的学者之一。刘志光《东方和平主义：源起、流变及走向》（湖南出版社 1992 年版）讨论了道家道法自然的和平主义。蔡德贵《中国和平论》（山东人民出版社 2007 年版）认为，道家的自然无为思想是实现社会稳定与和平的必要思想条件，可惜对"道法自然的和平论"始终未能说出个所以然。挪威学者约翰·加尔通（John Galtung）《和平论》（陈祖洲等译，南京出版社 2006 年版）曾将道家之"道"及其阴阳模式视为建构当代和平理论的思想资源之一。杨宏声《道家和平思想研究》（南京出版社 2008 年版）认为，道家的内圣外王之道是和平之道。

不和谐的社会，是由不和谐的人造成的。个体的心和是人我和谐与社会和谐的必要保证。人我关系和谐与否，终究取决于每一个体对自身欲望及行为的自控能力。因此，我们应从个体心灵的和谐，来营求人我的和谐与社会的和谐。王泽应《自然与道德：道家伦理道德精粹》（湖南大学出版社 1999 年版）对道家伦理思想做了较为系统的论述，但错误地认为道家忽视处理人际关系的必要。伦理的主要功能难道不是用以规范人我关系吗？过去常有人将道家思想局限为个人如何处世，而忽视其主张和谐人际关系的一面，于是道家思想便成了保命哲学乃至养生文化。其实，处世主要就是处理人我关系，而处理好人我关系的关键在于如何摆正自我的位置（每一个体均是"我"）。罗尚贤在《老子散论》中已提及群己关系的一面。王庆节《老子的自然观念：自我的自己而然与他者的自己而然》一文是这类研究中的重要篇章。该文指出，老子自然无为原则的核心和要害均在于让他者、任他者或者辅他者自己而然，从而在哲学上予他者以合法性，为自我设限，建立起他者的界域并要求对之加以尊重。②唐少莲《道家"道治"思想研究》（中国社会科学出版社 2011 年版）从哲学合理性、政治正当性、实践可行性等方面对道治做了考察。尤其值得注意的是，作者在第四章引入主体间性的概念，将道家"无为—自治"的君民关系阐释为多元共生、自由平等的"共治"。在笔者看来，老庄的确强调

---

① 〔日〕冈田武彦：《中国哲学的课题及其意义》，见辛冠洁等编：《日本学者论中国哲学史》，北京，中华书局，1986，第 14 页。

② 王庆节：《老子的自然观念：自我的自己而然与他者的自己而然》，《求是学刊》2004 年第 6 期。

让民自治，但这是敦促君主消解自身过于突出的主体性并充分尊重民众的主体性，尚未像作者所说的使民众成为政治实践的主动参与者。鄢圣华《老子旨归》提出："老子的思想皆与'关系'和'秩序'相关，是一种关系智慧、一种政治智慧。"① 这个论断是非常深刻的。台湾学者江美华则对庄子的这类思想做了考索。②

从绝对数量来看，把老庄思想当作政治哲学来加以研究的学者似乎也不少，但这类学者只是所有老庄研究者中的一小部分。一个问题，老庄强调的和谐有没有群体关系的层面？这个问题关系到对老庄思想整体取向的把握。很多人认为没有，或认为老庄倡导的和谐主要是心和，此乃误解。实际上，自然无为也是要通过个体的心和来促成群体之间的和谐。老庄期望着一种均调而不失个性的群己关系，期望在个体自由充分发展的基础上达成整体的和谐。当初严复曾指出庄学讲求"群己之道交亨"，而方东美也指出道家欲达成广大和谐之道，这些论断都是深中肯綮的，也是现在需要重提的。可惜的是，老庄思想的这一重要层面却被当今多数学者所忽视。与此相关，学界往往只强调庄子关注自我生命，以至于认为庄子一意于自我精神之逍遥，这实际上是把庄子思想仙化、出世化、个人主义化了，从而认为庄子没有社会责任感、缺乏公共关怀。可是，自然无为本身不就是经世之大用吗？针对这类误解，本书拟从群己关系入手，论证道家自然主义的归宿是个体之间组成和谐的"吾—吾"的双主体结构。

研究道家应结合其他学派，尤其是儒家。但许多学者依据道家批评儒家，便简单地认为两家应该在方方面面都截然对立才是。当然，也有人依据两家某些相似表述之处，便认为两家的精神实质是相同的。其实，思想的分分合合不会如此简单。以非此即彼、绝同绝异的思维方式从事研究，把儒道两家的异同揭示出来，是很难的。我们应把两家的相通之处讲出来，并把绝异之处说清楚。儒家以外，笔者还会旁及墨家、法家、魏晋玄学、道教等。通过这种比较，我们可以更清楚地看到道家的思想特色，以及道家与其他思想流派的分分合合。

道家形而上的思辨层面为原始儒家所缺，儒家强调的伦理政治道家并非没有。道家的伦理政治主张透着一种美丽精神，即放弃的智慧与无弃的胸怀。放弃指消除自我的控制占有欲，无弃则突出宽容精神。遗憾

---

① 鄢圣华：《老子旨归》，合肥，安徽教育出版社，2013，第62页。
② 江美华：《论庄子应世思想中的"我"与"他人"》，见方勇主编：《诸子学刊》第七辑，上海，上海古籍出版社，2012。

的是，放弃被曲解成了欲擒故纵式的谋略，无弃被歪曲成奴用他人。本书将证明放弃与无弃是对道之玄德的效法，其目的也是为了成就广大和谐之道。

老庄是在宣扬非难理性和经验知识的神秘主义吗，他们只重直觉吗，体道、体无是把道和无作为一个对象来加以认识或体验吗？混混沌沌的无差别境是对道的直觉体验吗？他们对"知"到底持何态度，他们为什么强调不知高于知？其实，老庄的知与不知都是有所指的，我们不能笼统地说他们反知，甚至不宜把这个问题纳入认识论来加以考察。通过深入研读会发现，老庄反知反学，很多时候针对的是儒家式的道德学说和教化体系。那么，老庄为何反对仁义礼乐圣知聪明？反对仁义道德，是不道德，还是保持价值中立，还是更翻上一层追求大善大美？道家有没有自己的行为中介？若有，则与儒家的仁义道德有何区别？

庄子式的自由是他个人的自由、虚幻的精神自由吗？别的暂且不说，自然无为原则就在争取实实在在的不受外在强制干涉的权利，这显然不是什么虚幻的精神自由。因此，对庄子的"自由"理论还需要做重新检讨。

为何"十三经"没有一个"真"字？"畸于人而侔于天"是趋向人世之外吗，是人的精神自杀吗？自然与人文对立吗？郁建兴曾指出："自然主义思想并不是一种反历史、反文化的没落思想，也不是对自然界的浪漫主义色彩的亲近，而是一种文化和人发展的最高价值指向，是生而不有，为而不恃，是知其文明，守其素朴。自然主义与文化主义、历史主义并不对立，它所关注的，是鼓吹文化发展及早走上自然之道。"[①]最近十几年，学界开始关注对道家人文精神的研究，不再将两者简单地对立起来，陈鼓应主编的《道家文化研究》第 22 辑即为此而发。牟宗艳《老子自然主义与人文主义相结合的治国理念》(《文史哲》2003 年第 6 期)认为，老子思想以自然主义为外在特征，人文主义为内在本质。刘笑敢于 2004 年提出"人文自然"的概念，陈鼓应也提出"人文的自然"。的确，老庄哲学的归宿是对生命的关怀。庄子"畸于人而侔于天"思考的仍是成为怎样的人，如何"人见其人"。老庄要开出的是"自然的人文"。他们认为，人类文明只有立足于"自然"，它的发展才可能是长久的。如果任由不自然的成分膨胀起来而不予以调控的话，那么不仅没有文明可言，而且人类能否生存也将成为问题。

总体来看，20 世纪以来的老庄研究经历过一个研究范式的转换，研

---

① 　郁建兴：《论中国思想中的自然主义》，《杭州大学学报》哲学社会科学版 1991 年第 4 期。

究视角与研究方法越来越趋向多元化,如现象学、文化人类学、宗教学、神话学、解构主义、比较研究等。研究视角的多样化,一方面是由于中国古代学术统一不分,里边蕴含着许多理论生长点,另一方面也因为不同时代的研究者面临着不同的时代问题。随着研究视角与研究方法的日益多元化,许多问题都得到了深化和展开,一些因时代风气影响或个人理解而造成的误解也逐步得到了澄清。但是,也产生了一些新的问题。比如,有很多人用现象学方法对道家做了研究,但这类研究并不都是成功的(徐复观《中国艺术精神》中的庄子研究部分就有比附之嫌)。更有人表面上研究的是老庄,却满纸都是现象学化的话语,结果非但没有把老庄哲学讲清楚,反而越说越糊涂。笔者相信,说不清楚的根本原因在于研究者并没有理解清楚。南宋程泰之慨叹道:"世之训老者,率多务出杰辞奥说,济其深而晦之,及其甚也,有如廋辞隐语,又如后世释氏之谈禅,读者至不可晓。大昌亦不能究极其当否也,独闻古语借绘事以讥世习,而曰画工喜为鬼神,惮为狗马也。以狗马之工拙可较,而鬼神冥寞难辨也……若欲借晦为深,自匿于不可致诘,则曷如勿为也哉!"①程氏之言大致可以移评上述现象。笔者以为,学术研究不是为了赶时髦,西方的问题意识、研究视角和研究方法值得我们借鉴,但应注意方法的适用程度。如何开辟研究的新境界同时又避免用时代的显学来格义,避免将古人现代化?或者说,如何保持历史主义精神与现代眼光的张力平衡?这是我们面临的一大问题。

三、研究意义

老庄提出道论的理论动机是什么,他们需要一个什么样的道,他们能接受什么样的善恶?他们的"自然"到底意味着什么,其"自然"最终要解决什么问题?老庄道论有什么样的影响和现代价值?这些问题都还有进一步讨论的空间。笔者以为,老庄"自然"思想表达了他们对宇宙、社会、人生及自我意义的理解和态度,体现了他们对"我"与他者、主客、心物等关系的思考。这些问题归根结底是一个如何安顿价值的问题,这是哲学永远不能回避的问题;而它昭示的各适其天的境界,是中国哲学的一大境界,这些都决定了本课题研究的可行性与重要性。笔者将从本体论、心性论、工夫论、境界论、价值论等方面来探讨老庄的自然主义思想。经过研读,笔者发现了一些不为人注意的思想层面,对一些问题

---

① 《道藏》第14册,北京,文物出版社等,1988,第81~82页。

提出了自己的见解，大到研究对象的整体思想取向，小到某些字句的校订与解释。如果这些见解成立，当可助于对某些误解的澄清。

人们常说，西方哲学浸透着理性思辨精神，印度哲学弥漫着宗教精神，中国哲学则洋溢着艺术精神。这种说法大体上是可以成立的。中国哲学乃至中国文化为什么富有美学气质？笔者以为，老庄自然主义是铸就这种独特品格的一大因素。研究它，能让我们更清楚地认识中国哲学与美学的独特品格，领略中国文化特别是老庄哲学的美丽精神。

以上是本课题的理论意义。本课题还有一定的现实意义。如何提升人的生命境界，促成人的自由充分发展和社会的和谐，是一个永远富有生命力的课题。作为中华优秀传统文化的一个重要组成部分，老庄哲学可以为此提供某些重要的启示。当前我们国家正在大力构建和谐社会，让更多的人来了解老庄的自然和谐思想，了解"无"的生命智慧，对于个体达到心和、进而达到人我和谐与社会和谐，都大有裨益，对于我们建设物质文明、精神文明、制度文明、生态文明，建设和谐社会、和谐世界均具有重要的指导意义。

四、研究方法

第一，主要运用文献解释的方法，尽量秉着客观、理性、同情地理解的态度，从原始材料中找问题，通过进一步研读来解答问题，并合理地导出自己的论点。在论证过程中，综观各方面的证据，鉴别其作证资格及作证力量，力求建立在凿实的史料基础之上。从字句解释入手，考察研究对象的思想取向；然后立足于思想的整体取向，探求难解字句或争议性字句的含义。绝不停留于片言只语或字面含义来轻率地下论断或做抽象的讨论，而是会通原始材料来追索概念的具体所指。如果我们把具体内容抽掉，限于字面意义谈哲学概念，将不能如实地阐释历史上的哲学思想。

古今的老庄研究似乎陷入一人一义的"诠释学的无政府主义"（herme-neutical anarchism）的窘境，很多人都宣称自己的诠释结果就是老庄思想本身。当代学者又援引伽达默尔等人的哲学诠释学以自壮，为各种不同的诠释甚至误解或歪曲寻找合法性。笔者以为，老庄的思想文本固然具有某种程度上的多义性、宽泛性、不确定性，也经常要求读者从双关的意义上来加以把握，但不至于能容下截然相反的诠释结果。事实上，每位研究者都不宜轻言自己的解读就是老庄的本怀；一种解读是不是老庄的本怀，需要看它是否符合文本，是否具有义理统一性，随意涂抹是不行的。

本书力图返本开新。返本是为了逼近原意而力避曲解、防止超越文本的过度发挥(把本不属于老庄的思想强加给老庄),并因其所已言,发其所未明言。就本书的研究对象而言,不返本便不能开新(在老庄思想被普遍误解的情形下,能贴近其思想原貌也属创新);只有避免这些误解,才能让老庄的实践智慧在现代社会中更好地发挥作用。因此,尽管任何研究都不可避免地是特定研究者的透视结果,但笔者依然希望通过蒐集、调用丰富的原始材料,让材料与材料相互诠释,相信这样可以尽量压缩自身的主观性,并限定文本的解释学空间,从而逼近老庄思想的本来面目,有效地避免一些不必要的误读。简言之,既不走"我注六经"的路子,也不走"六经注我"的路子,而是力争让"六经自注",让古人发出自己的声音。

我们所涉及的思想资料可以说是一组层层外扩的同心圆。首先,核心材料自然是《老子》、《庄子》。其次是其他道家文献,如《管子》四篇(《内业》、《白心》、《心术上》、《心术下》)、《文子》、《淮南子》、《黄帝四经》(即马王堆帛书《经法》、《十大经》、《称》、《道原》四篇,它们被抄在帛书《老子》乙本卷前)、马王堆帛书《九主》(被抄在帛书《老子》甲本卷后)、郭店楚简《太一生水》、《语丛》四、上海博物馆藏战国楚竹书《亘先》等。这些文献或为老庄思想的引述与评论,或为老庄思想的阐发与运用。再次,古今关于《老子》、《庄子》的注疏和研究成果。精到的注疏可以帮助我们准确把握老庄思想,就连那些误解有时也会激发我们去对老庄思想一探究竟。复次,研究道家需要结合儒家、墨家、法家等其他学派,因为他们想要解决的时代问题基本相同,而且有些学派之间有实际的思想交锋,只有结合起来研究,我们才有可能找到他们的话语平台,才能判断他们之间的批评与反批评是否合理,才能抓出老庄思想的独特之处。这样一来,《论语》、《孟子》、《荀子》、《礼记》、《易传》、《墨子》、《韩非子》以及新近出土的儒简就需要纳入我们的视野中。最后,我们需要考察《尚书》、《诗经》、《易经》,这些文献虽然被儒家奉为经典,但并非儒家所得而专。它们实际上是先秦诸子都可以接触到的文化遗产,读了它们,我们就会明白道家思想也不是一夜之间冒出来的。此外还需考察《左传》、《国语》、《战国策》、《史记》等史书,它们不仅可以让我们了解到老庄所处的历史情境,还能看到一些类似道家的思想在闪现,尽管它们处于一种吉光片羽式的状态。笔者以为,我们虽然无法完全还原出老庄思想的原貌,但上述材料倘若运用得当,还是可以让我们无限趋近老庄思想的本等实相的。

　　这里特别值得一提的是，在 20 世纪以来的出土文献中，《老子》现身的次数最多。先是 20 世纪初在敦煌藏经洞发现《老子》写卷，约 70 件，多为河上本系统。1973 年，湖南长沙马王堆汉墓出土帛书《老子》甲乙本，这是目前已知最早的《老子》全文，抄写年代为西汉初年。1993 年，湖北省荆门市郭店的一座战国楚墓中又出土了写在竹简上的《老子》，虽说不是全文，但它是迄今所见年代最早的《老子》传抄本。考古学界认为，此墓葬至迟为公元前 300 年。2009 年年初，北京大学收藏了一批从海外抢救回来的西汉竹书，其中最引人注目的文献当推《老子》。这是继马王堆帛书本、郭店楚简本之后的第三个《老子》古本，也是迄今为止保存最为完整的出土古本，年代约在西汉中期，其残缺部分仅占全书篇幅的1.3％，堪称"完璧"，已于 2012 年年底公布。这些出土文献在地下沉埋了两千多年，它们被加工改动的次数比传世本要少得多，因而能让我们贴近《老子》文本之旧观。笔者在研读过程中遇到重大文本差异时，将尽量按照简帛本去理解，并做出说明；而在字句差异不影响文义的情况下，则以人们所熟悉的王弼本为底本。

　　第二，立足于中国哲学的概念和范畴，找出合理的概念框架，对其中的一些基本概念（如自然、真、逍遥等）做溯本探源的考察。还应注意的是，中国哲学是思与生活世界之间的对话，不是纯粹的、抽象的思辨游戏。中国哲学中的许多概念是实践性的概念，包含着动词意味，我们应该把对概念的分析置入文字背后的生活世界中加以考察。举个例子，司马谈在《论六家要旨》中评道家"以虚无为本，以因循为用"，这里的"虚无"就不能将其看作一个概念，而应该将其看作动词（或动名词），它表示虚出一个空间，即对自我的节制和对他者的包容。在道家看来，一个被填实、只有"有"的世界是密不透风的，因而也是活络不起来的。

　　为进一步认清中国哲学的独特品格和现代价值，笔者将适当吸收现代西方哲学的一些观念与方法，作为分析框架和诠释方法，同时避免因简单比附而模糊研究对象的特性。目前学界有些研究者援引了太多的"外来道理"来解说中国哲学，甚至拿后现代主义思想家的一些言论来进行比附。个人以为，我们应该紧扣文本，就其原本意义来加以讨论。在没有弄清研究对象本来面目之前，不能急于做中西比较或中西会通；在用平实的语言能表述清楚时，不必用一些时髦的哲学术语和晦涩的表达方式。好为玄妙会模糊研究对象的本来面目。《庄子·养生主》"依乎天理，批大郤，导大窾，因其固然"，原讲的是解牛，却对我们的中国哲学研究也具有方法论上的指导意义。如果我们简单地用西方哲学的思想框架来剪裁中国哲学，就很可能导致具体而微的内容被抽空，留下的只是一个形式上的空壳，甚至沦为西方哲学的注脚。中国哲学自身的丰富内涵、个性特色乃至思想精华不见了，过度解释或超越性发挥比比皆是。我们不反对"接着讲"，但主张在"照着讲"的基础上"接着讲"，反对把自己的发挥当作学说本身。

总之，本书将广泛吸收往哲与时贤的研究成果，略人之所详，详人之所略，以求实创新的精神把此项研究切实推进一步。

第二节　需要交代的两个问题

笔者在此集中摆明自己对某些争议性问题的看法，正文中不再纠缠，而直接切入研究过程的铺陈。

一、《老子》的年代问题

这是关系到先秦学术源流的一个重要问题。自北魏崔浩以来，对老子其人其书的怀疑不绝如缕，甚至有人怀疑历史上是否真有老子其人。

我们可以看到，《史记》中的《老子韩非列传》、《孔子世家》、《仲尼弟子列传》、《吕氏春秋·当染》都记载了孔子问礼于老子。此事发生在公元前518年，当时孔子33岁。《庄子》有8条关于老、孔交往和对话的材料，尽管其书多为寓言，但总会有一些事实依据，不至于全然向壁虚构。再看儒家自己的记述。《孔子家语》载孔子4次提到"吾闻诸老聃曰……"，《孔丛子》1次，《礼记·曾子问》有4条材料记述老子、孔子的交往，汉初《韩诗外传》卷5称子夏语鲁哀公："仲尼学乎老聃。"这些材料至少可以说明老子、孔子是同时代人，而且老子应该年长于孔子。司马迁虽然在老子"正传"后面附了有关老莱子、太史儋的两条记述，但这只是记录当时流传着的不同说法，司马迁自己并不认同。老莱子条中的"亦"字说明老莱子和老子不是一个人，并且正传说老子著书上下篇，而这里说老莱子著书15篇，就更明确地把两人区分了开来。《仲尼弟子列传》中还说："孔子所严事，于周则老子……于楚，老莱子。"而司马迁写进太史儋，原因应该是太史儋与老子都担任过周朝的史官，再则儋与聃同音，故人们容易混淆。两条记述后的"世莫知其然否"是说世人不知对否，而不是史迁不知究竟。"老子，隐君子也"则明显与正传中的"其学以自隐无名为务"相呼应，表明史迁肯定正传。历史上怀疑老子其人其书的大多是儒者，他们不顾历史事实，甚至不顾自己尊崇的儒家经典中的记载，这是缺乏理性的表现。

很多人认为，道家是通过其他学派来显他自己。比如，梁任公曾言："其书中有'失道而后德，失德而后仁，失仁而后义，失义而后礼'等文，似是难儒家；有'不尚贤使民不争'等文，似是难墨家；有'民不畏死，奈何以死惧之'等文，似是难法家。以此推之，其书或颇晚出，要之，最早不能在孔子以前，最晚不能在庄子以后也。"①冯友兰也说："道家是经过名家的思想而又超过之底……于有名之外，又说无名。无名是对着有名说底。"②李泽厚又认为道家的冷静智慧来源于兵家的诡道。照这样推，道家思想的出现就只有等到儒家、墨家、法家、名家、兵家全都形成以后，最早也是战国中期以后了。再如，王邦雄认为，儒家思想的总纲是"志于道，据于德，依于仁，游于艺"，"老子的哲学，主要在反省'志于道，据于德，依于仁'这三句话"。③ 这些学者的推理过程是这样的，因为《老子》有非难其他学派的色彩，所以其成书必定晚于《论语》等书，不然就成了无的放矢。

陈鼓应在《老庄新论》中则指出，多数学者之所以认为孔子先于老子，是受了黑格尔正反合三段论的影响；其实，老子批判的是西周以来的礼乐文化，他是从社会制度本身发展出其思想，而不是看了《论语》之后才动笔的。笔者认同此说。辜鸿铭曾说，周公之礼可以视为前儒教（Pre-confucian religion）。④ 这一说法是可以成立的。老子对传统的礼乐文化有深刻理解，《老子》的非儒色彩宜理解为对传统的批判，而由于儒家是传统的绍述者，他们力图借强化传统来补救现实，因此容易使人误以为老子将儒家树为靶子。现在接着陈氏讲。尚贤是一个由来已久的传统。从《左传》、《国语》可知，在老子、孔子之前，即有"尊贤"、"推贤"、"进贤"、"求贤良"、"跻圣贤"、"蔽贤"等说法，墨子尽可以呼吁"尚贤"，为什么老子就不能反传统而提出"不尚贤"？至于道家的"无名"，只是不要虚名，与名家作为概念的"名"不是一回事。老子的一系列反命题实是他的洞见，并非等到其他学派出现后，将其树为靶子。《墨子》、《庄子》、

① 梁启超：《先秦政治思想史》，北京，东方出版社，1996，第79页。

② 冯友兰：《贞元六书》，上海，华东师范大学出版社，1996，第751页。

③ 王邦雄：《谈儒道两家的"道"》，见东海大学哲学系主编：《中国文化论文集》三，台北，幼狮文化事业公司，1981，第95页。

④ 参见黄兴涛等译：《辜鸿铭文集》下卷，海口，海南出版社，1996，第49页。

《尹文子》、《荀子》、《韩非子》、《吕氏春秋》、《战国策》等书都曾引述《老子》原文或评论老子的思想。比如，《太平御览》卷 322 引《墨子》曰："墨子为守，使公输盘服，而不肯以兵知，善持胜者，以强为弱，故老子曰：'道冲而用之，有弗盈也。'"此语见今《道德经》第 4 章。西汉刘向编著的《说苑·敬慎》载韩平子问叔向"刚与柔孰坚"，叔向答道："老聃有言曰：'天下之至柔，驰骋乎天下之至坚。'又曰：'人之生也柔弱，其死也刚强；万物草木之生也柔脆，其死也枯槁。因此观之，柔弱者生之徒也，刚强者死之徒也。'"所引出自今《道德经》第 43 章和第 76 章。叔向是孔子时代的著名政治家，如果《说苑》记载不误，那么这条材料说明在孔子时代就可能有《道德经》这部书在流通。

有学者指出："过去学术界对老子其人其书的成书时间进行考证时，没有意识到所考证的版本已经是逆形成的 P'_1、P'_2、P'_3、…P'_n，而不是原本 P，所以往往得出错误结论。如根据'绝仁弃义'断定老子为战国时人，《老子》为战国时期的作品之类。产生这样的错误的方法论根源在于考证者没有区分 T 和 T'、P 和 P'、A 和 A' 的不同。严格地说，根据'绝仁弃义'只能得出《老子》文本中这句话可能出于战国时期的结论，不宜得出《老子》全部都是出于战国后期、进而说老子是战国时期人的结论。"①"逆形成"说的是《老子》在历史上经历过后人的整理与改动。我们的确不能依据逆形成文本中的片言只语来判定老子其人其书的年代问题。另据刘笑敢分析，古今关于这一问题的观点大体分为三类：传统的老孔同期说、孔庄之间说、庄前老后说。而刘笑敢把《老子》中的韵文部分与《诗经》、《楚辞》的句式特点、修辞特点、韵式特点做了一次穷尽性的统计比较。其结论是，"《老子》书的主体是春秋末年的作品，后来在流传过程中有加工修改，其中一些观点和概念变得更加突出和明确，某些字句段落在不同版本中出现了差异，但基本思想和架构没有根本性的改动"，"中期说和晚期说并没有提出任何正面的确实的证据，而出土文物和新的发现，包括本书关于老子韵文特点的发现，都一再证明，大量的古史记载虽有不确之处，但大多有基本的客观事实的依据"。② 刘氏所说的"出土文物"指简帛《老子》，其考察是可信的。

---

① 乔清举：《论中国哲学的逆形成特点——以老子为例》，见赵敦华主编：《哲学门》总第十三辑，北京，北京大学出版社，2006，第 126～127 页。

② 刘笑敢：《老子——年代新考与思想新诠》，台北，东大图书股份有限公司，1997，第65 页。

二、《庄子》内外杂篇的作者问题

这也是庄子研究中聚讼千年的公案，对此着力最多的当属刘笑敢。据其研究，外、杂篇中的《秋水》、《至乐》、《达生》、《山木》、《田子方》、《知北游》、《庚桑楚》、《徐无鬼》、《则阳》、《外物》、《寓言》、《列御寇》共12篇乃述庄派之作，可以作为研究庄子思想的可信材料。[①] 本书立足点是《庄子》一书，把它作为以庄周为代表的学派著作总集来加以研究。但笔者依然想说，《说剑》当属伪作无疑，除此之外的其他篇目（包括东坡所疑的《让王》、《盗跖》、《渔父》），未可遽断为伪。现做进一步说明：

第一，我们不能把作品年代的先后或思想倾向的异同作为判断真伪的标准。刘笑敢认为应该打破一个人只能有一种思想的假定[②]，此说不虚，但他似乎也没有将它贯彻下去，以此来看待内、外、杂篇的区别。笔者以为，我们可以证明外、杂篇晚于内篇，但没有足够证据说明它们的主体部分定非庄子所作。庄子思维活跃，在世80余年，说外、杂篇的主体部分是庄子后来所作，亦未尝不可。外、杂篇尽管间或有不同的思想倾向，但总体精神与内篇兼容，它们有着家族相似般的亲缘关系（family resemblance），甚至可以相互诠释。马叙伦称杂篇"谈理意义浮浅，文字鄙陋，显非庄子笔墨"[③]，实不足为据。

第二，退一步讲，人们所疑的伪作到底有多少是伪作，也是值得怀疑的。古代的辨伪工作确如李零所言："宋以来的辨伪，疑与不疑，莫不以卫正统、辟邪说为内在枢机（如兵书辨伪）。疑诸子，是要尊儒经；疑伪经，是要卫家法。遍伪群书，只在弃而不用，非所以甄别年代。"[④]这样的辨伪就缺乏客观性，未可尽凭。王叔岷早年的《庄子校释·序》有一中肯说法，他指出，内、外、杂篇的名义定于郭象，因此内篇未必尽可信，外、杂篇未必尽可疑。

第三，虽然从韩愈开始有了辨伪一事（并非始于苏轼《庄子祠堂记》），但《庄子》在历史上是作为一个整体而发挥作用的。黄锦鋐之论也比较可取："我们研究庄子，去其后人掺杂不似庄子者，取其似庄子思想者，则

---

① 参见刘笑敢：《庄子哲学及其演变》，北京，中国社会科学出版社，1988，第61~78页。

② "我们认为，这首先要打破一个人只能有一种思想的假定。一个人的思想可能是多侧面的，也必然是有一个发展变化过程的，而不可能是凝固不变的，这样，在一个人的作品中就会出现某种不尽一致的思想观点，这是不足为怪的。"（刘笑敢：《庄子哲学及其演变》，北京，中国社会科学出版社，1988，第26页）

③ 马叙伦：《庄子天下篇述义》，上海，龙门联合书局，1958，第105页。

④ 李零：《丧家狗：我读〈论语〉》，太原，山西人民出版社，2007，第15页。

讨论什么人著述的,都是多余的事了。"①

　　基于以上几点,同时为了行文的简便,本书有时径以"庄子"代表《庄子》。

第三节　"自然"略论

　　自然无为是道家学说的宗旨。② 从"道法自然"一语可知,自然的观念或许比道的观念还要重要。老子的道是自然之道;如果是不自然之道,老子根本就不会将其祭出。

　　"自然"一词始见于《老子》,它包含丰富的哲学内涵。今人最易产生的一种误解,便是望文生义地把它与作为自然物总和的自然界相等同,并进而从环境保护这一当代热点问题出发,对它大加赞赏。近些年涌现出大量有关道家生态思想的论著,便多属此类。对此,已有很多学者做了澄清。刘笑敢认为这是对道家思想的廉价的吹嘘和捧场:"这种对道家思想的褒扬常常是建立在误解基础之上的,是简单地把'自然'等同于自然界的结果……那个时代,环境保护还不是一个重要的社会课题,更不是《老子》关切的中心",但"老子哲学和道家思想是当代环境保护运动的天然盟友"。③ 道家的一些言论确实可以作为支撑生态哲学的重要思想资

---

① 黄锦鋐:《庄子及其文学》,台北,东大图书股份有限公司,1977,第41页。

② 自然无为的观念似乎不是道家所独有。《孔子家语·五仪解》称孔子曰"协庶品之自然";《郊问》称孔子曰"因其自然之体"。《孔丛子·居卫》载子思语,"此由天道自然";《执节》:"王【魏安釐王】曰:'鲁仲连强作之者,非体自然也。'【子顺】答曰:'人皆作之,作之不止,乃成君子。文武欲作尧舜而至焉,昔我先君夫子欲作文武而至焉。作之不变,习与体成,则自然矣。'"子顺所说的"自然"是习惯成自然,其他诸"自然"用法则与道家相同。
　　"无为"始见于《诗经》,如《王风·兔爰》:"我生之初,尚无为。我生之后,逢此百罹,尚寐无吪!……我生之初,尚无造。我生之后,逢此百忧,尚寐无觉!……我生之初,尚无庸。我生之后,逢此百凶,尚寐无聪!"诗人在怀念那没有忧患凶险的无为无造之时。儒家曾零星地提到"无为",如《论语·卫灵公》"无为而治",《大戴礼记·哀公问于孔子》"无为物成",《中庸》"无为而成"。
　　但我们必须认识到,儒家虽然也提"自然"、"无为",但这不是儒家思想借以展开的基点。儒道二家侧重点是不一样的,自然无为是道家思想体系的根柢,而儒家的思想重点始终是人文化成。(刘笑敢曾对老、孔"无为"观念的差异做过比较,见刘笑敢:《老子古今:五种对勘与析评引论》上卷,北京,中国社会科学出版社,2006,第404~405页)

③ 刘笑敢:《〈老子〉之"自然"十题》,见《诸子学刊》编委会编:《诸子学刊》第一辑,上海,上海古籍出版社,2007,第59页。

源，但我们必须明确，生态危机、环境保护是近代工业文明迅猛发展后所带来的新问题，所谓的道家生态哲学只是我们从当代社会问题出发加以发挥的结果。只有明确这一点，才不至于堕入不着边际的超越性发挥。

许多学者合"自"、"然"二字之义将其释为"自己如此"，这自胡适以来即如此。① 张岱年亦认为，《老子》之"自然""皆系自己如尔之意"②。其弟子刘笑敢则析出了四层意含：自己如此、本来如此、通常如此、势当如此。③

《老子》一书，"自然"凡五见。为便于分析，特录于下：

A. 悠兮其贵言。功成事遂，百姓皆谓："我自然。"（17 章）

B. 希言，自然。故飘风不终朝，骤雨不终日。（23 章）

C. 人法地，地法天，天法道，道法自然。（25 章）

D. 道之尊，德之贵，夫莫之命而常自然。（51 章）

E. 是以圣人欲不欲，不贵难得之货；学不学【宜从楚简甲组作"教不教"】，复众人之所过，以辅万物之自然而不敢为。（64 章）

《庄子》中，"自然"共出现八次，其中两次与本书讨论的问题无关：④

F. 常因自然而不益生。（《德充符》）

G. 汝游心于淡，合气于漠，顺物自然而无容私焉，而天下治矣。（《应帝王》）

H. 吾又奏之以无怠之声，调之以自然之命。（《天运》）

I. 莫之为而常自然。（《缮性》）

J. 夫水之于汋也，无为而才自然矣；至人之于德也，不修而物不能离焉。（《田子方》）

K. 真者，所以受于天也，自然不可易也。（《渔父》）

---

① 参见胡适：《中国哲学史大纲》上卷，北京，商务印书馆，1947，第56～57页。

② 张岱年：《中国哲学大纲》，北京，中国社会科学出版社，1982，第18页。

③ 参见刘笑敢：《老子——年代新考与思想新诠》，台北，东大图书股份有限公司，1997，第89～91页。

④ 《天运》："夫至乐者，先应之以人事，顺之以天理，行之以五德，应之以自然，然后调理四时，太和万物。"许多学者已经指出它是窜入正文的注文。（具体可参考陈鼓应注译：《庄子今注今译》，北京，中华书局，1983。）

《秋水》："知尧、桀之自然而相非，则趣操睹矣。"这里的"自然"意为自是。

17 章"我自然"的"我"指谁？学界对此尚有争议，一说人君，一说百姓。刘笑敢认为，"谓"应该解释为"评论"、"认为"，意为百姓都认为"我"（君主）自然。[①] 细加体会，此说证据不足。其一，此句当依楚简本校定为"犹乎其贵言也。成事遂功，而百姓曰：'我自然也'"，"谓"作"曰"，汉简本、傅奕本亦作"曰"，表明这里只取其一般意义，别无它义。此句的结构类似于 57 章末尾四句"我……而民……"，"犹乎其贵言也"指君实行无为之治，这样民就能"自然"。其二，《庄子·应帝王》："明王之治：功盖天下而似不自己，化贷万物而民弗恃；有莫举名，使物自喜。""有莫举名，使物自喜"是说，即使君有功于民，也不要居功，而要让民众觉得事情是自己一手做成的。老庄心目中的圣人、明王就是这么一个角色：他即使有恩于百姓，也不要以为自己施了恩惠，同时也让百姓不知自己受了恩惠。这样理解，"我"指的应是百姓，"自然"在此就意为自成、自己而然。"然"有成意，《广雅·释诂》："然，成也。"

23 章"希言自然"，学界有三种不同的断句法：第一种，绝大多数人四字连读；第二种，徐梵澄《老子臆解》将其断为"希，言自然"，这种断法似乎仅此一见；第三种，王孝鱼、傅佩荣、兰喜并等将其断为"希言，自然"。笔者认同最后一种断法，它实际上是两个并列的祈使句式。由于不同的断句法以及对"言"、"自然"的不同理解，人们对"希言自然"的诠释也就不一而足。陈荣捷将其译为"Nature says few words"（自然界不言）[②]，是一种拘于文字表面的译法。民国时期蒋锡昌解释得比较准确："老子'言'字，多指声教法令而言……'希言'与'不言'、'贵言'同谊……'希言自然'，谓圣人应行无为之治，而任百姓自成也。"[③]傅佩荣在《解读老子》中的解释也紧扣文本："希言"，少说话。以统治者而言，是少颁政令，让一切自己如此。如果统治者力求有为，就会像"飘风"、"骤雨"一样，无法持久生效。类似的观点是"贵言"（17 章）。当然，最理想的是"不言"（2 章）。

结合 E、G、I，51 章的意思应该是很明确的，意为道、德之所以尊贵，在于它们能够顺物之自然。但也有人解释为"没有爵命而尊贵"[④]，

① 刘笑敢：《老子——年代新考与思想新诠》，台北，东大图书股份有限公司，1997，第70 页。

② Wing-Tsit Chan, *A Source Book in Chinese Philosophy*, Princeton：Princeton University Press, 1963, p. 151.

③ 蒋锡昌：《老子校诂》，北京，商务印书馆，1937，第 156 页。

④ 刘笑敢：《老子——年代新考与思想新诠》，台北，东大图书股份有限公司，1997，第72 页。

理由是"命"在帛书甲乙本、傅奕本、严遵本中均作"爵"（今汉简本亦作"爵"）；而爵命意为封爵受职，与"位"相关。笔者以为，本字确实当作"爵"，但我们应该往"命"而不是"位"的意义上去理解，因为51章全部在讲道如何对待万物，"莫之爵"的"之"显然指万物，而非道或德。

围绕"人法地，地法天，天法道，道法自然"一句，学界也有众多争议。比如，"人"是否当作"王"？"四大"是否应作"五大"（人、地、天、道、自然）？最关键的是，老子以道为宇宙本体，为何又说"道法自然"？"自然"岂不成了高于道的一个物事？笔者以为，这些争议似乎都未能抓住问题的实质。实际上，由于地、天、道都是无意识的，无所谓法不法，我们不能死在句下，将其坐实为层层上法或"转相法"（如王弼）。老子只是借用这种顶真手法，他想说的实则是：人法地，人法天，人法道，人法自然。约为一句，就是人法天地自然之道。那么，如何理解"自然"呢？刘笑敢分析道："这里的'自然'虽然在语法上是名词、是宾语，但意义仍然是形容词的自然而然的意思。用英文翻译，或可译为naturalness。"[①]笔者的看法与此不尽相同。其实，这里的"自然"带有动词的意味，在语法功能上类似于英语中的动名词。我们必须明确，"自然"首先是道、天、地的根本品格或运作方式，老子希望人类效法天地之道的这种品格，将其落实为自己的在世方式。

钱穆曾以"自然"二字在庄老那里出现次数不多为由（钱氏持庄前老后说），认为他们的自然主义思想尚未成熟。[②] 这未免太抠字眼。自然主义思想非必由"自然"二字以表出，如果我们着眼于精神实质，则还有其他一些用语意通"自然"，比如"无为"。有论者认为，"自然"相对于民而言，"无为"相对于君而言，它们是两码事。又有论者说，"自然"、"无为"其实是一回事，只不过"自然"从肯定面讲，"无为"从否定面讲。[③] 笔者以为，"自然"与"无为"既非绝同，亦非绝异。以《老子》为例，A、E中的"自然"就不能替换成"无为"，而B、C、D则允许替换。"自然"与"无为"分分合合，两者有相通的一面，也有相异的一面，并非任何时候都可以相互替代，亦非任何时候都不能相互替代。

如果我们从人我关系入手，即可发现，"自然"有时指"我"的品格或

---

① 刘笑敢：《〈老子〉之"自然"十题》，见《诸子学刊》编委会编：《诸子学刊》第一辑，上海，上海古籍出版社，2007，第50页。

② 钱穆：《郭象〈庄子注〉之自然义》，见《庄老通辨》，北京，生活·读书·新知三联书店，2002，第361页。

③ 冯达文、郭齐勇主编：《新编中国哲学史》上册，北京，人民出版社，2004，第55页。

行为方式，有时指他者所处的状态。前面集中列出的材料中，应作品格义理解的是 J，应作状态义理解的是 A、E、F、K，既可作品格义也可作他者状态理解的是 D、G、I，既可作品格义也可作行为方式理解的是 B、C。"我"只要具备"自然"的品格，表现出来的行为方式就必定是"无为"；而只要"无为"，就必定能一方面保住自己"自然"的品格，一方面也有益于保住他者"自然"的状态。或者说，存在着两种相对于不同主体而言的"自然"，我们分别用"自然A"与"自然B"来表示。只有"自然A"，才可能有"自然B"。两者有着因果联系，前者是后者的必要条件。"自然A"实际上是"无为"的另一种说法，我们称之为"如其本然"；"自然B"则意为自成、自己如尔，我们称之为"自己而然"。到此为止，老庄之"自然"乃指行事处世的无为原则和万物不受外力干涉的自在自成状态。它有两层基本含义：如其本然，自己而然。如其本然的目的是让他者能够自己而然。体现在君民关系上，"自然"就意味着权力的自我节制和对民众的包容；只有君无为而任民之自然，民才有可能得以自己而然。此理亦可以扩展到一般意义上的人我关系。

　　严格地说，自然界或自然物无所谓自不自然，只有人才有自不自然的问题，因为自然界只是那么存在着，而人类行为在很多情况下显得那么造作不自然。这样一来，"自然"也就不可避免地与人的生命"本然"、"应然"联系到了一起。蒙培元说："更重要的是，他们【老庄】把'自然'规定为人的内在本质，变成人的本性……变成了人的存在范畴。"①王邦雄认为，"自然"即指生命的本真，讲的是生命价值的开发。② 老庄思考着：人是什么，应该追求什么？人类行为的界限在哪儿？人怎样才算自然？在他们那里，"自然"又是"真"（存在之真、性情之真），不自然则是非本己的、造作的、虚伪不真的（K 条中的"自然"就与"真"密切相关）。老庄认为，人之所以不真，是因为其本然之性被人为之心所遮蔽。老子呼吁世人返璞归真，用庄子的话来说，就是丧我显吾。"吾"是将假"我"刊落之后所彰显出来的原初性的东西。在他们的影响下，自然即真的观念牢牢盘踞在古人乃至今人的头脑中。

　　我们知道，自由是庄子哲学的核心，但它实际上也发源于老子所说的"自然"。叶秀山曾指出，老庄的自然即自由，他们的自由观是人与世

---

① 蒙培元：《中国哲学主体思维》，北京，人民出版社，1993，第 32 页。
② 参见王邦雄：《谈儒道两家的"道"》，见东海大学哲学系主编：《中国文化论文集》三，台北，幼狮文化事业公司，1981，第 96 页。

界平等的自由观。① 刚才提到，"自然"与"真"密切相关，甚至可以同义互换。个体在没有回归到生命本真的时候，他就是不自由的，因为此时他受自身控制占有欲的宰制。积极地说，自由意味着由自。消极地说，自由意味着束缚的去除，而束缚不仅有外来的，也有自己给自己加上的，诚如论者所言："老子所强调的这种整体的自然的秩序与和谐既是对个体的保护，也是对个体的一种限制……因为要维持自然的和谐，就不允许整体中的某些个体无限制地膨胀，从而影响其他个体的生存和发展。"② 随心所欲不是自由，放弃自我的控制占有欲，才有可能获得自由。要想达到自由，就必须去除内外双重束缚。前面析出的"如其本然"是去除外在束缚，而"丧我显吾"则是去除内在束缚。双管齐下，"自然"最终达到的境地就是自由。

丧我显吾，舍弃小我获致大我，会带来一种灵魂出窍般的愉悦感和自由感。个体因放弃自身的控制占有欲，而感到超脱。但我们必须注意的是，老庄关切的不是一己之自由，而是群己皆自由。就在个体放弃控制占有欲的时候，他者也开始走上自由之路。老庄呼吁世人效法道之无意志、无目的，无意志是不要算计着去宰制他者，无目的是超越自身欲望的束缚，不与物迁。两方面相比较，后者更为根本，因为宰制他者常由"我"之不守本分而来，而"我"若能不与物迁，便不存在宰制他者的问题。

如前所言，老庄思想的初衷也是为了匡正时弊。他们当然不希望世道继续混乱下去，但也不愿看到强制的秩序，他们期望出现的是自然的秩序、自然的和谐。自然的和谐，其对立面有两个：一是混乱无序状态，这是儒、道、墨、法诸子都极力要走出的；二是强制的"和谐"，道家在此与其他学派分道扬镳。

经此粗略分析，老庄之"自然"至少包含四层含义：如其本然、自己而然、丧我显吾、各适其天（分别对应于无为原则、万有之自在自成、人之生命本然、自由）。合而言之，"自然"可以概括为一种合乎生命需求的规范和状态。而我们也已看到，老庄推崇"自然"的最终目的是"我"与他者的无碍兴现（"见"），群己之间达成自然的和谐、自然的秩序。

接下来，我们将扣住自然的上述几层含义，考察老庄的有关思想与

① 参见叶秀山：《漫谈庄子的"自由"观》，见陈鼓应主编：《道家文化研究》第 8 辑，上海，上海古籍出版社，1995。
② 刘笑敢：《老子——年代新考与思想新诠》，台北，东大图书股份有限公司，1997，第 84 页。

智慧。由于双主体结构必定承认不同个体、物论在价值上的平等，以强化自我意识和包容意识，又因道家通过平等观照的意识工夫来达成价值取向上的不羡不嫌，故特列第二章讨论其思想中的平等精神。

第一章 自己而然——万物存在的
本体论依据

　　世界万物有无自身的价值与意义？若有，则这种价值与意义来自何方？西方传统形而上学是二元对立基础上的一元中心论。在其视野中，存在着两个地位不等的世界：经验的现象世界和形上的本质世界（如柏拉图的相、基督教的上帝、黑格尔的理念等）。本质世界实而不现，现象世界现而不实，本质世界超越现象世界而又统摄现象世界，它是现象世界的根据和意义之源。比起本质世界，现象世界的意义少得可怜，它不过是本质世界的一个影子而已，甚至是影子的影子。如果不是因为需要强调本质世界的绝对意义而现象世界又派生于本质世界，现象世界的意义或许就被完全取消了。张世英指出："旧形而上学由于把世界分裂为'真正的世界'与'表面的世界'，因此，它把每一事物的意义，从而也把人生的意义寄托在抽象的'真正世界'。一旦废除了旧形而上学，人生的意义和价值就不必再到事物以外、人生以外去寻找，而就在事物自身之内，就在人生的此岸。"①"旧形而上学"即指柏拉图开始至黑格尔达到高峰、在西方延续两千年之久的理念论，它用抽象的理念（普遍性）吞没了具体的现实事物。两千多年来，西方传统哲学就一直在追求经验世界背后的本质世界，这被尼采指斥为一种异世思维方式。进入 20 世纪以后，更是遭到现代西方哲学不遗余力的批判。②

　　与西方思想的"天国色彩"相比，中国思想有一种"人间性"。中国历史上既没有匍匐于神的启示宗教，哲学本体论上也只谈本末而拒绝真幻的判分。中国虽然也发生过两个世界的分化，但两者却是贯通的，不是完全隔绝的。本章扣住"自然"之一义——"自己而然"——来讨论老庄对

---

① 张世英：《新哲学讲演录》，桂林，广西师范大学出版社，2004，第 88 页。
② 当然，我们不能把批判与被批判简单地归结为对错之分。传统西方形而上学有它的价值，但将它贯彻到价值论上来谈真幻，是有问题的。

世界意义所做的思考。我们将发现，他们强调世界的意义就在它自身，而不需要他者来对它加以"赋值"，万物自身就是自己的意义之源和价值之源。笔者以为，老庄这方面的思想为世界的意义问题提供了哲学上与观念上的有力支撑，因为只有把万物当作生命本体，当作意义的根源，才能真正尊重个体的差异性、独特性，在此基础上才能形成更为稳固的和谐。

第一节　老子道论的解释学空间

"道"字在金文中即有，本义为道路，其规律、道德、理想、引导等引申义在那时也都已出现①，但老子把它提炼成了其哲学中的核心范畴和最高范畴。玄之又玄的道激发着人们的想象，如何理解它，无论在历史上还是当今学界，都存在着众多的分歧。本节在往哲与时贤的研究基础上，着重讨论道究竟是不是一个实体性的存在？如何看待道生万物？道与万物是何种关系？老子提出道论的动机是什么？易言之就是，老子需要一个什么样的"道"？

一、老子道论研究之回顾

学界对老子之道究为何义得出过不少结论。刘笑敢将它们略分为四：客观实有类解说、综合类解说、主观境界说、贯通类解说，并对它们分别做了评价。而他本人为了避免"反向格义"(reverse analogical interpretation)所可能造成的偏差，对道做了一次功能性、描述性的定义："老子之道可以概括为关于世界之统一性的概念，是贯通于宇宙、世界、社会和人生的统一的根源、性质、规范、规律或趋势的概念。"②这也是一种贯通形上与形下、实然与应然、存有与价值的诠释。以下择取一些代表性观点做出分析。

把道解释为宇宙根本规律或最高原理，是比较普遍的一种做法。比如，劳思光认为，"'道'即指万有之规律，因规律本身非万有之一（即非经验事象），故谓'先天地生'"，"'道'本身虽非经验事物，并非超离之存

---

① 关于"道"的字源学考释，可参考庞朴：《一分为三——中国传统思想考释》，深圳，海天出版社，1995，第241～243页。
② 刘笑敢：《老子——年代新考与思想新诠》，台北，东大图书股份有限公司，1997，第200～201页。

在，而为经验世界恃之而形成之规律，故谓'周行而不殆'，又谓'可以为天下母'。'周行不殆'，言此规律之运行遍于万物而无终止"。[1] 1979 年，张岱年谈了自己对道的认识过程，最终认定它既不是物质实体，亦非超时空的绝对精神，而是将事物普遍规律加以绝对化而成的超越于天地万物之上的非物质性的绝对；道的客观实在性只是规律的客观实在性。[2] 但是，如果将道限于规律义或原理义，就会面临一个很大的困难。我们可以试问：作为普遍规律、最高原理的道是否可以被人们所认识？是否可以用语言来加以表述？如果可以，那就与《老子》的有关说法相违，因为《道经》劈头一句便是"道可道，非常道"，此外还有许多章节也一再强调道的不可感知性和不可致诘性，这显然溢出了规律义，因为规律都是可以被认识和传达的，比如"反者道之动"就是一条重要规律，老子希望世人认识这条规律，并依其处身行事。当然，这么说的目的并不是否认道的规律义，因为假如对此加以否定，那么整个老子哲学将被挂空，不能落实到社会人生领域。笔者只是想说，单单用规律、原理义是无法罩住道的。

老子的"道"实包含几层不同含义，我们不可能把它的丰富含义定于某一单纯观念上，正如刘笑敢所说："老子之道究竟是一个什么样的概念呢？是宇宙论概念吗？是本体论概念吗？是伦理学概念吗？是政治学概念吗？是价值论概念吗？恐怕都不完全是，但也不能说都完全不是……道实在是一个太广泛、因而不属于任何一个具体领域的概念。"[3]笔者以为，从几种不同角度来诠释老子之道，是比较稳妥的。我们在此列出一些代表性说法。唐君毅认为"道"兼六义：第一，通贯万物的普遍共同之理或宇宙的根本大理(虚理，属自然与实然，如物极必反)；第二，形上之具体存在者(实体)；第三，道体之相，如无状之状、无物之象、大象无形是也；第四，同"德"，复分为道体之玄德及物之所得于道者；第五，修德之方、生活中自处处人之术、政治军事上之治国用兵之道(应用层面的"术"，属宜然与当然；道术就是术化的、可操作的道)；第六，事物所

① 劳思光：《新编中国哲学史》一卷，桂林，广西师范大学出版社，2005，第 176 页。
② 张岱年：《老子哲学辨微》，见《张岱年全集》第五卷，石家庄，河北人民出版社，1996，第 242～246 页。先生的这一论断也是对之前学界若干观点的反思。1959 年中华书局出版的《老子哲学讨论集》较为集中地反映了当时对老子道论的观点：认为老子哲学是唯物的一派主张道指物质实体及其规律，认为老子哲学是唯心的，则主张道是绝对精神。
③ 刘笑敢：《老子——年代新考与思想新诠》，台北，东大图书股份有限公司，1997，第 199～200 页。

处的状态(如"天下有道"、"天下无道")或心境、人格之状辞(得道人之道相)。① 受唐氏启发,傅伟勋也分出六大层面:道体(Tao as Reality)、道原(Tao as Origin)、道理(Tao as Principle)、道用(Tao as Function)、道德(Tao as Virtue)、道术(Tao as Technique)。② 陈鼓应将其析为四个层面:构成世界的实体、创造宇宙的动力、促使万物运动的规律、作为人类行为的准则。③ 以上诸说区分得比较细致,道论的复杂性由此可见一斑。但这些说法有一共同点,即都承认道的实体义,这与把道限定为规律是很不相同的,因为规律只是虚理。

从宇宙论或本体论来解读老庄道论是主流的阐释方式,但也有学者反对这种阐释角度,甚至认为道家没有宇宙论思想。比如,安乐哲等人认为,道家缺少对"多"背后"一"的形上思考,他们并不认为现象背后有一个真实不变并限定着万物的基体,他们实际上把宇宙理解成万物,所以"道家宇宙论"的提法很成问题。④ 笔者以为,否认道家宇宙论是不足为据的。宇宙论虽说不是道家思想的重点,但我们不能否认他们有宇宙论思想。张祥龙对形上解读方式的反对最为突出,他对道的诠释是一种典型的现象学解说。他认为,老庄关注的是生存问题,《老子》中关于宇宙发生论的文字极有可能是战国时人的窜入。⑤ 几年以后,他依然认为,将"道"理解为"根本的普遍规律"或"(物质或精神的)实体",是用西方哲学的概念框架和方法来宰制中国古代思想。⑥ 笔者以为,将老子的有关言论视为后人之伪羼,只是一种猜测,没有版本依据,故而不可取。牟宗三的观点比较独特。他在《中国哲学十九讲》中承认道家有形上学,但认为道家形上学是境界形态的形上学,而不是实有形态的形上学。这种观点的实质也是取消道的实体义。对此,刘笑敢曾做过恰当的驳论,认为这是"把认识论之道的主观境界之义当成了道的全部意义"⑦。

笔者的观点是,老子之道主要是形上实体及宇宙的普遍规律。老子

---

① 参见唐君毅:《中国哲学原论·导论篇》,北京,中国社会科学出版社,2005,第224~253页。
② 参见傅伟勋:《从西方哲学到禅佛教》,北京,生活·读书·新知三联书店,1989,第384~385页。
③ 参见陈鼓应注译:《老子今注今译》,北京,中华书局,1983,第78页。
④ 参见〔美〕安乐哲、郝大维:《道不远人——比较哲学视域中的〈老子〉》,何金俐译,北京,学苑出版社,2004,第17~18、146、280页。
⑤ 参见张祥龙:《海德格尔思想与中国天道》,北京,生活·读书·新知三联书店,1996,第285~287页。
⑥ 参见张祥龙:《从现象学到孔夫子》,北京,商务印书馆,2001,第196页。
⑦ 刘笑敢:《庄子哲学及其演变》,北京,中国社会科学出版社,1988,第122页。

的道论开出了两个东西：一是道生万物的宇宙生成论，这是中国哲学史上的第一个宇宙生成论、最早形态的形上学；一是顺应自然的政治理论和处世哲学。

二、有无之际的道

(一)道的实存性与本原性

老子怎么就提出了这个惟恍惟惚的道呢？陈鼓应认为这只是一个无法用经验加以验证的假设，无法证实，也无法证伪。笔者认为，道是老子直觉体验与理性思辨的共同结晶。老子似乎觉得杳杳冥冥中有一种力量推动着天地万物"出生入死"。他人尽可以怀疑道的存在，但在老子看来，道的存在是真实不虚的，确实存在着道这么一个"物"（"有物混成"、"道之为物"①），它先于天地万物而存在（"先天地生"），并为天地万物所从出（"万物之始"②、"万物之母"、"万物之宗"、"众妙之门"、"天地根"、"天下母"、"玄牝"、"众父"③）。42 章"道生一，一生二，二生三，三生万物。万物负阴而抱阳，冲气以为和"，说的就是道生万物的一个层层落实的过程。道是一个不竭创造、让天地万物得以生生不息的形上实存。

道是无形而有作用的一个形上实存，并非虚设。第 6 章是一篇本根论，老子在此将道称为"玄牝"。"玄牝"绵绵若存，王弼注道："欲言存邪？则不见其形；欲言亡邪？万物以之生。故绵绵若存也。"南宋范应元在《老子道德经古本集注》中注："以为本无，孰主此身？以为本有，竟居何所？故曰若存。"老子道论的一个功能，是解释天地万物的由来，这证明老子认定存在着这么一个"道"。老子经常使用"似"、"象"、"如"、"若"、"或"等不定之词，是因为道深不可识，还是老子谦虚不敢下断语呢？细加体会，两种意味都有。然而，我们切不可认为老子使用这类字眼表明他自己也犹疑不决。老子实则已经提供明确的肯定回答，他只是姑且以一连串的疑似不定之词代替自信满满的独断而已，这是一种难能

---

①　老子只是勉强用"物"字来说明宛然有这么一个对象存在，我们不能将其理解为形下之物。

②　"万物之始"原为"天地之始"，据帛书本、汉简本改。马叙伦："《史记·日者传》引作'无名者，万物之始也'。王弼注曰：'凡有皆始于无，故未形无名之时，则为万物之始；及其有形有名之时，则长之育之，亭之毒之，为其母也。'是王本两句皆作'万物'，与《史记》所引合，当是古本如此。"（见马叙伦：《老子校诂》，北京，中华书局，1974，第 88 页）

③　此据帛书两本、汉简本。传世本皆作"众甫"，非。

可贵的智慧。有些学者否认老子思想的形上维度，故在这类不定之词上做文章，将其往若有而实无一路上引，这种努力终归无效。

人们之所以认为道若有而实无，还有一个重要原因在于没有理解老子所说的"无"。《说文解字》收有亡、无、無三字。宋代王观国认为："'无'亦作'亡'，自古只用此二字，至秦时始用'無'字为'有''無'之字。"①庞朴对此现象做了进一步考释。他认为，三字产生的时间不同，各自的含义也不同：最先是表示有而后无的"亡"，然后是似无实有的"無"，最后是表示绝对空无的"无"；老子所尚的无是"無"。②笔者以为，三字出现的时间先后，还可以进一步讨论，但庞氏分出三种不同意义上的无，并指出老子所尚的无本质上是实有，则诚为的论。③古人以舞（"舞"与"無"字形原本相同）事无形，老子无的观念与这种无形的对象应该大有关系。郑开认为可能是鬼神无形的特性激发了古人无的观念④，这种推测合乎情理。道之"无"不是零之无，"无"是相对于我们感官而言的，所以唐君毅说："此'无'应指一能实生而实现万物之有之一混成之实有者。""无"者，"应唯是无形无物之义"。⑤道虽为一"物"，但它不是众中之一，而是众之一（统领众的一）。就是说，它不是有形有质、可以感知的经验事物，而是生养万物的一个形上实存。14章说："视之而弗见，名之曰微；听之而弗闻，名之曰希；捪之而弗得，名之曰夷。"⑥老子还常用"渊呵"、"湛呵"、"悦呵忽呵"、"幽呵冥呵"⑦等语，来表达道的深不可测、恍惚难言。道之为物，惟恍惟惚，若有若无，此正所以"玄之又玄"也。

换个角度看，道既然是一个生养万物的创造性本体，而万物各自相异，所以道包揽一切可能性，是此亦是彼；或者，道没有任何规定性，有规定性就会偏于一隅。道的这种整全性、无限性越发凸显了言辞的局

---

① （宋）王观国：《学林》卷9"无亡無"则，北京，中华书局，1988。
② 参见庞朴：《说"無"》，见尹达等主编：《纪念顾颉刚学术论文集》上册，成都，巴蜀书社，1990。
③ 楚简《老子》"亡"、"無"并用，但多作"亡"。据笔者统计，"無"用了6次，"亡"用了27次。帛书两本、汉简没有借"亡"为"無"的现象。帛甲全用"无"；帛乙"无"、"無"混用，但绝大多数时候用"无"；汉简本全用"無"。
④ 参见郑开：《道家形而上学研究》，北京，宗教文化出版社，2003，第38~41页。
⑤ 唐君毅：《中国哲学原论·导论篇》，北京，中国社会科学出版社，2005，第244~245页。
⑥ 此据帛书本。汉简本及传世本"微"、"夷"互倒，误。帛书"视"与"微"、"听"与"希"、"捪"与"夷"搭配恰切。大象无形，故有似微小之物而不可见；大音希声，故听之而弗闻；大道甚夷，故捪之而没有凹凸质感。《说文解字》："捪，抚也，……一曰摹也。"三句皆从人们的惯常感知方式出发，以明道终非常规的形下之物。
⑦ 此据帛甲、汉简及傅奕本。帛乙及其他传世本俱作"窈"，不如"幽"。

限性。语言是一种限定，用语言来对道进行描述，无论如何都只能是得于一偏，它在照亮道的某一侧面的同时，也就遮蔽了其他侧面。王弼《老子指略》已经把这一点说得非常透彻："无形无名者，万物之宗也。不温不凉，不宫不商。听之不可得而闻，视之不可得而彰，体之不可得而知，味之不可得而尝。故其为物也则混成，为象也则无形，为音也则希声，为味也则无呈。故能为品物之宗主，苞通天地，靡使不经也。若温也则不能凉矣，宫也则不能商矣。形必有所分，声必有所属。故象而形者，非大象也；音而声者，非大音也。"这里的"若温也则不能凉矣，宫也则不能商矣"，很能说明问题。安乐哲也说得很好："作为所有特性的处所，它是不能被断言的，如果它要是被下了断论，那么，它就同时既是该断论又是它的反面。"①总之，道虽然不可名状，不可致诘，但又是一个可以冥会到的对象。"若存"只是说存而不可见，并非真的没有。我们以后还会看到，道从"体"上言若有若无，从"用"上言也是若有若无的。"弱者道之用"，道的发用弱得甚至让人感觉不到它的存在。老子说的"无为"也是一种有而似无的为，并不是一无作为。这种微妙的有无之际需要我们细心体会。

如实论之，作为形上实体的道，当指周流六合、弥纶宇宙、生生不已、不可穷竭的创化之伟力。我们应从"力"字上来理解宇宙论意义上的道。牟钟鉴等人的观点较为可取，他说："道不是物质也不是精神，它是宇宙自身所固有的生命力和创造力……世界上最伟大的力量莫过于道，它就是大自然的造化之力。"②这样的道，就不是柏拉图式的普遍抽象而与万物相分离的抽象独存（相或理念）。汉学家艾兰（Sarah Allan）也认为："'道'是一种创造生命的力量，生成万物，但它是以水赋予生命的方式而不是以造物者上帝的方式创造万物。"③

（二）何谓道生万物

老子说道生万物。如何理解"生"？傅伟勋做过如下思考与分析："老子'生'字究指何义？是指宇宙论意义的始源或造物者（the cosmological origin or the creator），抑指本体论意义的本根或根据（the ontological root or ground）？就表面结构言，似指前者；就深层结构言，则似又指

① 〔美〕安乐哲、郝大维：《道不远人——比较哲学视域中的〈老子〉》，何金俐译，北京，学苑出版社，2004，第 184 页。
② 牟钟鉴：《老子的道论及其现代意义》，见陈鼓应主编：《道家文化研究》第 6 辑，上海，上海古籍出版社，1995，第 62 页。
③ 〔美〕艾兰：《水之道与德之端——中国早期哲学思想的本喻》，张海晏译，上海，上海人民出版社，2002，第 113 页。

谓后者，盖'道法自然'（二十五章）而又'道常无为（而无不为）'（三十七章），应无所谓'生不生'之故。但是，我们在老子书中无法找出明确的解答。"①劳思光是以规律义来理解道的，笔者对此并不认同，但他对"先"、"生"的辨析殊有精义："老子一向以'先'于天地或'生'万物状道之超经验，'先'、'生'皆易于致误解，因'先'易使人想到时间序列中之'先'，'生'则涉及具体事物在时间中之'发生'。但老子时哲学词语自不能如今日之严格，吾人观其一贯说法，即可知所谓'生'表'道'对'物'之范铸作用，乃指一形式义之决定力，非言经验关系中之'发生'。所谓'先'指超越义之在前，非时间序列中之'先'。"②可以肯定的是，老子所说的"先"不是时间上的先，而是逻辑上的在先；"生"是化生而非派生，不是经验中母生子般地生。

前贤早已指出，老子宇宙论的一大贡献在于彻底破除主宰义的人格天或意志天，把宇宙的创造力还归于宇宙本身。那么，他所推出的"道"是否顶替原先的"天"而成为万物的主宰呢？牟宗三认为，道生万物乃不生之生，即任万物自生自长。由于人们总想向前操纵把持，结果是把万物封死；道家则叫我们退一步，不要想着去把持。③而安乐哲等人否定道家有宇宙论思想的最终意图也是，将生命的引擎落实到万物自身，而不是形上本原："古典中国自然宇宙论一个主导的推论是：转化的力量不是投注在某种独立于其创造物之外的有效的原理上，而恰恰居于世界本身。世界是自动生成且'自然而然的'，没有最初的本原，亦没有假定的终端。"④此说虽然破除了主宰义，但未能说清自生义。徐复观《中国人性论史》、张起钧《老子哲学》（台北正中书局 1977 年版）等则能兼顾二义。他们认为，道生万物，故万物非自己如此；然由于道无意志，故万物若自生。这种说法实得老子真义。所谓道生万物，一言以蔽之，就是"生物不物"（帛书《九主》语），即自然化生出万物以后又"让"其独立发展。依老子的思维方式，只有不做主宰，才配做主宰。《文子》也是道家学派的重要典籍，《精诚》云："阴阳四时，非生万物也；雨露时降，非养草木也；神明接，阴阳和，万物生矣"，"……而莫之使，极自然……窈窈冥冥，不知所为者而功自成。"不知所为者只是不知而已，不是没有所为者，而

①　傅伟勋：《从西方哲学到禅佛教》，北京，生活·读书·新知三联书店，1989，第387页。
②　劳思光：《新编中国哲学史》一卷，桂林，广西师范大学出版社，2005，第179页。
③　参见牟宗三：《中国哲学十九讲》，台北，台湾学生书局，1983，"第五讲"。
④　〔美〕安乐哲、郝大维：《道不远人——比较哲学视域中的〈老子〉》，何金俐译，北京，学苑出版社，2004，第164页。

"莫之使"是因为所为者无意志。日本学者池田知久虽然揭示了《老子》中的"主体→客体、原因→结果"模式（比如君"无为"而民"自然"），但他认为老子以道与万物支配—被支配的关系为模式，提出了一君万民的中央集权政治思想①，实可谓失之毫厘，谬以千里。

第二节 怒者其谁

一、老庄道论之异同

庄子所说的"道"是什么？学界也得出过许多不同结论，诸如规律原理说、物质实体说、精神实体说、绝对化的观念性实体说、心灵境界说、自然说、世界整体说等。又有论者认为以上诸说皆非，如楼宇烈强调，"道"不是万物之外之上的实体，而是对天地万物本然状态的总的描述。

本书于此关注的是，庄子所说的道与老子之道是否有别？陈鼓应的下述观点颇具代表性，他认为庄子使老子之道向下落、向内收，而成为一个主要指涉心灵境界的概念，同时也将万物存在的根据落实到万物自身："老子的'道'，本体论与宇宙论的意味较重，而庄子则将它转化而为心灵的境界。其次，老子特别强调'道'的'反'的规律以及'道'的无为、不争、柔弱、处后、谦下等特性，庄子则全然扬弃这些概念而求精神境界的超升"，"现象界是自生自化的，超现象界是不可知而且没有追究意义的，这便是庄周学派的基本观点。"②钟泰以儒解庄，他曾慨叹道："若其【庄子】非道家而不同于老子，则能辨之者鲜矣。"③老庄道论果真有这么大的差别吗？笔者对此持怀疑态度。

冯友兰认为庄学所说的"道"、"德"与《老子》相同，也是天地万物所以生之总原理。④ 张默生亦持此说。⑤ 在对《庄子》文本做了一番精心的爬梳工夫之后，韩林合认定老庄的思想框架完全相同，包括道论也是如此："老子关于道的规定和庄子的规定基本上是相同的，而且两者所说的道均

① 〔日〕池田知久：《道家思想的新研究——以〈庄子〉为中心》下，王启发等译，郑州，中州古籍出版社，2009，第504～507页。
② 陈鼓应：《老庄新论》，上海，上海古籍出版社，1992，第185、196页。
③ 钟泰：《庄子发微》，上海，上海古籍出版社，1988，"序"。
④ 参见冯友兰：《中国哲学史》上册，上海，华东师范大学出版社，2000。
⑤ 参见张默生：《庄子新释》，济南，齐鲁书社，1993。

可以理解为世界整体。"①笔者不能认同"世界整体"一说，但也认为，庄子道论基本上延续了老子道论。庄子并未否定老子道论的形上实体义与规律义，但他的确进一步突出了道的遍在性及道的境界义。韦政通认为："庄子的道一方面是继承老子形上学的意义，一方面则通过个体的体验和修养，使客观的道内化为人生的境界"，"此中最有意义的则为'精神生于道'一义，道不只是生天生地，也是人类精神之源，有了这个观念才使客观的道内化为人生的境界为可能。"②此论是令人信服的。老庄二人诚然有各自的特色，但基本上是性格、文风上的差异。就其思想内核而言，则相去不远。老子沉潜，庄子显豁，许多隐而不发的老子思想在庄子那里得到了朗现。

二、生而不宰的本根

（一）道的实存性与本原性

庄子及其后学对天地万物的由来的确做了许多思考。《天运》开篇问道："孰主张是？孰维纲是？孰居无事推而行是？"这与屈原《天问》开篇的一连串问题类似，都表现出对宇宙本原的一种哲学追索。追索的结果是，道是宇宙万物的本原。

相对于外、杂篇而言，内篇的确较少谈及道的本原性。《齐物论》开篇"天籁"一节云："夫吹万不同，而使其自己也，咸其自取，怒者其谁邪？"此处，"怒"意为鼓动。庄子惯用疑问语气，这使得后人费尽思量，也给人以驰骋想象的空间。人们对"怒者其谁"有三种解释：其一，认为真宰若有而实无，如郭象、成玄英等人。其二，肯定造物，如司马彪云："言天气吹煦，生养万物，形气不同。"③林希逸："言万物之有声者，皆造物吹之。吹之者，造物也，而皆使其若自己出。吹字、使字，皆属造物。"④其三，认为这是一个未决的议题，不能判定，如刘笑敢。笔者以为，林说更为可取。假使大块不噫气，万窍尚且不存，焉得怒吗？后文"非彼无我，非我无所取"似承此意而言。内篇中有关道论的内容还有：

若有真宰，而特不得其朕。可行己信，而不见其形，有情

---

①　韩林合：《虚己以游世：〈庄子〉哲学研究》，北京，北京大学出版社，2006，第314页。

②　韦政通：《中国思想史》上，上海，上海书店出版社，2003，第129、131页。

③　《文选》卷20谢灵运《九日从宋公戏马台集送孔令诗》"在宥天下理，吹万群方悦"李善注引。卷24晋张华《答何劭二首》："洪钧陶万类，大块禀群生。"李善注："洪钧，大钧，谓天也。大块，谓地也。言天地陶化万类，而群化禀受其形也。"

④　（宋）林希逸：《庄子鬳斋口义校注》，周启成校注，北京，中华书局，1997，第15页。

而无形。(《齐物论》)

道与之貌，天与之形。(《德充符》)

夫道，有情有信，无为无形；可传而不可受，可得而不可见；自本自根，未有天地，自古以固存；神鬼神帝，生天生地。(《大宗师》)

在庄子看来，道是一个真实的存在，只因它超越感觉经验和理性认知，故说"若有"。有学者认为："'真宰'若有但无形，难以确知其有无。庄子一方面相信世界的发展有其共同根源与根据，但又不相信任何人格主宰或客观意志，因此对真宰的存在与否不加确切解说。"①这种观点由道的无意志性，倾向于认为无真宰，并不足取。

外、杂篇中，论"道"较多的是《知北游》、《则阳》、《天地》等篇。"本根"的概念就出自《知北游》：

今彼神明至精，与彼百化，物已死生方圆，莫知其根也，扁然而万物自古以固存……惛然若亡而存，油然不形而神，万物畜而不知。此之谓本根。(《知北游》)

夫昭昭生于冥冥，有伦生于无形，精神生于道，形本生于精，而万物以形相生。(《知北游》)

在庄子那里，道是"物物者"、形形者，又称"造物者"、"造化"、"真宰"，总之是一个创造性的终极存在。"物物者非物"，形形者不形(《知北游》)，而万物都"有待也而死，有待也而生"(《田子方》)，所待者便是终极之道。庄子还经常以天代道，如说："道与之貌，天与之形。"身非己有，乃"天地之委形"(《知北游》)。此外，从几条佚文也可以看出庄子之道的形上实体义。《列子·天瑞》张湛注称《庄子》有"生物者不生，化物者不化"一语，且征引了向秀注。天台湛然《止观辅行传弘决》卷十之二亦称《庄子》内篇有云："夫无形故无不形，无物故无不物。不物者能物物，不形者能形形。故形形物物者，非形非物也。夫非形非物者，求之于形物，不亦惑乎！"②应该说，这两条佚文若放入《庄子》，是不会让人觉得突兀的。《淮南子·精神训》中也有一大段论述这个问题："化者，复归于无形

---

① 方克立主编：《中国哲学大辞典》，北京，中国社会科学出版社，1994，第571页。

② 《大正新修大藏经》第46册，台北，财团法人佛陀教育基金会出版部，1990，第440页下。

也；不化者，与天地俱生也。夫木之死也，青青去之也。夫使木生者岂木也？犹充形者之非形也。故生生者未尝死也，其所生则死矣；化物者未尝化也，其所化则化矣。"众所周知，《淮南子》的许多内容都是照着《庄子》讲，有些甚至是直录。①

《庄子·则阳》云："万物有乎生而莫见其根，有乎出而莫见其门。""莫知其根"、"莫见其门"只是不可知不可见而已，并未从根本上否定"根"的存在。对于我们讨论《庄子》的本根论来说，此篇末少知与大公调的对答非常重要。万物的生生死死赫然在目。是什么在推动万物出生入死呢？于是生出季真之"莫为"与接子之"或使"两种说法（《史记》卷 74 称接子学黄老道德之术）。"莫为说"是认为没有一个超越的外在推动者，"或使说"则相反。大公调评曰："或使则实，莫为则虚……或使、莫为，在物一曲，夫胡为于大方？"此评代表着庄子的思想。胡文英注可谓得之："明说有个主宰，是人可无容致力矣，则太实；竟说无物主张，则人可恣力为之矣，则太虚。此所以为过也。"②道是有无虚实之间的一个形上实存，这一特性有助于确定人力的界限，笔者将在后文做出讨论。

不妨再列出其他篇目中的有关言论而不多加解释，让材料自己说明问题：

> 万物皆出于机，皆入于机。（《至乐》。"机"就是化机。）
> 天地者，万物之父母也。合则成体，散则成始。（《达生》）
> 至阴肃肃，至阳赫赫。肃肃出乎天，赫赫发乎地。两者交通成和而物生焉，或为之纪而莫见其形。消息满虚，一晦一明，日改月化，日有所为而莫见其功。生有所乎萌，死有所乎归，始终相反乎无端而莫知乎其所穷。非是也，且孰为之宗！（《田子方》）
> 故形非道不生，生非德不明……冥冥之中，独见晓焉；无声之中，独闻和焉。故深之又深而能物焉，神之又神而能精焉。故其与万物接也，至无而供其求，时骋而要其宿。（《天地》）

---

① 《文子》中的类似言论也非常之多。《道原》："至微无形，天地之始"，"有形产于无形，故无形者，有形之始也……有名产于无名，无名者，有名之母也"，"无形而有形生焉，无声而五音鸣焉……故有生于无，实生于虚……道者，一立而万物生矣。"《九守》："夫生生者不生，化化者不化"，"故生生者未尝生，其所生者即生；化化者未尝化，其所化者即化。"

② （清）胡文英撰：《庄子独见》，李花蕾点校，上海，华东师范大学出版社，2011，第211页。

　　　　泰初有无，无有无名；一之所起，有一而未形。物得以生，
　　谓之德。（《天地》）

　　以上文字即便不是庄子本人的手笔，也与其整体思想不冲突。研究者认为庄子道论的宇宙论与本体论色彩特少，实际上是受了《庄子注》的影响，是以郭象玄学来理解庄学。

　　附带谈一下庄子对"始"、"无"的讨论。庄子对终极意义上的"始"、"无"进行了置疑。在他看来，时间在过去与未来两个向度上都是无尽延展的。《庚桑楚》："有实而无乎处者，宇也；有长而无本剽者，宙也。"庄子区分出了两个层面：就某一形态的单个物来说，它有始有终，道推动着它出生入死，物并非自本自根，所以不是什么自因论；就具有无限形态之可能性的单个物以及万物之总体（即整体宇宙）而言，则没有始终，但依然有一个逻辑在先、作为本根的道支持着宇宙万物。

　　从道到天地万物，中间经过什么环节呢？这就涉及庄子"气"的哲学。

　　　　生也死之徒，死也生之始，孰知其纪！人之生，气之聚也；
　　聚则为生，散则为死……臭腐复化为神奇，神奇复化为臭腐。
　　故曰："通天下一气耳。"（《知北游》）
　　　　然察其始，而本无生；非徒无生也，而本无形；非徒无形
　　也，而本无气。杂乎芒芴之间，变而有气，气变而有形，形变
　　而有生。（《至乐》）
　　　　阴阳相照，相盖相治；四时相代，相生相杀。欲恶去就，
　　于是桥起；雌雄片合，于是庸有。（《则阳》）

　　庄子认为，天地万物就是"大块噫气"的结果，是道创生出气而又鼓动着气创生万物。有人（如俞樾）认为"大块"指地，笔者则认为它是天地造化的别名。南宋褚伯秀注《大宗师》时曾说："大块本以言地，据此经意，则指造物。"①这是很有道理的。由于道如何具体地生成天地万物，不是本书讨论的重点，故不再深论。

　　（二）道的无意志、无目的性

　　尽管庄子从不给出明确的答案，但在他看来，作为真宰的道，其存

————————————————

　　① （南宋）褚伯秀：《南华真经义海纂微》卷16，见《道藏》第15册，北京，文物出版社等，1988。

在是一个不可移易的事实。① 庄子为什么喜欢用疑问口气来论道？何必用"若"等字眼费人猜度呢？个中缘由与老子相仿佛：一是因为道的超验性（transcendent）及由此而来的不可言说性。道是另一种"有"，即有无之际的"有"。"无"不是绝无，"有"又不是经验中的有。《知北游》说："道不可闻，闻而非也；道不可见，见而非也；道不可言，言而非也。知形形之不形乎！道不当名。"《庄子》论道时，往往先申明道的难以言说性，再声明自己是"尝试言之"，这几乎成了一个公式，如"心困焉而不能知，口辟焉而不能言。尝为汝议乎其将……""夫道，窅然难言哉！将为汝言其崖略……"这同时也是一种不独断的言说方式。二是道的无意志、无目的性。《至乐》："天无为以之清，地无为以之宁。故两无为相合，万物皆化。"道对万物长而不宰，"使其自己"，所以说"若有真宰"。"若有真宰"并非像郭象所说的若有而实无，而是若无而实有，只是一因为此真宰是超验的，不可以形迹相求，不能用语言清楚地加以表述；二则相对于有意志、人格化的主宰而言，此真宰是无意志、无目的的，故又可说无真宰。这后面一点其实更为重要，学界对此却始终没有引起足够的重视。

我们现在有必要从道的这一特性出发，再花点儿篇幅讨论一下庄子是否主张物各自造，因为从古至今对这个问题就一直争讼纷纭，而且这种讨论有助于明确庄子道论与老子道论的连续性，以及郭象对庄子的误读。钱穆是主张物各自造的代表之一，他怀疑《大宗师》"神鬼神帝"一节、《天地》"泰初有无"一节乃后人之伪羼，他说："庄子书中虽屡说此造物者或造化者，而庄子心中，实不认有此造物者与造化者之真实存在……大冶大炉，则实非能创生出万物，乃万物在此中创生也。"②我们前面已经论证庄子之道是作为宇宙本原的形上实存，算是对钱氏此论的回应。冯友兰基于道、物不相离，提出过一种比较新颖的看法："道即表现于万物之中，故万物之自生自长，自毁自灭。一方面可谓系道所为，而一方面亦可谓系万物之自为也。"③但比较而言，徐复观的判断可谓精准："然在《老》、《庄》两书中，其对道之创造作用，说得很清楚，则万物又何尝是自己如此。但老庄以为道之创造，并非出于意志，亦不含有目的，只是不知其然而然的创造。因此，道虽创造万物，但因其无意志，无目的，

---

① 陈静《"真"与道家的人性思想》一文认为，"于怀疑中有很大的肯定"，是《庄子》的一个基本风格。（陈静：《"真"与道家的人性思想》，见陈鼓应主编：《道家文化研究》第14辑，北京，生活·读书·新知三联书店，1998，第83页）

② 钱穆：《庄老通辨》，北京，生活·读书·新知三联书店，2002，第141页。

③ 冯友兰：《中国哲学史》上册，上海，华东师范大学出版社，2000，第171页。

所以是'长而不宰'……好像万物是自生一样；并非真以万物为自生。郭象注《庄》，实际是把老庄的形而上的性格去掉"，"庄子并非真认为万物为'自造'；……庄子和老子一样，以道为形上地造物者。而其所谓'自然'，乃指道虽造物，但既无意志，又无目的；造物过程中之作用，至微至弱，好像是'无为'；既造以后，又没有丝毫干涉；因此，各物虽由道所造，却好像自己造的一样。所以'自然'一词，可以作'自己如此'解释；这主要是对于传统宗教中的神意所提出的棒喝。"①

道的主宰性也在有无之际。一方面，道对万物是有范铸作用的，否则庄子的安命乘化思想就会没有着落；但从另一方面讲，道又是长而不宰的，万物似乎是自生自灭，原因在于道无意志、无目的。李白《日出入行》："草不谢荣于春风，木不怨落于秋天。谁挥鞭策驱四运？万物兴歇皆自然。""皆自然"并不是说草木之荣枯不依待于天地造化（道）的运转，而是说天地造化对草木的范铸作用因出于无意志，所以草木对它不必称谢也不必怨恨。庄子哲学需要的正是长养万物、覆载万物而又无意志、无目的的道。道的这种品格称为"玄德"（有关"玄德"的详细讨论，见第四章）。陶渊明《神释》诗"大钧无私力，万理自森著"；《咏二疏》"大象转四时，功成者自去"，是庄子思想的体现。"大钧"、"大象"是道的代名词。"无私力"不是无力，而是说施力均衡。道有"转"的力量，但又功遂身退。庄子所以强调道的主宰性一面，强调万物身不由己而有资于道，主要是为了破除世人对形躯之我的执着。但总体而言，庄子最注重的还是道之玄德，并将其贯通到人间世，引出他的自然无为主张：覆载万物是涵容万有，无意志是不强制干涉，无目的是超越机心。人应该效法道之"使其自己"，让万物自作主宰，让每个个体都成为自我生命的发动者。海德格尔所说的 Sein-Lassen（让存在）就是在老庄"使其自己"影响下的一个西方版本。② 我们在谈老庄道论的时候，应该记清它是服务于自然无为主张的，是为了给个体争取存在的空间，让个体的价值得到充分的绽放。

---

① 徐复观：《中国人性论史》，上海，华东师范大学出版社，2005，第206、238页。
② 叶秀山：《漫谈庄子的"自由"观》，见陈鼓应主编：《道家文化研究》第8辑，上海，上海古籍出版社，1995，第140~141页。

第三节 "有"的发现要等到魏晋吗

一、郭象对形上观念的扫除

从前面两节的讨论可知，老庄宇宙论的特点不是没有造物观念，而在于其言造物不是有意志的人格神。然而，老庄的"道"尽管不像之前的"天"那样有意志，但它对万物依然有一定的范铸作用，晋代郭象则要把这最后一点决定性都要去掉。他抬出自生说，将一切带有形上意味的概念驱逐了出去，破除了超于万物之上创生万物的终极存在（不论它有无意志）。《齐物论注》："物皆自然，无使物然"，"夫造物者，'有'耶？'无'耶？'无'也，则胡能造物哉？'有'也，则不足以物众形。"郭象认为，如果造物是被抽去任何规定性的"无"，它就不可能变现出有具体属性的万物，即众之一变现不出众中之一；如果造物是有具体规定性的"有"，它就成了众中之一，也不可能变现出千姿百态的万物。《天运注》："夫物事之近，或知其故，然寻其原以至乎极，则无故而自尔也。自尔则无所稍问其故也，但当顺之。"郭象把"真宰"、"先物者"、"物物者"、"形形者"等万物背后的支持者一一打掉，从而得出万物自生的结论，此即《庚桑楚》郭象注所云："欻然自生，非有本；欻然自死，非有根。"

我们将先秦以来至郭象的三种典型的本体观列表如下：

	有无本根？	有无意志？	代表性学说
I	人格化的天	有意识、有目的地创造	老孔之前、汉代"天学"
II	非人格化的道	无意识、无目的地范铸	老庄、《淮南子》、《论衡》、王弼、向秀
III	没有本根	自然而然地生成	郭象

此表显示，II 与 I 都承认有一个创造性的本体，区别在于这种创造是出于有意还是无意。III 与 I、II 的最大不同，则是取消了创造性的本体观念。我们知道，老庄虽然强调万物皆有道性，特别在庄子那里形上形下几乎打成了一片，但依然有一个形上形下的二元结构。何晏、王弼的贵无论也是如此。而郭象破除了形上的创造之天、宗极之道、本体之无。由此，本体与现象的二元结构被舍弃，立体的世界被压成平面的世界，于是，天地万物在一个平铺的世界中蔓延开来。老庄那里还是有本

根的，这本根在于有无之间，似无而实有；而郭象则颠倒过来，所谓的本根似有而实无。《庄子序》称庄子"上知造物无物，下知有物之自造也"，此意乃《庄子注》所发，实非《庄子》所有，这是我们应该注意的。

学界认为郭象否定形上的造物，乃出于他的有意曲解。笔者以为，更有可能是他错会了庄子的意思，因为郭象自生说的最终目的是主张无心任化（无待），而庄子说的无待事实不需要生成论上的论证。就是说，庄子不是从生成论上谈无待，而是从存在论上谈无待；[①] 他所说的无待、自作主宰是就个体与外物的关系而言的（不与物迁就是无待），而不是说个体可以无待于道。郭象实际上是把庄子的无待观念进行了绝对化、扩大化的理解，把本是存在论的观念通到生成论领域，于是就产生了误会。郭象反对向外求自身存在的根据，他寻求的是个体存在的意义，但从生成论上来寻求是不可能成功的。宇宙整体自本自根，不意味着具体存在者自本自根，个体的生成与存在并不是无条件的，这一点，郭象自己也说得很清楚。而个体的生成与发展需要一些外部条件的助成，也不意味着此一个体就没有自身的意义。个体存在意义的根据与此个体如何生成无关，而在于此个体生成之后所具备的自性。存在意义的寻求与生成论的探讨原是两个不同领域的问题。在寻求个体的存在意义时，不应着眼于生成论，而要着眼于存在论。

二、"有"的发现无须等到魏晋

很多研究者认为，正因为郭象哲学破除了形上的造物观念，从而把万物从道的笼罩下解放出来，引发了魏晋时期"有"的发现。笔者以为，这种观点是难以成立的。我们需要对此加以辨析，这种辨析有助于我们对老庄哲学的整体把握。从逻辑上说，"有"作为置于我们眼前的直接现实，是不难发现的，而"无"倒是很难被发现。我们常人往往只看到"有"，老庄则更能看到"无"。他们正是因为世人只知道"有"，所以特别突出"无"，但突出"无"并不意味着没有发现"有"。把"有"的发现推迟到魏晋时期，意味着"有"的发现比"无"的发现整整晚了八九百年，"有"似乎比"无"还难发现，这于逻辑及事实均不符。

研究者所谓"有"的发现，主要指人的觉醒、感性世界的发现（感性欲望的肯定、审美客体的发现、自然的发现）、艺术的自觉等。说艺术的自

---

① 生成论强调世界万物有一个从初始状态，经过时间中的变化而形成的发生过程。存在论则探讨世界万物的存在根据，这个根据并不一定涉及时间之始的具体状态。

觉始于魏晋，近乎事实。但对于另外两方面，笔者不敢苟同。以下分头加以说明：

笼统地说人的觉醒始于魏晋，是不可取的，这是把个体意识、感性追求的突出当成人的全部，而忽略了人的其他层面，如德性的自觉。如果承认德性的自觉也是人的一种自觉，那么，中国哲学在源头处就有了人的自觉。儒家最为明显，而道家比较隐蔽，但他们强调对道之玄德的效法，实际上也是一种德性的自觉（关于人的自觉问题，第三章还会论及）。当然，多数人对魏晋时期人的觉醒做了限定，即个体意识的觉醒。然而，他们似乎又忽略了一个事实：对个体主义的强调本来就是老子哲学的题中应有之义，尤其这是《庄子》的一个重要特色。老子主要处理的是君民关系，他把民作为一个整体来加以讨论，所以在他那里不太能看到个体主义的影子。但由于其无为主张是要保住万物的自然，而万物在自然状态下必定是多样的，所以老子哲学逻辑地蕴含了对多元性、差异性、个体性的尊重。在老子那里隐而未显的个体主义，在庄子那里则得到了突出强调（第二、第四章将对此做出重点分析）。庄子的个体主义思想已经很成熟，但在当时缺乏他人的呼应。到了魏晋时期，由于汉末以来儒家定于一尊的局面的崩溃，老庄思想由潜伏状态重新抬头，因而对个体意识的崇尚成为较大范围内的普遍现象。但我们不能说，只有到了魏晋时期，才突出强调个体意识的思想。[①]

至于对感性欲望的肯定，几乎在哪个时代都不缺，荀子就肯定人生而有欲。老庄的"无欲"正是要批评扩张贪欲，且其"无欲"也不是禁欲主义，这一点将在第三章做出说明。

审美客体的发现始于魏晋一说，也是不可思议的。《诗经·卫风·硕人》一诗广为人知。"硕人"指美人，诗中描摹道："手如柔荑，肤如凝脂，领如蝤蛴，齿如瓠犀，螓首蛾眉。巧笑倩兮，美目盼兮。"这种虚实结合的手法达到了形神兼备、动静皆宜的高妙境界。《左传·桓公元年》载有

---

①　王江松《郭象哲学的历史地位及其现代意义》突出郭象的个性主义思想，认为它是"儒道佛三家都包容不了，而且是真正对儒道佛三家构成挑战的新质文化要素"，并进而断言："郭象是继孔孟老庄之后中国哲学史乃至中国文化史上的第五人。"（王江松：《郭象哲学的历史地位及其现代意义》，《吉首大学学报》社会科学版 2006 年第 3 期。）笔者以为，这种论断言过其实，其根源在于没有深入领会老庄哲学。王氏虽然承认个性主义思想在庄子那已有萌芽，但同时认为道家要求去除个体之间的一切差别，因而仍属整体主义和本质主义。可是，道家向来反对去除个体之间的一切差别，王氏首先对老庄哲学的根本取向有一误解，才拔高了郭象哲学的独创性，却又没有看到郭象个体主义有交互主体性的维度。

一事："宋华父督见孔父之妻于路，目逆而送之，曰：'美而艳。'"以上都是对形体美的欣赏。从出土的先秦青铜器、玉器、漆器等器物来看，当时的制作工艺已经达到极高造诣，造型和纹饰非常美观。而从文献记载看，当时的贵族们倒是过分地追逐美。虽然这些都不纯是为了审美，但至少可以说明，美不需要等到魏晋时期才被发现。庄子为了破除人们常规的审美眼光，开始大讲"恶"之美。他对一些丑怪形象做了大力渲染，这是对"丑"的关注。这样一来，不仅美在先秦被发现了，丑也被发现了，这难道还不能构成"有"的发现？老庄不赞成刻意地分辨是非善恶美丑，这是对宇宙全体生命的敬意和关怀，在某种意义上就是"有"的发现。又有论者认为，老庄更重视的是本体之美，感性之美只是将人导入欲望的渊薮，这一缺憾在郭象崇有哲学中得到一定程度的弥补。笔者以为，一方面，老庄对道、天的崇尚，主要是效法天道之玄德，推出自然无为原则，所谓本体之美本质上是说本体之善；另一方面，老庄诚然批评"美"之恶，但这种"美"的确是应该加以批判的，因为它是一种哗嚣之美，不是悦心悦志，而是快心快志。老庄并不排斥事物的美，他们欣赏的是素朴自然之美。他们对万物（包括美）虽然"不迎"（不希求），但也"不将"（不推拒）。

　　至于自然山水的发现，尽管老庄所说的自然非指自然界，但许多学者都指出老庄眼中的天地是一个富美的天地，这种观点是可信的。叶维廉曾定出自然山水是否真正受到关注的标准："我们称某一首诗为山水诗，是因为山水解脱其衬托的次要的地位而成为诗中美学的主位对象，本样自存，是因为我们接受其作为物象之自然而然及自身具足。"①李昌舒借用了这种观点，他得出的结论是："郭象哲学的意义在于：使山水自然摆脱了各种束缚，以其自身的本然状态，不牵涉概念世界、不牵涉道德比附，直接地呈现给我们。"②然而，这本来就是庄子已有的思想，如"虚而待物"、"以物为量"等。叶维廉也一直在强调这一点，比如他说："道家的美学大体上是要以自然现象未受理念歪曲地涌发呈现的方式去接受、感应、呈现自然，这一直是中国文学和艺术最高的美学理想，求自然得天趣是也。"③

---

① 叶维廉：《中西诗歌山水美感意识的演变》，见温儒敏等编：《寻求跨中西文化的共同文学规律：叶维廉比较文学论文选》，北京，北京大学出版社，1986，第92页。

② 李昌舒：《意境的哲学基础》，北京，社会科学文献出版社，2008，第56页。

③ 叶维廉：《无言独化：道家美学论要》，《叶维廉文集》第2卷，合肥，安徽教育出版社，2003，第133页。

叶氏所说的自足是指自然山水不依人的概念系统、语言解说、主观情见，而直接登台演出。他特别强调观者要无心而任万物无碍地自由兴发，并认为这是中西山水诗的最大不同。因此，他谈的是人与自然山水的关系问题，而非道与自然山水的关系。但李昌舒加入了一个层面，即认为郭象之前一般都认为物（包括自然山水）只是道的显现（"以形媚道"），是道的附庸；而郭象否定了形上的道，于是物就从道的笼罩下独立了出来。此说经不起推敲，理由如下：一方面，人们一般都没必要考虑、事实上也很少顾及审美客体的本体论地位，便已做出审美反应；另一方面，老庄的道与万物并不是决定者与被决定者的紧张关系。道对万物虽有一定的范铸作用，但由于这种作用出于无意志、无目的，所以不能把道等同为一般意义上的造物主。道不是上帝式的创造者和设计者，不是强势的决定者；相反，它为万物的存在与发展留出了很大的自由空间。道生万物，并不是说道主宰万物，我们也不能说万物为道所生就没有自己的意义。以庄子为例，其道论有多方面的功能：说明宇宙万物的来源，配合他的安命乘化说，依据道之玄德推出自然无为原则。道的一个重要特点是不宰万物而使其自己（详见第四章论"玄德"），突出的不是道对万物的主宰，而是对万物的顺应。而郭象理解的造物所起的作用只是宰制，没有想到原是成就万物。老庄所需的道不是决定万物的一个东西，而是成就万物的一个物事。他们认为，万物都有各自的禀赋，只有顺物自然，玉成万物，才配称"道"。以道为本、以无为本，主要不是说本体决定现象之意义，而是本体成就现象之意义。如果我们认为老庄主张本体决定现象，便是不自觉地以西方哲学的本体论模式来理解所造成的误读。①

三、以"无"全"有"

我们应避免把哲学讲得过于抽象。中国哲学更强调思与生活世界的对话，不像西方哲学那样偏于纯粹的思辨游戏。老庄道论是对宇宙生命的关怀和对理想生存状态的期待。他们的多数哲学概念都有其特定内涵，诚如郑开所言："最初的、具有哲学意味的词语没有后来的哲学概念的抽象性……老子所说的'有'和'无'，并非如宋儒理解的那样是抽象概念，

---

① 又有论者将目击道存理解为物的意义不在它自身而在于它显现了道，此论亦非。此语出自《庄子·田子方》："仲尼见之而不言。子路曰：'吾子欲见温伯雪子久矣。见之而不言，何邪？'仲尼曰：'若夫人者，目击而道存矣，亦不可以容声矣！'"（《吕氏春秋·精谕》做了抄录）这里是说，温伯雪子有一种道者气象，孔子睹之而莫逆于心，言语已成多余。可见，"目击而道存"说的并不是味象以观道，更没有说相对于道，物本身的意义极其有限。

却是有形无形、有名无名、有欲无欲、有为无为的括语。"①如果我们把概念的特定内涵抽空，就很可能偏离甚至歪曲我们的研究对象。我们看《老子》第 11 章：

> 卅辐同一毂，当其无，有车之用也。挻埴而为器，当其无，有埴器之用也。凿户牖，当其无，有室之用也。故有之以为利，无之以为用。（此据简帛校订）

此章的关键字是"无"。世人死盯着"有"，而不明白"无"的妙用，故老子强调"无"的优位性。② 然而，老子贵"无"并不意味他就贱"有"。章末"故有之以为利，无之以为用"是根据前面三例提炼出的共同理则，"有之以为利"即是补充未提到的"有"。实际上，"无"与"有"共同构成一物。"有"是可见的"在场"（presence）；"无"是看不见的"在场"，而非"不在场"（non-presence）。"无"是无形的存在，"有"、"无"不是存在与不存在的区分。认为老子贱"有"，是有问题的；而看不到老子为什么贵"无"，也是有问题的。南宋程大昌说得好："老氏之贵'无'也，以其在本而该也，非乐其空虚也。及其贱'有'也，亦恶其处'有'而拘焉耳矣。"③

老子哲学是讲究空间的哲学。空虚之处才是灵气往来之所；没有空虚，就没有生命。以经验生活为例，人的血管被堵，经脉不通，生命就可能走向终结；植物所以能生生不已，也有赖于根须枝叶的空虚无碍之处为其输送水与养分，否则难逃枯萎。然而老子三复其言，表面上都是在器物层面上谈，目的依然在于用浅显的生活实例来告诉世人：虚才能容物，"无"才能全"有"，无为才能有为。43 章"天下之至柔驰骋于天下之至坚，无有入于无间，吾是以知无为之有益也"（此据简帛校订），即说明老子的真正意图在于推出无为的救世方略。老子要求君人者不要向前把持，而要虚出一个空间，任百姓自正自化。叶秀山说得很形象："'装'

---

① 郑开：《道家形而上学研究》，北京，宗教文化出版社，2003，第 37～38 页。

② 古人多认为对立面虽然相因而有，但在地位上有轻重之分。比如儒家重刚，道家重柔。上博简《亘先》："凡多采物先者有善，有治无乱……先有中，焉有外；先有小，焉有大；先有柔，焉有刚；先有圆，焉有方；先有晦，焉有明；先有短，焉有长。"（马承源主编：《上海博物馆藏战国楚竹书》三，上海，上海古籍出版社，2003，第 295 页）"物先"即"亘先"，与"道"的地位相当。"焉"意为乃。简的作者认为对立面有先后之分，这种先不是时间上的先（chronologically anterior），而应理解为优先之先（ontologically superior）。这种思想是在道家影响下形成的。王弼《周易·复·象》注"静非对动"，而为动之本，更是一个明例。

③ 《道藏》第 14 册，北京，文物出版社等，1988，第 76 页。

'实'了，就再也'容'不得'物'了，这样就不灵活，没有生命力，就'死'了。'实'了，就是'死'了"，"老子的'虚'、'静'之'道'，是为了'动'，为了'生长'和'生命'，是为'动'而留有余地。"①权力的拥有者将自身的权力约束得尽可能小，是为了给他者提供尽可能大的自由生存空间。对于他者而言，这是一种"松绑"；从长远来看，也是权力拥有者为自己"松绑"。《老子》第5章："天地之间，其犹橐籥乎！虚而不屈，动而愈出。"橐籥之喻也是说虚才能动起来，才能焕发出盎然生机；同理，政府给百姓留下的自主空间越大，社会就越有活力。我们常需在双关的意义上来把握《老子》。再看《庄子·外物》：

> 惠子谓庄子曰："子言无用。"
> 庄子曰："知无用而始可与言用矣。夫地非不广且大也，人之所用容足耳。然则厕足而垫之致黄泉，人尚有用乎？"
> 惠子曰："无用。"
> 庄子曰："然则无用之为用也，亦明矣。"

　　两人辩论的虽然是庄子思想有无效用，但从中我们可以明白一个道理：人需要立足之地，但仅有立足之地，又远远不够立足的。道家"无"的智慧，就是为了给"众妙"虚出一个自如的空间。杨鹏说得好："宇宙的和谐秩序，基于虚空的辽阔无限上。有足够的空间，万物才有自如运行的可能，万物之间才不会有冲突和纠纷。"②

　　王弼的本体之"无"所起的作用，与老庄的"道"、"无"相仿。对王弼贵无论的辨析也能让我们进一步认清老庄哲学。《晋书》卷43《王衍传》："魏正始中，何晏、王弼等祖述老庄，立论以为：'天地万物皆以无为本。无也者，开物成务，无往不存者也。阴阳恃以化生，万物恃以成形，贤者恃以成德，不肖恃以免身。故无之为用，无爵而贵矣。"这段言论可谓何、王贵无论的纲骨。他们实际上是把老庄的自然无为原则抽象为本体，称之为"无"。

　　陈寿《三国志·魏书·钟会传》裴注引何劭《王弼传》："圣人体无，无又不可以训，故不说也。老子是有者也，故恒言无所不足。"汤一介据此认为，"王弼认为孔子才是真正体会'无'的，而'无'（事物的本体）是不能

----

①　叶秀山：《我读〈老子〉书的一些感想》，见陈鼓应主编：《道家文化研究》第2辑，上海，上海古籍出版社，1992，第139、140页。
②　杨鹏：《图解老子详解》，西安，陕西师范大学出版社，2008，第50页。

用言语来说明的，所以孔子不说'无'（本体）而说'有'（现象），而老子并不真正懂得'无'，他把'无'作为认识对象，常去说那不能说的'无'，因而实际上还是把'无'看成了'有'。后来郭象也是这样来评论孔子和庄周的。"①这种解释是有问题的。裴注所引意思欠明朗，所幸我们还可以见到这条材料的另一版本。《世说新语·文学》："圣人体无，无又不可以训，故言必及有；老庄未免于有，恒训其所不足。"作者刘义庆与裴松之一样，都是刘宋时人。两条材料相比，刘义庆所引应该更近真实。"体无"并非把"无"作为一个对象来加以认识或体验，而是在行事中以"无"为体。王弼是说，孔子是能体会"无"的，但为了应世，所以他主要谈"有"；老庄并非像常人认为的那样只知道"无"，他们也重视"有"，但他们认为只知道"有"是很不够的，所以着重谈"有"的不足。王弼一直强调只有"无"才能开物成务。他认为，只有从"无"这一个体上起用，才是真体大用。我们不妨引入无为、有为这对概念，将其具体化。孔子是认同"无为"的，但"无为"常被误解为一无作为，故孔子重点谈有为。老庄当然不是否定所有形态的为，而是批评"有为"之不足。他们想说的是：不能"无为"，便不能有为；只有"无为"，才能开展有效的有为。这样一来，王弼是要澄清人们对老庄学说的误解，而非做什么新解。但后人往往将儒道简单对立起来，认为儒"有"道"无"，不知道家的"无"原是包含"有"的"无"（或有无之际的"无"、"大有"），不知道家意在以"无"全"有"，因而认为王弼意图调和儒道。

显然，贵"无"不是贱"有"，而恰恰是为了全"有"、成就万有，让万物"无往不存"（包括所谓的"不肖"）；崇尚本体、崇尚圣人，最终是为了万物的共存。② 老庄道论、王弼贵无论正是基于"有"的可贵（老子将万物称为"众妙"），才提出"道"、"无"来为"有"的存在提供一个广阔的空间，为"有"的发展创设自由宽松的环境。汤用彤认为："王弼的学说为抽象一元论（abstract monism），而向郭之'崇有'为现象多元论（phenomena pluralism）"，"王弼之学说为绝对论（absolutism），而郭象之学说为现象实在论。"③这种几成学界共识的观点，却是值得商榷的。一元论、绝对论是强势的、灼人的，王弼哲学（包括老庄哲学）何尝如此？他们什么时候

---

① 汤一介：《郭象与魏晋玄学》，北京，北京大学出版社，2000，第27页。
② 已有学者注意到玄学贵无全有的特性，参见王晓毅：《王弼评传》，南京，南京大学出版社，1990，第266～275页；韩国良：《向秀〈庄子注〉哲意发微——兼论〈庄子〉向郭二注的异同》，《贵州教育学院学报》社会科学版2007年第3期。
③ 汤用彤：《理学·佛学·玄学》，北京，北京大学出版社，1991，第342、347页。

说过现象虚幻不实？道与万物是形上与形下的关系，但与西方传统形而上学不同，万物并不因为由道化生，就成为道的影子或附庸，没有多大价值与意义。张岱年指出，中国本根论的一大特点在于"不以唯一实在言本根，不以实幻说本根与事物之区别"，并评价道："中国哲学不以实幻讲本根与事物之别，这实在是一个很健全的观点。'自然之两分'，是印度及西洋哲学中一些派别之大蔽，而为中国哲学所罕有的。"①如实说，尊重万物、主张多元一直是道家哲学的根本倾向。老庄道论、王弼贵无论虽然披着道、无的外衣，但其真正主题是宇宙万有。

老庄哲学有着共同的内在理路。为了使其明朗化，笔者将其概括为：有的发现→以无全有→各适其天。"有"指宇宙全体生命，"无"指无为，包括内向无为与外向无为。"有"的发现与"道"、"无"的提出，彰显出一种博大的胸怀。没有"有"的发现，就不会想到要提出"道"和"无"；套用魏晋玄学的术语来说，正是要崇"有"，才会去贵"无"，贵"无"是为了全"有"。郭象哲学虽然砍掉了形上的"道"和"无"，却依然保留了自然无为的"无"。如此看来，假如把郭象哲学称为崇有论，那么崇有论与贵无论也非截然对立，只不过向、郭把多元主义表述得更为直白而不易被误解罢了。两者只是字面上的对立，实质上却像人们用左手和右手促成同一件事情。

总之，我们可以说个体意识的觉醒、自然的发现在魏晋时期成了一个较大范围内的事件，但不能说只有等到郭象哲学出现，才引发这种趋势。事实上，这种趋势的出现虽然与郭象哲学有关，但主要是在老庄哲学的影响下出现的，甚至《庄子注》本身也是在老庄哲学风行的情况下才撰成的。将"有"的发现视为郭象的创新，是误解了老庄哲学与王弼贵无论的整体取向，把它们与崇有截然对立起来，导致本是老庄已有的思想，倒变成了郭象的独特贡献。没有弄清源头处的思想，就容易对后来的思想也看不明，可不慎乎？

---

① 张岱年：《中国哲学大纲》，北京，中国社会科学出版社，1982，第 16、587 页。

第二章 物无贵贱——价值论上的
平等精神

　　本章认为，老庄哲学内含着一种平等思想。它强调万物都是独一无二的存在，都有平等的存在权利。在进入正文之前，笔者先说明几点。第一，追求平等似乎是所有人心中的一个愿想，然而这只是"似乎"而已。事实上，平等只是一部分弱势者的理想和要求，另一部分弱势者则不敢追求平等，平等对他们来说成了一种奢望，他们"自由"地认同了不平等；而强势者为了维护自己的特权，一般都会压制平等观念。第二，从经验的角度看，人类至今从未完全平等过，因为个体之间总是存在力量、才智等方面的不平等，这种不平等是无法消除的，也是不应消除的。道家主张平等，非指消除所有形态的不平等，其平等也与政治学中的平等不完全相同，我们应从宽泛的意义上来对它加以理解。现代政治学中的平等主要指向社会嘉益的分配，但老庄关注的重点显然不是这些。他们要求的平等不是"王侯将相宁有种乎"式的权位上的资格平等，因为他们根本不需要权位；也不是"不患寡而患不均"式的经济平等，因为他们提倡予而不争，满足于基本的生活需求。老庄倡说的平等主要是万有内在价值上的平等、道义上的平等，要求的权利主要是多元价值的平等生存权利、不受外在强制而被平等对待的权利。这些权利的价值首先在于它们构成对统治者权力的限制，至于权利享有者能实际得到什么尚处其次。第三，道家平等观的目的还在于提倡一种在世方式和认知态度。在在世方式上，由于其平等是一种多元的平等、差别的平等，故而体现出对独特性、多元性的欣赏与尊重，以及"虚而待物"的宽广胸怀；在认知态度上，他们基于对万物的平等观照，推出一种不羡不嫌的价值取向。

第一节　老子玄同之境

以儒家思想为主导的中国传统文化是强调等级秩序的。中国最早的等级制度是《周礼》反映出来的爵命制度。《左传·昭公七年》分人为十等："人有十等，下所以事上，上所以共神也。故王臣公，公臣大夫，大夫臣士，士臣皂，皂臣舆，舆臣隶，隶臣僚，僚臣仆，仆臣台。"传统社会强调身份、地位等方面的尊卑贵贱以及下对上的服从，甚至一切社会嘉益的分配都要取决于这些因素。《荀子·仲尼》："少事长，贱事贵，不肖事贤，是天下之通义也。"《王制》："衣服有制，宫室有度，人徒有数，丧祭械用皆有等宜。"《荣辱》："故先王案为之制礼义以分之，使有贵贱之等、长幼之差、知愚能不能之分，皆使人载其事而各得其宜……是夫群居和一之道也。"等级区分在荀子那里成了"群居和一之道"的必要前提。荀子隆"礼"，是要按贵贱亲疏有别的原则，将万物分为三六九等，建立上下不相逾的等级秩序。上下有别，是从上到下的纵向秩序；亲疏有别，是从中心到边缘的差序格局。细密繁缛的礼制反映了贵族与贵族之间、贵族与庶民之间森严的等级秩序。出身于儒家而又非儒的墨子，虽然主张兼爱，称"贵之敖贱"乃天下一害，但贵贱观念在他那里扎根很深。《墨子·尚贤中》曰："贤者举而上之，富而贵之，以为官长；不肖者抑而废之，贫而贱之，以为徒役。"《尚贤下》甚至把成贤视为得到贵富的途径："女（汝）何为而得富贵而辟贫贱？莫若为贤。"法家对等级秩序的强调，自不待言。

《老子》56 章则说"玄同"者，"不可得而亲，不可得而疏；不可得而利，不可得而害；不可得而贵，不可得而贱"，其意盖即：同于"玄"者，贵贱、亲疏、利害等都影响不到他。《荀子·天论》曾这样评论老子："老子有见于诎，无见于信……有诎而无信，则贵贱不分。""诎"、"信"即屈、伸。以后我们将看到，老子屈而不伸是其"见小"主张的落实，但荀子认为这样会导致贵贱不分，殊不知老子反对的正是贵贱亲疏等分别。

《老子》13 章向称难解："何谓宠辱？宠为下也，是谓宠辱。得之若惊，失之若惊，是谓宠辱若惊。何谓贵大患若身？吾所以有大患者，为吾有身也。及吾无身，有何患？"（此据简帛校订）楚简本"宠为下也"，帛甲作"宠之为下"，帛乙作"宠之为下也"，汉简本及多数传世本作"宠为下"。此句古今主要有三种版本：其一，以上诸本姑称之为"宠为下"一系，此为古今多数人所认同；其二，景龙碑本、吴澄本、林志坚本作"辱为下"，吴汝纶、刘师培主之；其三，河上公本、景福碑本、陈碧虚本、李道纯本、日本钞本作"宠为上，辱为下"，俞樾、奚侗、劳健、武内义雄、陈柱、缪尔纾、冯振、高亨、周绍贤、黄钊、张松如、古棣、冯达甫、孙以楷等人相率而从。

今以文义衡之，"辱为下"相对常人而言也是无用的废话，对于老子思想来说则不合。"宠为上，辱为下"也只是形容的常人邀宠惊辱之心理，亦背离老子思想。老子的行文应该是这样的：首先回答"何谓宠辱"，那是因为"宠为下也"（宠即辱，虽宠实辱），之后说"惊"，最后合言"是谓宠辱若惊"。曾有人感到疑惑，"宠辱"明明是一个对子，老子解释时却不提"辱"。其实，"下"即"辱"也，"辱"是对"宠"做出的价值判断，而不是与"宠"相并列的一个待解释的对象。老子只讲"宠"不讲"辱"，原因就在于此。老子用近义词"下"替换了"辱"，"下"、"辱"都是说世人所贵重的"宠"是不值得希求的。"宠为下也"，其义甚明，可以说是对世俗看法"宠为上，辱为下"的当头棒喝。

如同"辱"是对"宠"的价值判断一样，"大患"是对"贵"的价值判断。"贵"与"宠"对应，"大患"与"辱"对应。"贵"意为贵显、贵高。老子是说，"身"是祸患，"贵"也是祸患，故说"贵，大患若身"。此命题是以"身"之为祸患来例证"贵"之为祸患。（《宋书》卷85："贵高有危殆之惧。"）

总之，"宠辱若惊，贵大患若身"表明老子不以宠为宠，而以宠为辱；不以贵为贵，而以贵为患。老子的这种价值观，可以说是对世俗价值观的颠覆。① 老子把世人唯恐避之不及、被世人边缘化的对象抬高，同时指出世人梦寐以求的对象不值得希求。老子就这样通过一提一按，倒转了世俗价值观。世俗价值观呈现为一个从上到下、从中心到边缘的差序格局，将这种价值观倒转过来，便容易开出一个平铺的、没有中心也没有边缘的横向世界。

我们当然没有理由要求两千多年前的儒家、墨家、法家不存贵贱观念，然而也正是因为这一点，我们越发觉出道家平等观的可贵。试想，早在两千多年前的春秋战国时期，道家就提出平等观，这只能说明两个问题：其一，贵贱尊卑的等级观念在当时多么深入人心，并造成多么大

---

① 具体论证详见拙文：《〈老子〉"宠辱若惊"章新诠》，《北京社会科学》2016年第8期。

的恶劣影响；其二，这类观念在当时被普遍视为天经地义，人们因而对之缺乏反思，而道家明确加以反对，反衬出其思想的超前。

一、"天下神器"

平等精神内含着对他者的尊重。《老子》29 章"天下神器，不可为也"，当依帛书本作："夫天下，神器也，非可为者也。"学界一般把"神器"解释为天下国家或国家政治，这样便是同义反复，不妥。"神器"显然是对"天下"的价值判断。王弼注："神，无形无方也。器，合成也。无形以合，故谓之神器也。"王弼受了注《易》的影响，他对"神"与"器"的解释都不可取。"神器"之"神"与 60 章"其鬼不神"的"神"，均为状词，但意思不同。后者意为神妙难测，犹如《周易·系辞上》"阴阳不测之谓神"；而前者表达的是老子对"天下"的敬重，老子敬"天下"若神灵般的存在。道为"众妙之门"，"众妙"这类用词也表明老子对天地万物的欣赏与尊重。

古代中国的权力体制是一种纵向的垂直系统。在上者容易忘乎所以，他们以一种高高在上的姿态，任意地支使在下者。正因为他们对天下没有丝毫的敬畏感，所以敢胡来，将自己的意志强加于天下。老子则警告在上者，"天下"不是我们可以俯视、玩弄的对象。15 章"豫乎其如冬涉川，犹乎其如畏四邻"（此据简帛本校定），犹豫不是优柔寡断，而是慎之又慎；传达出的情绪不是恐惧感，而是敬畏感。在上者只有怀着如履薄冰般的敬畏感，才不至于试图玩弄天下于股掌之间。《淮南子·说林训》："君子之居民上，若以腐索御奔马。"以腐烂的缰绳驾驭飞奔的马匹，需要多么的慎重可想而知。

"器"意为"物"，而我们已经知道，道家"物"的概念经常指人，这样一来，"天下"还可具体化为天下民众（老子常用"天下"指称天下人）。河上公注就是这样理解的："器，物也。人乃天下之神物也。神物好安静，不可以有为治。"①由此，"天下神器"可以说是表达了老子对百姓的尊重，告诫统治者不得对百姓强行妄为。它与"以百姓之心为心"等表述，一起构成了老子的民本思想。

先秦已有非常明显的民本思想。其中，孟子"民为贵"、为政根本在于得民心的说法最为人们所熟知。"天下神器"与"民为贵"，意思其实相

---

① 《老子道德经河上公章句》，王卡点校，北京，中华书局，1993，第 118 页。

去不远。① 但必须指出的是，儒家的上下等级秩序是比较固定的，其忠君思想也非常突出，这种忠君思想往往反过来压倒民本思想，导致开不出平等思想。而道家始终强调在上者应该主动地"下"，如 66 章："江海所以为百谷王，以其能为百谷下，是以能为百谷王。圣人之在民前也，以身后之；其在民上也，以言下之。"(此为楚简本)道家从不要求下对上的依附与服从，只是单方面地强调君人者"以百姓之心为心"、"大者宜为下"。这种上对下的敬畏、尊重与承认，就容易打破上下对峙的僵局，开出平等思想。因此，儒道二家在君民关系上虽然都认为有民才有君、民先君后、民重君轻，但两家依然有着重大差别。

二、覆载万物

中国文化可以说是崇天的文化，有一种尊天的情结。有学者认为，"中国自古以来就是以天为中为极的文明。"②这一论断非常恰当。"天"在古今中国人的生活中，扮演着一个极其重要的角色。先秦诸子几乎没有一家不谈法天。

中国比较缺乏古希腊那种穷究宇宙起源的思辨传统，讲天道最终还

---

① 当然在老子之前，民本思想就很丰富。《尚书·洪范》："天子作民父母，以为天下王。"《诗经·小雅·南山有台》："乐只君子，民之父母。"《大雅·泂酌》："岂弟君子，民之父母。"这种观念在中国历史上极具生命力，在此，我们似乎看到了老子"圣人皆孩之"("之"指百姓)的影子。

《国语·周语中》、《郑语》、《左传·襄公三十一年》都引过《泰誓》语："民之所欲，天必从之。"《孟子·万章上》载《尚书·太誓》语："天视自我民视，天听自我民听。"《左传》、《国语》反映出的政治观都比较进步，它们反对专制和腐败，重视民意，也有浓重的民本思想。《国语·周语上》祭公谋父提出"事神保民"，同篇载内史过语："神飨而民听，民、神无怨，故明神降之，观其政德而均布福焉……民、神怨痛，无所依怀，故神亦往焉，观其苛慝而降之祸。"《周语下》载太子晋(周灵王之子)语："度于天地而顺于时动，和于民神而仪于物则……上不象天，而下不仪地，中不和民，而方不顺时，不共神祇，而蔑弃五则。"《左传·桓公六年》季梁说要有恤民之心："夫民，神之主也，是以圣王先成民而后致力于神。"《僖公十九年》载司马子鱼语："祭祀以为人也。民，神之主也。用人，其谁飨之?"他们都把民与神相并列，民甚至是"神之主"，因为神关注的是民愿。许多思想家还把民与天对举，姑举几则战国时期的材料。《黄帝四经·经法·四度》："参于天地，阖(合)于民心。"《十大经·果童》："观天于上，视地于下，而稽之男女。"《吕氏春秋·怀宠》："上不顺天，下不惠民。"先秦非常强调法天，以上言论都认为天是代表民愿的，所以统治者应该以民为本。汉初韩婴《韩诗外传》卷 4："齐桓公问于管仲曰：'王者何贵?'曰：'贵天。'桓公仰而视天。管仲曰：'所谓天，非苍莽之天也，王者以百姓为天。'"这一说法可谓一针见血，"天"就是百姓。于是，法天就被直接等同于顺遂民愿。

② 张祥龙：《从现象学到孔夫子》，北京，商务印书馆，2001，第 322 页。还可参见余治平：《唯天为大》，北京，商务印书馆，2003，第 48～53 页。

是要落到人道上来。中国古代对天的尊崇塑造着人的生存形态。古人上考诸天，下揆诸地，以天地为人类行为的典范，这是中国哲学天人观的主旨。先秦天人观认为，无论治国还是修身，人类都应该则天而行。那么，中国哲人为什么尊天、法天呢，他们从"天"那里到底获得了什么启示？我们可以看到，《黄帝四经·经法·君正》有所谓"天地之德"，《黄帝四经·十大经·姓争》、《礼记·中庸》也有"天德"一说。古人尊天、法天的主旨是以德性来配天，即依照所谓的天德行事，以天来塑造人的在世方式。中国古人的天人合一观念，其原初意义并不是人与自然界的和谐，而是强调以人去合天（人道去合天道），即法天、配天。如果人达到了天的高度，就是天人合一了。天地之德主要体现在如下几个方面。

其一，化育万物。在古人看来，天地造化是广义上的父母。老子所说的天道，是"万物之母"、"天下母"、"玄牝"、"众父"。《庄子·大宗师》："阴阳于人，不翅（啻）于父母。"又《天地》："天地者，万物之父母也。"《黄帝四经·十大经·果童》："夫民卬（仰）天而生，侍（待）地而食。以天为父，以地为母。"

儒家这方面的思想也为人所熟知。《周易·说卦传》："乾，天也，故称乎父；坤，地也，故称乎母。"宇宙万物的生命都源于天地造化。《彖传》："大哉乾元！万物资始，乃统天。云行雨施，品物流行"，"至哉坤元！万物资生，乃顺承天。坤厚载物，德合无疆；含弘光大，品物咸亨。"《系辞下》"天地之大德曰生"就是这一观念的哲学概括。圣人以德配天，就是："大哉圣人之道！洋洋乎！发育万物，峻极于天。"（《中庸》）

其二，无不覆载，公而不私。《左传·襄公十四年》载师旷语："良君将赏善而刑淫，养民如子，盖之如天，容之如地。民奉其君，爱之如父母，仰之如日月，敬之如神明，畏之如雷霆，其可出乎？夫君，神之主而民之望也。"《襄公二十九年》载季札语："德至矣哉，大矣！如天之无不帱也，如地之无不载也。"师旷、季札与老、孔大致同时代。《礼记·孔子闲居》记载了子夏与孔子的一次对话。子夏问如何才算参于天地，孔子答以"三无私"："天无私覆，地无私载，日月无私照。"《中庸》以"博厚"、"高明"、"悠久"等字眼来盛赞天地无不覆载、无为成物之德。

《墨子·法仪》："然则奚以为治法而可？故曰：莫若法天。天之行广而无私，其施厚而不德，其明久而不衰，故圣王法之。"《尚贤中》称天"不辩贫富贵贱、远迩亲疏"。天所以值得效法，在于它在施予过程中兼而不别，没有偏私，而且不会因为施予而自诩（"不德"，不自以为有德）。

道家这方面的言论更是俯拾即是。老庄暂且放下不提，我们将在第四章"玄德"一节做出详尽分析。范蠡是由老子到黄老学派的一位承前启后的重要人物。《国语·越语下》载其语："惟地能包万物以为一，其事不失，生万物，容畜禽兽，然后受其名而兼其利。美恶皆成，以养其生。"《越绝书》卷 13 载其语："圣人缘天心，助天喜，乐万物之长。"《管子·心术下》："圣人若天然，无私覆也；若地然，无私载也。私者，乱天下者也。"《黄帝四经》提出"刑天"、"法地"。《经法·四度》："周迁动作，天为之稽。"《经法·大分》："参之于天地，而兼复（覆）载而无私也。"帛书《九主》："天范无□，覆生万物，生物不物"，"法君者，法天地之则者……覆生万物，神圣是则，以配天地。"

其三，予而不争，长而不宰。《国语·周语中》载单襄公语："圣人贵让。且谚曰：'兽恶其网，民恶其上。'故《书》曰：'民可近也，而不可上也。'……是则圣人知民之不可加也。故王天下者必先诸民，然后庇焉，则能长利。"单襄公先于老子。圣人是法天的。"先诸民"是说把民放在首位；不得民心，则政权难以稳固。在此，我们明显看到了《老子》7 章、66 章的影子。天、圣人正因为不是发号施令的主宰者，所以具备了某种神圣性特征。《黄帝四经·称经》："诸阳者法天，天贵正……诸阴者法地，地【之】德安徐正静，柔节先定，善予不争。此地之度而雌之节也。"

墨家方面，墨子心目中的"兼君"也应该"必先万民之身，后为其身，然后可以为明君于天下"（《墨子·兼爱下》）。

儒家方面，郭店儒简《唐虞之道》："夫圣人上事天，……下事地。"《荀子·非十二子》："无不爱也，无不敬也，无与人争也，恢然如天地之苞万物。"《儒效》："争之则失，让之则至。"《修身》："行乎冥冥而施乎无报。"

讨论这么多，目的在于说明，老子哲学的最高范畴是道，但这个道仍是天地自然之道，法道并不等于否定尊天。"人法地，地法天，天法道，道法自然。"笔者在导论中分析过，这句话可以简化为人法天地自然之道，所以老子常说"天道"、"天之道"。老子用自然之道彻底清算了意志之天，但并没有背离之前的尊天传统，他依然对天地怀着一种崇敬之情，故要"配天"（68 章）①。理由很简单，因为天地具有无不覆载、"利而

① 帛书本"呵"字的大量运用，尤能体现出老子对天道的咏叹、礼赞之情。刘笑敢从高到低排出本根之道、天之道、圣人之道、人之道的等级序列。（刘笑敢：《老子古今：五种对勘与析评引论》上卷，北京，中国社会科学出版社，2006，第 728～730 页）笔者以为，这种区分似无多大必要。道与人两个层次已足，老子并未时将天与道区分得清清楚楚。庄子也常用"天"来代表"道"，老庄的"大匠"、"大块"、"大炉"、"大冶"实乃对天地造化的礼赞。

不害"、"功遂身退"之玄德。而强调无不覆载,背后就是强调百姓有被平等对待的权利。

如上所示,先秦道家、儒家、墨家都强调法天以配天。但是,中国古代的尊天、法天思想在道家那里体现得最为纯粹,因为道家还主张单方面的慈、"大者宜为下",而不要求他者亲而誉之。老子明确认为"亲而誉之"不是治道的最高境界,而这是儒、墨等其他诸家所没有的。此外,道家虽然尊天,但他们有一种非常冷静的非信仰精神,不像儒、墨那样容易把一个东西上升为信仰乃至盲从迷信的对象,因而更易开出平等思想。

三、"美"之恶与"恶"之美

平等思想、包容思想是在意识上把外在世界看平,同时也营造一个平的内心世界,达到不羡不嫌。我们现在通过老子(包括庄子)的美丑观来讨论这一点。

老子说:"天下皆知美之为美,斯恶已;皆知善之为善,斯不善已。"它召唤着我们去重新看待善恶美丑的问题。笔者拟先分析往哲与时贤对老子此语的解释,进而提出自己的见解,并讨论它背后透出的生命关怀和审美情调。为便于分析,兹录王弼本《老子》第 2 章全文如下,并分为3节:

【第 1 节】天下皆知美之为美,斯恶已;皆知善之为善,斯不善已。

【第 2 节】故有无相生,难易相成,长短相较,高下相倾,音声相和,前后相随。

【第 3 节】是以圣人处无为之事,行不言之教;万物作焉而不辞,生而不有,为而不恃,功成而弗居。夫唯弗居,是以不去。

对于第 1 节,历来有诸种不同解释。最普遍的看法是等"恶"于"丑",由此认为它是一种朴素的辩证法思想,将其释为美与丑、善与不善相因而有,即对立面相对待相依存。例如,元代吴澄:"美恶、善不善之名相因而有。以有恶,故有美;以有不善,故有善……欲二者皆泯于无,必不知美者之为美、善者之为善，则亦无恶无不善也。"①

第二类解释是将其释为自我炫耀以使天下皆知，如河上公注云："自扬己美，使显彰也。"②南宋范应元在《老子道德经古本集注》里释为圣人"不自矜伐以为美善也。傥矜之以为美，伐之以为善，使天下皆知者，则必有恶与不善继之也"。丁福保《老子道德经笺注》亦畅此说。

第三类解释以为本无所谓善恶美丑，善恶美丑的区分乃因混沌剖判或人为区分而有。持这种看法的人颇多，如明代薛蕙引《庄子·天地》释曰：上古之世，"民皆同乎美善，故不知美善之为异也。后世由有恶者，始知美之为美；由有不善，始知善之为善。及世益衰，美善益著。"③这是一种"大道废，有仁义"式的解释。明代邓球说："此老子欲人不生计较心。世间美恶、善不善，不必辩别，惟相忘者一之，便能合道。至如相生相成等，便生劳攘，体道远矣。"④明万表杂禅学以说："不识不知，顺帝之则，乃为至善。择其所谓美善者而居之，即离体矣"，"所谓美之为美、善之为善者，皆不见有可欲，则无所拣择而心自安矣。谓有可希可求者，皆见可欲也，是即妄也。故妄生则心乱，妄除则心息，此义最精"，并将它与禅宗经典《信心铭》"至道无难，惟嫌拣择……一种平怀，泯然自尽"的思想等同起来。⑤

应该说，以上几种代表性的诠释都各有一定的道理，都在老子总体思想的范围之内。第一类解释的根据在第2节，它说明了这样一个事理：有了美、善的观念，也就同时有了恶、不善的观念；如果没有所谓的美与善，那也就无所谓恶与不善；对立面之间可以说是有则俱有、无则皆无的关系。第二类解释基于第3节，即法道者功遂身退之玄德。第三类解释也可以在《老子》的其他章节中找到自己的文本依据。

如果我们细加揣摩，便可发现，这里的"恶"并非与"美"相对，"不善"亦非与"善"相对，它们其实都是针对"知"而言。"知"是整句话的句眼，传世本的句式可以化约为"知……，斯恶已；知……，斯不善已"。⑥这样一来就很明显，"恶"不是美的对立面（丑），它就是"不善"；"斯恶"、

---

① （元）吴澄：《道德真经注》卷1，《粤雅堂丛书》本。
② 《老子道德经河上公章句》，王卡点校，北京，中华书局，1993，第6页。
③ （明）薛蕙：《老子集解》上卷，《惜阴轩丛书》本。
④ （明）邓球：《闲适剧谈》卷3，明万历吴云台刻本。
⑤ （明）万表：《玩鹿亭稿》卷8，明万历万邦孚刻本。
⑥ 楚简本作"天下皆知美之为美也，恶已；皆知善，此其不善已"，亦此意。"已"是语气助词，通"矣"。胡薇元、李涵虚、邓各泉把它当成动词，训为停止，恰与老子思想南辕北辙。

"斯不善"并不是别有所谓恶与不善。老子要说的是，知美即是恶，知善即是不善，所以第一类解释是不够的。老子这里不是泛泛地谈概念的对生性，而是在宣说"无知"，即不要一门心思地做善恶、美丑等判分。而第二种解释对本义的偏离较大。第三种解释于本义比较接近，但也还需要做进一步分析。

(一)"美"之恶

从老庄的有关言论看，我们称当时是一个欲望的时代、倒悬的时代，似乎不算过分。在这样一个时代，审美与艺术有时被当成寻求感官刺激的工具，乃至夸耀地位与富贵的工具。宗白华曾指出："中国之形式美，来自封建社会之等级制，尚礼法，重度数"，"制器所需之度数，即象征封建，古代镂金错采之美，皆服务于礼之度数"①，"古代美术的雕饰，乃所以区别等级，有政治作用与意义。美术服务于政治与阶级制度。战国竞夸雕饰，不全为美感，乃表示自己在阶级地位之上升，夸示贵与富。"②贵族们纷纷追逐一种哗嚣之美，"烦手淫声，慆堙心耳"（《左传·昭公元年》）；"听乐而震，观美而眩"，"匮财用，罢民力，以逞淫心，听之不和，比之不度，无益于教，而离民怒神"（《国语·周语下》）。继承礼乐文化传统而强调教化的儒家，虽然批判郑卫之音式的溺音俗听，但他们所要求的正声雅咏在某些人看来仍有侈靡之嫌，如《墨子·非儒下》就批评儒家"繁饰礼乐以淫人"。

老子也批判寻求感官刺激的美，其虚静论的"静"就是去欲，不与物迁。12章："五色令人目盲，五音令人耳聋，五味令人口爽，驰骋畋猎令人心发狂，难得之货令人行妨。是以圣人为腹不为目，故去彼取此。"王弼注："为腹者以物养己，为目者以物役己，故圣人不为目也。"可谓一语中的。的确，人毕竟不是为了"吃"（贪欲）而活，而是为了活而吃。目美于色，耳美于声，口美于味，天下所谓美也。以此为美，岂能不至于恶乎？而老子则主张将欲望损到无可损，无可损就是只求基本生活需求的满足而不更有求，更不必说纵情于声色之娱。这种思想很容易让人想起墨子的非乐。墨子非乐，针对的不只是音乐，实际上也是要去除所有作为生活雕饰的东西（"车马衣裘奇怪"、"宫室台榭曲直之望、青黄刻镂之饰"、"厚为棺椁"等），反对任何超出生存所需的生活。在此意义上，

① 宗白华：《建筑美学札记》，《宗白华全集》第三卷，合肥，安徽教育出版社，1994，第381、380页。

② 宗白华：《中国美学思想专题研究笔记》，《宗白华全集》第三卷，合肥，安徽教育出版社，1994，第528页。

非乐是反享乐主义。但是，墨子并非认为文采刻镂本身不美。《墨子·非乐上》："是故子墨子之所以非乐者，非以大钟鸣鼓、琴瑟竽笙之声以为不乐也，非以刻镂华文章之色以为不美也……然上考之不中圣王之事，下度之不中万民之利。是故子墨子曰：为乐非也。"墨子只是因为"乐"有百害而无一利，所以基于功利的考虑，主张禁而止之。老子也有这方面的考虑，但他认为五色、五音等就是恶。他深刻地看到了"美"之恶，其实质是批判以丑为美，因为审美毕竟不等于感官享乐。有论者指出："老子那些看来是否定审美和艺术的言论，是对人类进入文明社会之后早期那种把审美和艺术活动同放肆疯狂的感官享乐的追求混而为一的错误做法的批判。"①徐复观也说："老、庄则似乎对于美、对于乐、对于巧，采取否定的态度……老、庄因矫当时由贵族文化的腐烂而来的虚伪、奢侈、巧饰之弊，因而否定世俗浮薄之美，否定世俗纯感官性的乐，轻视世俗矜心着意之巧。但他们是要从世俗浮薄之美追溯上去，以把握'天地有大美而不言'的'大美'。要从世俗感官的快感超越上去，以把握人生的大乐。"②总之，老子的批判对象本质上已不是悦心悦志，而是快心快志，且快心快志又建立在暴夺民众衣食之财的基础上。贵族们以欲为乐，把"哗嚣之美"执为美，同时又挤压了民众的生存空间，这就是恶。③

（二）"恶"之美

以上是讲"美"之恶，道家还讲"恶"之美，而这主要是庄子的思想。庄子描绘了许多"不近人情"的形象，比如不中绳墨规矩的散木，相貌怪得离谱的支离疏和子舆，被斩去脚趾只好用脚跟承重的叔山无趾，没有脚跟只好跐着脚尖走路的阐跂支离无脤，还有恶人哀骀它、瓮、大瘿等人。我们姑且称此为对"丑"的关注，因为这类形象通常为世人所鄙弃，而庄子对他们进行了着力渲染。《德充符》："故德有所长而形有所忘。人

---

① 李泽厚、刘纲纪主编：《中国美学史》第一卷，北京，中国社会科学出版社，1984，第206页。

② 徐复观：《中国艺术精神》，上海，华东师范大学出版社，2001，第34页。

③ 不少人认为老子在诅咒物质文明乃至精神文明，如张松如："老子这些观点，不言而喻，是他对人类社会现实和历史发展所持的狭隘庸俗的反历史观点。"（张松如：《老子说解》，济南，齐鲁书社，1998，第85页）此乃不思之过。试想，耽溺于五色、五音、五味、田猎、难得之货能叫"精神文明"吗？事实上，这些都是古礼所规定的贵族的特权生活，不是当时百姓所能有的生活，甚至是百姓想也想不到、想也不敢想的生活，因而本章显然是在告诫统治者。高明、刘笑敢等人将"为腹不为目"等同于3章"虚其心，实其腹；弱其志，强其骨"（"其"指民），非是。老子所说的"治"，不仅是"治"民，同时也是治自己；就像他要"愚"民，同时也要"愚"王一样。老子心目中的圣人，从来不是只治民不治自己的。而且从它章可知，老子对百姓的要求比较宽松（倾向于"不治"），对国君的资格审查则很严格。

不忘其所忘而忘其所不忘，此谓诚忘。"世人把不该忘记的（德）忘了，而念念不忘于应该被忘掉的（形），这才是真正的遗忘。身为执政的子产便是一个代表，他看不起残疾人申徒嘉，羞于跟申徒嘉同出入。唯有德者能秉德而忘形。庄子故意将圆满寓于残缺，为的就是破除世人根深蒂固的常规眼光；他讲"恶"之美，是要启示人们不要停留于外在表象，而要努力去发现内在精神之美。

叶朗曾精辟地指出，庄子从"丑"更易见出宇宙的生命力、更易衬出内在精神的崇高两个角度，为"丑"争得了存在的空间，扩大了人们的审美视野。① 我们似乎还可以补充一点，庄子对"丑"的关注还与"玄德"、"无弃"的主张有关。老庄都讲"无弃"、"不遗"，这是玄德包容的一面，而包容精神是审美心胸的重要一维。缺乏包容精神的心胸是闭狭的，眼里没有他者因而不能见出异量之美的人，很难说有什么审美心胸。更何况在老庄看来，世人所谓的丑未必真的就丑，世人所谓的恶未必真的就恶；所谓的美丑观很可能只是一种成见，并不具备合法性。因此，无弃、不遗的最终指向也是扩充胸襟。成见太深，胸襟不广，就很容易增长排斥性。庄子就认为，被知填实的心容易蜕变为"成心"，所已知将妨碍所将受。"成心"的实质是自我封闭，不能向世界敞开自身，不能虚心领纳异量之美，物我之间的会通更是无从谈起。先入为主的美丑观也是一种知，它会阻碍审美活动的发生。老庄虚静论的"虚"也就是把知虚无化，从而开出一个虚廓空明的胸怀，让万物鼓荡于其间、映现于其间。

（三）不分

老子认为知即不善，他主张"无知"。20 章："我愚人之心也哉！沌沌兮！俗人昭昭，我独昏昏；俗人察察，我独闷闷。"老子不愿像世人那样昭昭察察，唯愿回到一种昏昏闷闷的无知无欲状态。落实到现实中来，无知意味着不加人为分别，所以王弼注说："绝愚之人，心无所别析，意无所美恶。"只要区分出所谓的美、善，相应地也就有所谓不美与不善，随即生出爱憎之情。我们将某个对象确定为美、善，同时也就强烈地宣告了未被选取者在价值上的丑恶。如果我们把某种美丑观固定下来，将其作为一条标准来丈量一切，那么，我们就会在对某些事物趋之若鹜的同时，将其他事物推拒于千里之外。这种兴一方、灭一方的做法难道不是恶与不善吗？而昏昏闷闷则超越分别之知，此时即能发出智慧之光（清初石涛"混沌里放出光明"），对物我作平等观照。

---

① 参见叶朗：《中国美学史大纲》，上海，上海人民出版社，1985，第 127～130 页。

　　老子强调不作分别，而对万物作平等观照，首先是因为世人的分别本身并不合理。所美者未必美，所恶者未必恶，世人所谓美且善者，果真美且善吗？老子一语显然内含有这种置疑。"美与恶，相去何若？"（此为楚简本）世人崇尚的美也许就是丑，于是，追求这种美也就成了一种恶。另外，如果我们把某种美丑观立为标准来要求一切，那就等于宰割天下。美在此时成了一种暴力。在此意义上，所谓的美也变成了恶。或者说，美不仅有美，亦有恶。58 章："祸，福之所倚；福，祸之所伏。孰知其极？其无正也。正复为奇，善复为妖。人之迷也，其日固久矣。"（此据帛书本、汉简本校定）祸福之间并没有严格的界限，而是可以相互转化的；同理，所谓的"正"与"善"也会转化为"奇"与"妖"。"其无正也"意为没有所谓的"正"。世人心目中坚执的"正"会转化为邪，祸害委实不浅。

　　庄子做了更深入、更全面的论证。《庄子·胠箧》："故天下皆知求其所不知而莫知求其所已知者，皆知非其所不善而莫知非其所已善者，是以大乱……甚矣夫，好知之乱天下也！"此语与老子一语句式极为相似，表达的思想也一致。《应帝王》开篇说："夫知有所待而后当，其所待者特未定也。""所待"不只是说知的客体处在变化密移的过程中，如《秋水》："物之生也，若骤若驰，无动而不变，无时而不移。"也指知的主体不定。既然认识的主体与客体都时刻在变动，我们就不应该将相对之知普遍化、绝对化。以此观之，美之为美，善之为善，也是难以确定的。《齐物论》："毛嫱、丽姬，人之所美也；鱼见之深入，鸟见之高飞，麋鹿见之决骤。四者孰知天下之正色哉？""厉与西施，恢恑憰怪，道通为一。"《知北游》："故万物一也，是其所美者为神奇，其所恶者为臭腐；臭腐复化为神奇，神奇复化为臭腐。故曰：'通天下一气耳。'圣人故贵一。"个体是互异的，所以好恶相异；所谓的美丑之分并非坚不可破，而是可以相互转化的；但更重要的是，美丑从根源上来说是通而为一的。这样一来，"正色"其实是不存在的。

　　这里还有一事需要加以辨析。钱锺书曾批评老子未能自圆其说："鉴差别异即乖返朴入浑，背平等齐物之大道。盖老子于昭昭察察与闷闷昏昏，固有拈有舍，未尝漫无甄选，一视同仁。是亦分别法，拣择见钦！曰无分别，自异于有分别耳，曰不拣择，无取于有拣择耳。"[①]确实，从文本看，"去彼取此"四字在《老子》中就出现过 3 次，可见老子去取之毅

---

　　① 钱锺书：《管锥编》第二册，北京，中华书局，1979，第 413 页。

然决然。另外，从逻辑上说，不分别的确也是一种分别。但抓住这一点批评老子自相矛盾，并没有什么实际意义。重要的是，老子的分别是与世人之分别行为相对的分别，而不是与这种那种分别相对的分别。《维摩诘所说经·文殊师利问疾品》僧肇注："分别于无分别者，虽复终日分别，而未尝分别也。"①老子的分别就是分别于不分别。我们要弄清老子分别的目的是什么，即是说，要弄清老子之去取与世人之去取有何区别。从前面的分析可以看出，老庄指出世人分别之无意义、分别之恶，是因为美、善一旦被规定为普遍标准，它就占据了话语权，由此滑向恶与不善，甚至产生暴力。他们想要做的是破除世人现有的分别之心和爱憎之情，从而倒转世人的价值观；同时，老庄主张不立标准，对万物不加分别地一概加以涵容，覆之如天，载之如地。因此，讲不分是鉴于分所可能造成的危害，这是对宇宙生命的一种敬意和关怀。

（四）不耀

老庄不做美丑的判分，但在他们那里，又是有美丑之别存在的。他们没有因为"美"之恶，就要把美清除出去。《文心雕龙·情采》："老子疾伪，故称美言不信；而五千精妙，则非弃美矣。"而《庄子》一书几乎篇篇都是妙文。当然，我们这里不想谈文辞之美。我们要问的是，老庄是如何把两种看似相反的主张融合在一起的？这里的关键是：其一，如前所述，老庄并非没有自己的美丑观，他们是世人之所非，非世人之所是，崇尚一种超越外观美丑、感官享乐的美。其二，他们认为，如果美丑各居其位，不炫耀不伪饰，那么万事万物无往不美；相反，如果自我夸示或竞相伪饰，那就无往不丑。老子力戒"盈"、"自见"（自我夸耀），强调"自知"（知道自己的有限性）。《庄子·则阳》说到了极致，美者甚至不知道自己原来是美的："生而美者，人与之鉴，不告则不知其美于人也……圣人之爱人也，人与之名，不告则不知其爱人也。"美至于无美者，才是真美；善至于无善者，才是真善。《山木》："其美者自美，吾不知其美也；其恶者自恶，吾不知其恶也。"庄子认为，即使 A 是个美人，也不要以为自己比别人美；相反，如果 B 相貌不美，而能时时有自知之明，那么长相是可以置之不顾的。这就回到了"德有所长而形有所忘"。清初张尔岐说："天下皆知美之为美，则将相与市之，而美者非美已；天下皆知善之为善，则将争自托之，而善者非善已。本美也，而反为恶；本善也，而反为不善。若知其美而不美、善而不善之故而善处之，又将美者真美，

①　石峻等编：《中国佛教思想资料选编》第一卷，中华书局，1981 年，179～180 页。

善者真善矣。"①"市"就是自美，即卖弄自我；"托"就是缘饰，即粉饰门面。老庄承认存在着形象上的美丑差别，他们能欣赏形象的美，但如果美者自美，那么形象虽然没变，这种行为却已经转化为丑，或者说美得不纯不粹；他们也能欣赏形象的丑，但如果丑妄图把自己装扮成美，那么形象即使有所改变，却已降格成实实在在的丑。这也证明，在社会美领域，老庄的美丑标准主要不是感性形象，而是看人自不自然，看他是否在其自己。因此，美丑不是外观的漂亮与丑陋，美丑的对立本质上是真与伪的对立，即持守自我真性与矫揉造作两种行为的对立。这里透露的是对自我真性的欣赏和对虚伪文饰的鄙弃。

（五）不美不嫌

美、善都可以成为欲的对象（"可欲"），世人常由"知"转向"欲得"，此即《黄帝四经·称经》所说："心之所欲则志归之，志之【此二字衍】志之所欲则力归之。"人们知道所谓的"美"、"善"，就会刻意去追求，同时厌弃"丑"、"恶"。在老庄看来，这未必是什么好事，因为这将失其自然、流于作假。老庄崇尚素朴自然之美。素朴自然之美，是不加伪饰的美、本色的美。自然而然，才能华奕动人。矫揉造作不是发自内心，也就注定进不了人的内心（雕琢所以必须复朴，就因为停留于雕琢，便不是自然，不是真）。

自然物其实本无所谓自不自然，所以就其本身言，它们虽然不美也不丑，但由于它们展现了天地造化之生机，人们可以判定它们无往不美。就人类社会而言，老庄认为，自然已足，无须外慕。司马谈《论六家要旨》概括出的"去健羡"之"羡"，就有这层含义。庄子学派讲得很透辟。《天地》："物得以生，谓之德；未形者有分，且然无间，谓之命；留动而生物，物成生理，谓之形；形体保神，各有仪则，谓之性。""德"是万物于道之所得，而"性"就是"德"的具体内容，"命"着重说万物所禀之性是"有分"的，即差异性和有限性，且这种差异性和有限性都是合理的。有限性是通过此物与彼物的比较而得出的，但通过比较同时可以发现，正是差异性体现了每个个体独特的价值与意义。也就是说，就万物各自的差异性而言，它们是个个圆足的。既然万物的价值与意义体现为差异性，所以不必舍己从人。《秋水》："夔怜蚿，蚿怜蛇，蛇怜风，风怜目，目怜心。"尽管后文只说到蛇怜风，没有再往下说风怜目、目怜心，但我们可以为它续上：眼睛可以一目千里，心之运为则"其疾俯仰之间而再抚四海

---

① （清）张尔岐：《老子说略》卷上，稿本，北京大学图书馆藏。

之外"(《在宥》)，这里说的都是外慕("怜")。河伯问是否可以大天地而小豪末，北海若答曰："否……小而不寡，大而不多，知量无穷；……由此观之，又何以知豪末之足以定至细之倪！又何以知天地之足以穷至大之域！""量"是没有穷尽的，乍一比较，似乎有大小多少之分；但再一比较（把视野扩得更广远，把视角提得更高拔），则可发现无大无小，比较竟是没有意义的。比较可能是没有止境的，如果比较勾起的是无限希求，羡这羡那而又嫌这嫌那，则未必不是一种惑累。打个不怎么恰当的比方，我们不能跑得像世界短跑冠军博尔特那么快，并不意味着我们的存在就失去了意义。在我们不具备他那种特殊禀赋的情况下，追求他那种速度，那就无异于作茧自缚，反而不得自在。我们的能力是有限度的，并非无所不能。承认这一点，不代表我们的存在就没有意义。性分不局限于某一个方面，我们还有其他方面的性分，而这些性分或许为他人所没有或所匮乏。我们有没有发现并发挥自身的这种独特性分呢？有没有通过它们来展现自身的存在意义呢？这是每个个体都面临的一个大问题。在性分问题上，我们应该一方面认识到自己的有限性，而不超越自身条件做无穷的追逐；另一方面应着力发现自身的独特性分，并通过它来实现自我的存在意义。

《秋水》说，舍己效人就如同邯郸学步，"未得国能，又失其故行矣，直匍匐而归耳"。即是说，你只是你，不可能成为一个他；设使仿效成功了，也只是一个他，而丢掉了真正需要加以珍视的你自己。庄子主张不失性命之情，即是为了保住个体自身的真性。《天运》效颦的故事，喻礼义法度应当因时而变，但也可以拿来说明这里的问题。"彼知颦美，而不知颦之所以美"，就是不明白美在自然的道理。美是多元的，世界并非只有一种美，如果众人都竞相追逐某种作为标准的美，天下不仅会变得纷纷扰扰、永无宁日，而且纷纷扰扰过后将是一个单调苍白、毫无特色也没有多大意趣的世界。显然，这是提醒世人自尊自主，是一种价值多元论。

现在做一小结。《老子》"天下皆知美之为美，斯恶已"意为知道有美有丑即是恶，庄子对此做了更深入的讨论，甚至大讲"美"之恶与"恶"之美。但我们不能笼统地认为老庄美丑不分，或认为在他们那里无美无丑。老庄的审美观极为复杂，大体说来，与世人的审美观相对立。具体地说，不知美之为美有以下几层含义：其一，不以外观、感官作为判分美丑的标准，由此在自然美领域肯定表现宇宙生机的美，在社会美领域突出内在精神之崇高、人格性情之美（世人嫌恶的丑就是美），在艺术美领域否定粗鄙的感官享乐（世俗追求的美就是恶）。其二，反对把某种美立为鹄的来加以追求或齐同天下，由此否定一则的美，肯定素朴自然之美、在其自己之美、本色之美。其三，走出自我，不设先入为主的美丑观来判分美丑，而以空明澄澈的朝彻之心去映照世界，以物观物，以物为量，以便见出异量之美。这是一种宽广的审美心胸。可见，老庄崇尚的美是与真、善三位一体的美，是物我各适其天的美，是超越外观美丑、感官享乐的美。老庄强调不分美丑，但又不是美丑不分。不分美丑是强调事先去除一切态度（包括分辨美丑的审美态度），以无态度为态度；美丑有别是观照的结果，标准是看一物是否在其自己。只要万物在其自己，就可以说没有丑。

叶朗早就明确指出"美"不是中国美学的中心范畴和最高范畴。① 这里的"美"主要是西方美学意义上的形式美。朱良志也点明："中国美学并不强调用审美的眼光去辨别何以为美何以为丑，而强调有一个从容的心灵去感受世界的和融。"②中国美学的这种特点就是由老庄奠定的。老庄反对从外观形式和感官快适对事物进行美丑的分辨和判断，甚至还有大讲"美"之恶与"恶"之美的"非美倾向"。但吊诡的是，正是不做美丑判断的老庄哲学（还有后世的南宗禅）塑造了中国美学与艺术的根本面目，极大地拓展了中国人的审美视野和审美心胸，显示出有别于西方美学与艺术的民族特色。只有明白"美"之恶与"恶"之美，才能知道什么是真正的美丑，才能弄清老庄的审美观以及中国美学与艺术的特色，更重要的是体会到老庄之于宇宙全体生命的普遍关怀。

第二节 庄子齐物精神

主张平等是庄子的一个突出思想，他对贵贱尊卑的等级观念极为鄙视。《齐物论》："君乎，牧乎，固哉！""君"、"牧"分指贵者、贱者。分别贵贱，是多么的固陋可笑！庄子笔下的一名画史姗姗来迟，见到宋元君后，"儃儃然不趋，受揖不立，……解衣般礴裸"（《田子方》）。而楚王派两位大夫来来聘他，庄子手持鱼竿，连头也不回（见《秋水》）。这些都表现了他对王公大臣的傲视。《秋水》："以道观之，物无贵贱；以物观之，自贵而相贱"，"以道观之，何贵何贱？……万物一齐，孰短孰长？"凡此都

---

① 参见叶朗：《中国美学史大纲》，上海，上海人民出版社，1985，第3、24、127页。
② 朱良志：《中国美学十五讲》，北京，北京大学出版社，2006，第377页。

是认为，万物各有自身的价值与意义，不存在贵贱高下之分。①

庄子的平等观，主要体现为齐物精神。齐物的提法并非始于庄子。《尸子·广泽》说"田骈贵均"，《吕氏春秋·不二》说"陈骈贵齐"。学者已经考定陈骈即田骈。《庄子·天下》载彭蒙、田骈、慎到学派"齐万物以为首"，但庄子的齐物思想与他们不同。慎到们的齐物是树立一个客观标准（法），凡事皆一断于法，庄子的齐则是为了保住万物的差异性。冯友兰曾说："盖物之性至不相同，一物有一物所认为之好，不必强同，亦不可强同。物之不齐，宜即听其不齐，所谓以不齐齐之也。一切政治上社会上之制度，皆定一好以为行为之标准，使人从之，此是强不齐以使之齐，爱之适所以害之也。"②庄子哲学最终落实到价值问题上，它通过强调万物价值的平等来破除等级之分、分别取舍之见和强人从己的做法。主观分别的前提是差别的存在，庄子为泯除分别，采取了多种方法：强调事物在根源上没有差别，证明现实差别的合理性，否认评判标准的合法性，并从道的高度来加以平等观照和兼容并蓄。

一、万物根源上的齐同

（一）道的遍在性

《知北游》"道在屎溺"一说，尽人皆知。东郭子问庄子道在何处，庄子告诉他："汝唯莫必，无乎逃物。""无乎逃物"的逻辑主语是道。庄子意识到，如果道不遍一切处，那就不足以为道；依此反推，我们就不能以为道定在某一处。道无在而无不在，道在何处的问题本身就问错了。

庄子突出道的遍在性有何用意呢？韦政通的分析可以说明问题："这个观念使形上与形下两界打成一片，使客观与主观融而为一，也是庄子万物平等观的根据……庄子用最卑下的事物做例子，是要人惊觉到道并不是高高在上，更不是人所能独占。"③形上形下打成一片，是万物皆秉

---

① 《文子·自然》："天下之物，无贵无贱。因其所贵而贵之，物无不贵；因其所贱而贱之，物无不贱。"其言说方式、表达的思想与庄子高度一致。《战国策·齐策四》记载了颜斶的行事。他是战国时期的一位道家式人物，一次在齐宣王面前直言："士贵耳，王者不贵。"

《黄帝四经》则肯定贵贱之分。《经法·道法》："贵贱有恒立（位）。"《经法·君正》："贵贱有别，贤不宵（肖）衰（差）也；衣备（服）不相缓（逾），贵贱等也。"推其原因，大概是接受了传统或儒家的一些影响，因为凡是较为具体的统治思想讨论，就有成为"大拼盘"的倾向。更准确地说，他们是在诸种不同思想中有偏重而不偏废。

② 冯友兰：《中国哲学史》上册，上海，华东师范大学出版社，2000，第174页。

③ 韦政通：《中国思想史》上，上海，上海书店出版社，2003，第130页。

有道性；主客观融而为一，是突出道的境界义。庄子又认为通天下一气，万物都是一气运化的结果，这些都是从万物的根源上说其平等。熊秉明赞道："他【庄子】带着惊异赞美的眼光观察天地间的一草一木、一鱼一虫。在他的哲学里，宇宙间每一事物，即最卑微不足道的，也都有其存在的意义和价值。道在蝼蚁，在瓦甓，在尿溺。他所见的宇宙是富美的，活泼跳跃、缤纷灿烂的。"①

（二）破斥大人主义

海德格尔在《形而上学导论》中提出，在在者整体中，我们没有丝毫的理由说恰是人们称之为人以及我们自身碰巧成为的那种在者占据着优越地位。"人愈是把自己唯一地当作主体……他就愈益迷误。"②人在茫茫宇宙中处于怎样的地位？这也是春秋战国时期诸家思考的重大问题。人类最初没有自我意识，无法将自身与周围的世界区分开来，他们与世界是直接合一的。随着时间的推移，人类逐渐意识到自己与非人毕竟不同，乃至产生自己是"万物之灵"的感觉，于是顿觉自己身价倍增，有时便不免颐指气使起来。郭店楚简《语丛一》："天生百物，人为贵。"在天地人三才中，非人没有多少地位。《礼记·礼运》："故人者，其天地之德，阴阳之交，鬼神之会，五行之秀气也……故人者，天地之心也，五行之端也。"《荀子·天论》："大天而思之，孰与物畜而制之？从天而颂之，孰与制天命而用之？"这种制天思想在整个中国哲学史上都显得很异类，但它是儒家化成天下之使命感的合乎逻辑的推衍。《春秋繁露·天地阴阳》说，人"超然万物之上，而最为天下贵"。儒家的这类言论很多，它们高扬了人的主体性和创造性，容易激发出一种舍我其谁的担当意识。这些都是值得肯定的，但我们必须对此加以警惕，因为它容易蜕变成自我中心，扩而大之便是睥睨天下的大人主义。

道家则强调人的有限性，反对自视过高。《庄子》认为无极之外复无极③，世界是广袤无垠的。《庚桑楚》关于宇宙之说及《则阳》蜗角之利一节，都是在说宇宙的无限性。《秋水》做了最好的说明。篇首说：即使我

---

① 熊秉明：《中国书法理论体系》，天津，天津教育出版社，2002，第146页。
② 转引自张世英：《新哲学讲演录》，桂林，广西师范大学出版社，2004，第129页。
③ 笔者也认为《逍遥游》"汤之问棘也是已"后有佚文。唐神清《北山录·天地始》："汤问革曰：'上下八方有极乎？'革曰：'无极之外，复无极也。'"北宋慧宝注曰："语在《庄子》。"（《大正新修大藏经》第52册，台北，财团法人佛陀教育基金会出版部，1990，第574页下）元圆觉《华严原人论解》卷中亦云："然庄子云：无极之外，复有无极。"（《卍续藏经》第104册，台北，新文丰出版公司，1993，第252页）

们再怎么"大",也应该认识到自己"在天地之间,犹小石小木之在大山也"。紧接着,北海若又发了一通议论:"计四海之在天地之间也,不似礨空之在大泽乎?计中国之在海内,不似稊米之在大仓乎?号物之数谓之万,人处一焉;……此其比万物也,不似豪末之在于马体乎?"在天地万物中,人只是"一"。人类没有理由自认为是宇宙的中心,没有理由把自己当成衡量万物的尺度。李约瑟曾指出道家反对人类中心论:"道家典籍永远不疲倦地坚持人类的(及个人的)标准并不是唯一的标准。"①应该说,与先秦其他一些学派相比,《庄子》的这种思想是非常独特的。

我们还可以就儒道两家的人禽观做一番比较。帛书本《五行》:"循草木之性则有生焉,而无【好恶;循】禽兽之性则有好恶焉,而无礼义焉;循人之性则巍然【知其好】仁义也。"《孟子·离娄下》:"人之所以异于禽兽者几希,庶民去之,君子存之。"孟子认为,圣人与人是同类,禽兽与人则异类,因为人性中本有仁义良知,此为"心之所同然",而这些为禽兽所没有。人应该存心养性,扩充仁义礼智四善端,以期成为尧舜那样的圣贤,而不可把自己降格成禽兽。孟子还坚持夷夏之辩,称许行为"南蛮鴃舌之人",批评杨、墨是禽兽。《荀子·王制》:"水火有气而无生,草木有生而无知,禽兽有知而无义,人有气、有生、有知,亦且有义,故最为天下贵也。"《礼记·曲礼上》:"今人而无礼,虽能言,不亦禽兽之心乎?……是故圣人作为礼以教人,使人以有礼,知自别于禽兽。"这还是说,人的可贵之处在于他知礼义。儒家一方面强调将仁爱推及禽兽,一方面又极力强调人与禽兽的区别,拔人于鸟兽之中(儒学的本质就在这里)。前者认为禽兽是人类自上而下的施惠对象,后者更明确地认为相对于人,禽兽等而下之。马丁·布伯在《我与你》的后记中写道:如果在一种关系里,其中的一方要对另一方有目的、有计划地施加影响,则这种关系里的"我—你"态度所依据的乃是一种不完整的相互性,一种注定了不可能臻于完整的相互性。这段话倒可以移评儒家的这种观念。张世英也表达了类似的看法:"儒家的'仁'所包含的'人情味',是出自'自我'的施舍和恩赐,而不是出自对他人的'主体性'的承认和尊重,不是对他人的独立自主的权利的承认和尊重,不是出自责任感,一句话不是平等的'博爱'思想。"②

儒家未能把他者看作独立自主的平等个体,因而缺乏交互主体性的

---

① 〔英〕李约瑟:《中国科学技术史》第二卷,北京,科学出版社等,1990,第53页。

② 张世英:《新哲学讲演录》,桂林,广西师范大学出版社,2004,第410页。

维度。道家则不然，他们不关心人与非人的分界，而总是放下身心与非人一例看，或者把非人提到与人平齐的高度来加以对待。《庄子·大宗师》云："今一犯人之形，而曰'人耳人耳'，夫造化者必以为不祥之人。"庄子认为，我们实在不必因生而为人就洋洋自得，人类没有什么特别的，反而可能是不太受欢迎的扰乱者。① 庄子倒愿意"物化"成非人，去体验游鱼之乐和蝴蝶之适，这也显示了对物的尊重和对物我的一视同仁。韦政通指出，齐物思想"含有一种普遍尊重生命的伟大伦理精神。孟子强调人禽之辨，对提高人类的尊严很有贡献，但也因此重视万物之间的不同等级……这种等级的观念也助长了人类破坏的本性，妨碍了博大精神的培养"②，此论非常公允。

二、多元价值的平等

如果说《齐物论》主要是从认识论角度来齐物，那么《秋水》则着重从价值论上齐物。《秋水》："梁丽可以冲城而不可以窒穴，言殊器也；骐骥骅骝一日而驰千里，捕鼠不如狸狌，言殊技也；鸱鸺夜撮蚤，察毫末，昼出瞋目而不见丘山，言殊性也"，"以差观之，因其所大而大之，则万物莫不大；因其所小而小之，则万物莫不小；知天地之为稊米也，知豪末之为丘山也，则差数睹矣。以功观之，因其所有而有之，则万物莫不有；因其所无而无之，则万物莫不无；知东西之相反而不可以相无，则功分定矣。以趣观之，因其所然而然之，则万物莫不然；因其所非而非之，则万物莫不非。"万物如东西之相反而不可相无，又如柤梨橘柚，其味相反而皆可于口。

万物殊性，这是不待证明的直接现实。独特性就是个体的意义所在，道家意图保持这样一个多样性的世界。庄子想要证明的是差别各具合理性，而不是否认差别的存在。其"齐物"不是以一则制割万物，取消万物形态上的差异，而是强调万物殊性之平等，即用价值上的齐来保住形态上的不齐。"齐物论"说到底是一种价值多元论，是为了存异。刘凤苞《南

---

① 《孔子家语·六本》："孔子游于泰山，见荣声期行乎郕之野，鹿裘带索，瑟瑟而歌。孔子问曰：'先生所以为乐者，何也？'期对曰：'吾乐甚多，而至者三。天生万物，唯人为贵，吾既得为人，是一乐也；男女之别，男尊女卑，故人以男为贵，吾既得为男，是二乐也；人生有不见日月，不免襁褓者，吾既以行年九十五矣，是三乐也。'"这个故事亦见于《说苑·杂言》、《列子·天瑞》，只是老人家的名字有时变成了荣启期，年岁也变成了九十。这些细枝末节不必在意，反正这位老人家说至乐有三：生而为人、生而为男人、行年九十有余。但这三乐，恰恰是庄子所不屑的。

② 韦政通：《中国思想史》上，上海，上海书店出版社，2003，第125～126页。

华雪心编》卷一曾言，齐物论是说物"不待齐，不必齐，不可齐，不能齐"。徐复观在《中国人性论史》中亦指出，齐物是承认各物的个性不同（恢恑憰怪），而价值相同的齐物；是承认各完成其自己之个性，互忘而不互相干涉之齐物……戳穿了说，是对物之不齐，却加以平等观照的齐物。《骈拇》里的一段话可以很好地说明这一点："故合者不为骈，而枝者不为跂；长者不为有余，短者不为不足。是故凫胫虽短，续之则忧；鹤胫虽长，断之则悲。故性长非所断，性短非所续，无所去忧也。"合枝、长短等形态上的差异并不是不存在了，而是任由这个长那个短。"性"是长长短短、参差不齐的，各有其自身的价值与意义，不可相非。《鹖冠子·能天》"道者，开物者也，非齐物者也"，是对这一思想的继承。陈鼓应说："这哲理落实到社会层面则为重视社会价值的多元化，落实到政治层面则为尊重个体的尊严和殊异才能。庄子'齐物'的精神就是平等对待各物，肯定每个存在体都有它各自的特殊内容和意义。'十日并出'，'万窍怒号'（《齐物论》），便是形象化地描绘开放社会中开放心灵的景象。"①

三、物论的平等

（一）以辩止辩

贵贱尊卑、是非善恶美丑等观念都出于人的判分，在庄子看来，这种人为的判分及继起的爱憎取舍是很成问题的，以下分析庄子以辩止辩。

"辩"有辩论、分辨、分别等义。《墨子·小取》曾这样概括辩的功能："夫辩者，将以明是非之分，审治乱之纪，明同异之处，察名实之理，处利害，决嫌疑。"但庄子反对辩：

一方面，否定争辩的必要性。《齐物论》："是若果是也，则是之异乎不是也亦无辩；然若果然也，则然之异乎不然也亦无辩。"庄子认为，假如真有判然二分的是是非非，那就根本用不着争辩；而事实上没有历然分明的是是非非，如此则不可辩。这就是说，无论是非历然分明还是个模糊地带，辩都是没有必要的。

一方面，否定争辩的有效性。辩不能使是非历然分明，因为：其一，辩论双方都是其所是、非其所非。《齐物论》："夫言非吹也，言者有言，其所言者特未定也。"庄子富于怀疑精神和批判精神。在他看来，辩者都是自师其心者，其言论都发自一己之成心，所以是非未定，人所言是不

---

① 陈鼓应：《道家的和谐观》，见陈鼓应主编：《道家文化研究》第 15 辑，北京，生活·读书·新知三联书店，1999，第 54～55 页。

可靠的。你说如此，事情果真如此吗？是非果真由你定夺吗？你所说的果真是终极真理吗？辩者的症结在于拘于一偏之说、一己之见，却以为天下之美尽在于己，从而走向自多自美，甚至强人从己。其二，由于辩论都发自成心，这就从根本上否定了评判标准的可靠性。《齐物论》："既使我与若辩矣，若胜我，我不若胜，若果是也，我果非也邪？我胜若，若不吾胜，我果是也，而果非也邪？其或是也，其或非也邪？其俱是也，其俱非也邪？我与若不能相知也，则人固受其黮暗。吾谁使正之？使同乎若者正之？既与若同矣，恶能正之！使同乎我者正之？既同乎我矣，恶能正之！使异乎我与若者正之？既异乎我与若矣，恶能正之！使同乎我与若者正之？既同乎我与若矣，恶能正之！然则我与若与人俱不能相知也，而待彼也邪？"某次辩论看似有人胜出了，并不代表此人就是真理的占有者，而"我"、你、第三者之间所以互不相知，都是因为三方各师其成心，东望而不见西墙（"固受其黮暗"）。《徐无鬼》载庄子语："天下非有公是也，而各是其所是。"在这种情况下，应该由谁来决断呢？还需要第四人、第五人、第 N 个人吗（"而待彼也邪"）？不需要了，因为他们同样各执己见，谁也没有资格充当裁判者。没有"同是"、"公是"，所谓的评判标准（"正"），其实是不存在的。彼之所是乃此之所非，此之所是乃彼之所非，物论皆既是既非。《齐物论》："是亦彼也，彼亦是也。彼亦一是非，此亦一是非。"一会儿我们将看到，这是为超越是非做准备的。

　　庄子不是要止辩吗？可他自己辩了又辩。庄子否定他家争执是非而主张无是无非，也还是在争执是非。但很明显，两种辩处在不同层次上。辩者之辩是为了辩出个是非，而庄子之辩是为了说明无是无非，从而否定辩论行为本身，对无穷无尽的是非之争来一个釜底抽薪。质言之，辩者之辩否定的是某种观点，庄子之辩否定的是辩论行为。庄子是以惹是生非为非，以泯除是非为是。张松辉认为，庄子本人也没有意识到，"在他大谈无是非的时候，同样陷入了是非之争而不能自拔，他以无是非为是，以有是非为非，这本身就是十分鲜明的是非界限"。[①] 此论乍看似乎有理，其实没有看到庄子批评是非之争是为了给各种不同物论谋求各自的存身之地，而且假如世人本不争执是非，就用不着庄子去大谈无是非。张氏还认为庄子发挥齐物论只是为了摆脱失败后的痛苦，以求得自我的精神安慰；还认为庄子从实践、理论上都破坏了自己的齐物论。这类观点都是缘于没有抓住齐物论的真实意图。

---

① 张松辉：《庄子研究》，北京，人民出版社，2009，第 193 页。

（二）以道观之

庄子认为，辩无胜者，是非之争永远不会有终期，因而是无意义的。与其"是其所非而非其所是"针尖对麦芒般地辩个没完，不如干脆跳出来，从分别对待中超上去（"和之以是非"），转而从"天"的高度来观照万事万物。《齐物论》："道昭而不道，言辩而不及，……故知止其所不知，至矣。孰知不言之辩，不道之道？若有能知，此之谓天府"，"夫道未始有封，言未始有常，为是而有畛也……故分也者，有不分也；辩也者，有不辩也。曰：'何也？'圣人怀之，众人辩之以相示也。故曰：辩也者，有不见也。"是非之辩是怎么生起的呢？只是为了争一个"是"（"为是"）。但是，辩者并未达到真正的洞见，也许只是借争辩来夸示己能。怎么办呢？那就不如不论不议、不分不辩，像大道一样包藏万物。《齐物论》："果且有彼是乎哉？果且无彼是乎哉？"果真有是非之分吗？果真没有是非之分吗？庄子认为，天下没有统一的"正色"、"正处"、"正味"，然而也正因为没有正色，所以全是正色。因此，不要满脑子转着是非美恶等观念，而应以空明澄澈的朝彻之心去兼怀万物。"无适焉，因是已！"该休歇了，不要再分别争辩了，正确的做法是以物为量，因万物之所是而是之。

"以道观之"（《秋水》）是基于虚静的心灵境界而发显的一种观物方式。它有许多可以互换的说法，如"照之于天"、"以明"、"休乎天钧"、"和之以天倪"等。《齐物论》："故有儒墨之是非，以是其所非，而非其所是。欲是其所非而非其所是，则莫若以明。"钱穆解释说："明，芒之对文。各师成心则芒，知化则明矣。"[1]笔者认为，"明"就是虚静空明之心，空而明，虚而明；去除成心，才能一如明镜，让万物如其所是地彰显。[2]

《齐物论》："何谓和之以天倪？曰：是不是，然不然"，"是以圣人和之以是非而休乎天钧，是之谓两行。""是不是，然不然"是要超越是非，结果是：无不是，无不然。"天钧"就是"天倪"，《寓言》："天均者，天倪也。""天钧"、"天倪"喻指道，"休乎天钧"就是休心于道、游心于物之初，"和之以天倪"就是"道通为一"。物本无是非，是非源于人的分别。不分别则无是亦无非，无非则无不是矣。

"以道观之"是一种超越通常参照系的参照系，这种参照系的特点在

---

① 钱穆：《庄子纂笺》，台北，三民书局，1981，第 12 页。
② "以明"之"明"亦即"神明"。在庄子那里，"神明"是"天光"的同义语，是人人本具的光明觉性。《齐物论》"劳神明为一"意为将"神明"误用于立一偏之说，它否定的是"劳"，而不是"神明"。有人将"以明"释为"已（终止）明"，非是；韩林合将"神明"理解为"通常的心智"（韩林合：《虚己以游世：〈庄子〉哲学研究》，北京，北京大学出版社，2006，第 57 页），亦非。

于"两行"、"不遣是非"、"因之以曼衍"。林希逸注曰："两行者，随其是非，而使之并行也。"①不遣是非，任是非两行，即与世界相遇时不作是非上的判分。因此，"两行"的实质是强调物我共在，各行其是，互不相扰，两不相伤。《齐物论》："物固有所然，物固有所可。无物不然，无物不可。故为是举莛与楹，厉与西施，恢恑憰怪，道通为一。其分也，成也；其成也，毁也。凡物无成与毁，复通为一。唯达者知通为一，为是不用而寓诸庸。"庄子用一些极端的话语来尽力揉搓世人的成心。他往往触目惊心地把对立面拉到一块儿，将其打并为一（《逍遥游》"旁礴万物以为一"）。《齐物论》说："天下莫大于秋豪之末，而大山为小；莫寿乎殇子，而彭祖为夭。"宇宙是无限的，长短小大之辩便失去了绝对意义。我们再回到《庄子》开卷"鲲化鹏"的寓言。这则寓言境界阔大，它把人提絜到一个不曾到过的高度，从而得以鸟瞰这纷繁的人间世。庄子也正是上至这"九万里"的高度俯视天地万物，发现天地苍茫一片、万物一齐，无小无大、无是无非、无成无毁、无生无死……需要注意的是，我们应该读出"无"的动词意味。无分别不是客观实然上无分别，而是说认识主体主观境界上毋分别。葛瑞汉的判断是准确的："庄子从未说过万物为一，而总是主观地运用这种思想，像圣人那样视之为一。"②庄子试图传递的是一种在世方式和认知态度。

常有人说庄子是相对主义者。我们不应忘记，相对主义有一种自我取消的本性。《墨子·经下》："以言为尽悖。""悖"就指出了相对主义必将反弹到自身，解构自身。有论者认为这话针对的就是庄子学派，这实际上是先错误地把庄子定性成了相对主义者。但从我们的分析来看，庄子有破也有立，道的境界是他的最高靳向，他也没有认为诸家之言完全不可取。美国学者爱莲心在《向往心灵转化的庄子：内篇分析》中精辟地指出：《庄子》不可能是一个相对主义的演练，因为这样说便意味着它不能提出任何观点，包括相对主义的观点……如果所有的观点都只具有相对的价值，那么，一个相对主义者在什么基础上来推荐他自己的观点呢？相对主义最后必然是自拆台脚的。"如果所有价值的相对化是十足的话，我们就没有理由转向心灵的更高的状态。"③庄子相对主义化的言论不是

---

① （宋）林希逸：《庄子鬳斋口义校注》，周启成校注，北京，中华书局，1997，第27页。

② 〔英〕葛瑞汉：《论道者：中国古代哲学论辩》，张海晏译，北京，中国社会科学出版社，2003，第213页。

③ 〔美〕爱莲心：《向往心灵转化的庄子：内篇分析》，周炽成译，南京，江苏人民出版社，2004，第125页。

相对主义，也不是为所谓的混世主义寻求开脱，而是一种严肃的思考，其重点在于反对绝对主义或独断论。

（三）自嘲与反省

难能可贵的是，庄子虽然批评世人争执是非，并推出道的观物方式，但他并不强求世人顺从他的主张，而是认为，只要互不相扰，那么各种物论就可以拥有自己的一块儿存在空间。《列御寇》："圣人以必不必，故无兵；众人以不必必之，故多兵。""必"是武断而不留讨论的余地，所以争竞（"兵"）不断。众人"必之"，圣人"不必"。在庄子看来，没有什么可以"必"的事情。庄子对自己破、立的过程有明确的反省，所以说："今且有言于此，不知其与是类乎？其与是不类乎？类与不类，相与为类，则与彼无以异矣……今我则已有谓矣，而未知吾所谓之其果有谓乎？其果无谓乎？"（《齐物论》）庄子常以"妄言之"、"尝试论之"作开场白，也经常使用游移不定的口吻。有论者认为这是对知识的怀疑，类似于晚期希腊皮浪式的怀疑主义，①而笔者以为，庄子是将自己所说的"其所言者特未定也"贯彻下去，展现一个不确定的世界。一方面，这是庄子为了保持自己理论一贯性的必然要求；另一方面，也是为了包容他者。只要提倡自由平等，逻辑上就必须放弃自己的一些特权，强调反省与包容。在道家文献中，我们会经常遇到在其他学派那里难得一见的自我反省。《齐物论》借孔子之口自嘲道："且有大觉而后知此其大梦也，而愚者自以为觉，窃窃然知之……丘也与女皆梦也，予谓女梦，亦梦也。"自嘲之所以值得推许，就在于有反省，在于不以自我为中心，不强人从己。叶海烟称庄子"用存疑替代独断，用一连串的问号替代自信满满的句号"②，诚为的论。庄子破外在的权威，并不把自己教条化，立为新的权威，他不会自信满满地认定自己所说的就是终极真理。方东美对此做了高度评价："自余观之，斯乃精神民主之形上义涵，举凡其他一切方式之民主，其丰富之意蕴，胥出乎是。"③

历史地看，儒者易有几个通病：第一，守信师法，把传统当正统，将自己局限在前辈划定的思想框架之内，不敢越雷池一步，也不允许他人越出一步。两汉经学囿于严格的师承隶属关系，容易导致因循守旧的

---

① 参见张岱年：《中国哲学大纲》，北京，中国社会科学出版社，1982；刘笑敢：《庄子哲学及其演变》，北京，中国社会科学出版社，1988。

② 叶海烟：《中国哲学的伦理观》，台北，五南图书出版公司，2002，第88页。

③ 刘梦溪主编：《中国现代学术经典·方东美卷》，石家庄，河北教育出版社，1996，第145页。

学风。《论衡·问孔》开篇就批评道："世儒学者，好信师而是古，以为贤圣所言皆无非，专精讲习，不知难问。"儒家虽然强调时中、权变，但他们把先王之道当作规矩六律来加以执守，这种法先王、法古的观念极易导致教条化。《艺增》又批评儒生"辞出溢其真，称美过其善，进恶没其罪"。儒生往往把崇奉的对象一捧捧上天，同时把排斥的对象贬得什么都不是。他们鼓吹先验的圣人生知论，又把儒家经典神化、烦琐化。第二，以正统高自标榜，认为自己把握到的是终极真理，故而往往自以为是。道家则与此截然相反，他们倾向于打倒偶像，又不把自己立为新的偶像。汉学家陈汉生（Chad Hansen）说："儒家从自身开始，他们对他们自身的传播比对创造更有兴趣。道家则倾向于相反的方向。"①韩非在概括先秦学术时，只说儒、墨两家是显学，而没有提及道家。"道家"作为一个学派名称，最早见于汉初司马谈《论六家要旨》。许多学者据此认为，道家在先秦的影响并不大。这种想当然的做法并不可取。道家虽未必如民国时期江瑔《读子卮言》所言为"百家所从出"，但从传世先秦古籍及出土简帛文献看，道家思想在先秦就已产生广泛而深远的影响。那么，韩非为什么没有把道家称为显学呢？从其论述看来，他的一个重要标准是学派性强不强（"儒分为八，墨离为三"），是否有较为明显的师承谱系。与此相比，道家强调自隐无名，抵制自封为真理的做法，不好为人师，其虚而待物的态度也不注重学派性。这应该是道家在先秦影响虽然广远，但又没有被列入显学，甚至没有作为学派的原因。第三，许多儒者心胸褊狭，不见异量之美，在处理一些普通争议时，往往把它上升为原则高度上的对抗。方东美曾批评道学家"以真理自许，岂得不对内争正统，对外攻异端。于是辟杨墨、辟老庄、辟佛、辟禅，一切皆是异端邪说，而攻讦不留余地"②。辟来辟去，浑然不觉自身多属一偏之见，由此开展不出恢宏大度的心胸。

　　回到庄子。并行不害，乃《齐物论》之宗旨。差别各具合理性，物论也各具合理性。《天下》说百家"皆有所明……皆有所长"，惠施学说"充一尚可"，又赞"墨子真天下之好也，将求之不得也"，"彭蒙、田骈、慎到不知道。虽然，概乎皆尝有闻者也。"③《齐物论》主张百花齐放，反对万

① 陈汉生：《道家在中国哲学中的地位》，见陈鼓应主编：《道家文化研究》第15辑，北京，生活·读书·新知三联书店，1999，第39页。
② 方东美：《新儒家哲学十八讲》，台北，黎明文化事业公司，1989，第2页。
③ 钱锺书曾将荀子、庄子、司马谈对待他家的态度进行了一次对比。他批评荀子门户之见太深，推崇庄子的豁达大度，又称司马谈得庄子齐物精髓（参见钱锺书：《管锥编》第一册，北京，中华书局，1979，第390页）。

马齐暗，因此容易造就开放包容的博大胸怀和兼容并蓄的思想文化格局。徐复观认为《齐物论》主要是为了解决思想自由："真正的自由，必须建立于平等之上……齐物，即是主张物的平等；物既是平等，则他们的思想（物论），也是平等的"，"只要各人不越出自己的范围，便都是对的，都是有价值的。一越出自己的范围而要强迫他人接受的思想，便都是无意义的，便都是坏的……他【庄子】再三再四地提出'因是'的态度；或'两行'的态度；即是因人之所是而是之，则天下有是而无非。两行，是双方都行，而无一方之不行，这便无可争论，也不能相凌涉。"①

庄子反对的是自以为然而走向独断论，并不反对自以为然而各行其是。现将庄子思想与战国时期其他学派的相关主张做一对比。墨子主张"上同而不下比"。《尚同上》认为"一人则一义，二人则二义，十人则十义"的情形是非常糟糕的，思想界的理想状态应该是："上之所是必皆是之，所非必皆非之……天子唯能壹同天下之义，是以天下治也。"《尚同下》："唯能以尚同一义为政，然后可矣！"《天志上》："我有天志，譬若轮人之有规，匠人之有矩。轮匠执其规矩，以度天下之方圆，曰：'中者是也，不中者非也。'"虽然墨子的这种尚同思想以尚贤为基础，所谓的"天志"也实则是兼爱兼利原则，但他对多元的排斥依然是有隐患的。如果所尚的"同"出了问题，或者被恶意利用，后果将不堪设想。庄子学派反对墨家，可能主要不在自苦，而在尚同。墨子出身于儒家，在这一点上，他与儒家的精神一致。《孟子·滕文公下》："杨墨之道不息，孔子之道不著，是邪说诬民，充塞仁义也……我亦欲正人心、息邪说、距诐行、放淫辞以承三圣者，岂好辩哉？予不得已也。"《荀子·解蔽》虽然说："凡人之患，蔽于一曲而暗于大理"，但他的根本主张是"天下无二道"，不许世人"蔽于一曲"（抱有自己的见解）。《非十二子》提出"务息十二子之说"，因为它们都是"天下之害"。《吕氏春秋·不二》对先秦诸子的概括是比较到位的，但它的立场却是将学术定于一尊："听群众人议以治国，国危无日矣。"《韩非子·显学》称以儒墨为代表的先秦诸家学说是"愚诬之学，杂反之行"，"宜去其身而息其端"。这种言论直接导致了中国历史上的思想专制。庄子批判的一曲之士，真正问题不在于只知其一不知其二，而在于只知其一又恶人言其二。一曲之说也许有其合理之处，但如果把这一定程度上的合理性当成终极真理并强迫天下人遵从，就会连本有的那点合理性都化为乌有。强人从己，首先是对自身的误解，把自己当成真理

---

① 徐复观：《中国人性论史》，上海，华东师范大学出版社，2005，第 244、245 页。

的化身。庄子则告诫世人不要以真理的占有者自居，而要走出自我、走向无限。只有正视自己的有限性，才不会强人从己，才容得下他者。历史上受老庄影响很深的学派（如黄老学派）及知识分子（如苏轼），却遭遇"杂家"之讥，都是因为人们不知他们原是不盲目排他而具有极大的开放性与包容性的。

现在做一小结。人们常说庄子主张无分别。这种无分别似乎有多方面的意指：万物根源上的齐同（万物皆有道性，万物都由一气化成），万物在价值上的平等，以及主观境界上的无分别。主观境界的无分别需要以道观之的实践工夫，没有这种工夫，就认识不到万物在根源上的齐同和在价值上的平等，也培养不出宽广胸怀。万物是各各相异的，庄子认为，正是差异性体现着万物自身的价值与意义。我们无须对万物的价值与意义做一个分级，因为它们本来就不可比较，它们是同样的不一样的美。当然我们同时应该认识到，个体是有限的。如果我们不明了自身的有限性，把自己膨胀起来吞没他者（"自贵而相贱"），那么原有的合理性就将消失殆尽。总之，庄子齐物精神最终要达成的是价值取向上的不羡不嫌，以及对万有独特价值的尊重与包容。

第三章　丧我显吾——拔除内在束缚的工夫

"人见其人，物见其物"的预设是，"人"与"物"原处于一种非本真的存在状态。这是一种被各种欲望所淹没、"我"见所遮蔽的状态，因而不是"人"与"物"的真实存在。万物都有各自的价值与意义，但其展现过程常因"我""不守本分"而不得实现。每一个体都是一个"我"，在个体停留于"我"而未能复归生命中的本明（"吾"）时，就有了来自内外的双重系缚。"我"被控制占有欲所淹没，时时想着去控制占有他者，于是"我"与他者均不得自由。这就带来了两个问题：一是回归真正的自我，即丧我显吾；一是不去侵扰他者，即如其本然。后者依赖于前者，前者一定程度上是为了后者。人一旦归复到真我，世界也就一时无碍地敞亮起来。

本章集中讨论老庄的心性论以及回归生命本明的工夫论，这种工夫的目的在于使人与世界发生一种全新的交互关系。

第一节　"真"之考论

一、一个不被今人注意的现象

真、善、美是三个最普遍的价值范畴，但有趣的是，在现存的战国中期以前的儒家典籍中，善、美谈得很多，"真"字却不见踪影。历史上已有人注意到这一现象。两宋之际马永卿编有《元城语录》，此书卷中载其师刘安世闻于司马光："且六经之中绝无真字，所谓诚即真也。"①南宋张镃《皇朝仕学规范》卷10做了转录。之后，"六经无真字"便成了宋人习

---

① 　（宋）马永卿编：《元城语录》卷中引，《小万卷楼丛书》本。

语。比如，洪适《隶续》卷 2 云："六经无真字，独于诸子见之。"俞文豹《吹剑录外集》："六经、《语》、《孟》无真字，凡经义皆不用真字。"①俞氏加上了《论语》、《孟子》。实际上，岂止五经、六经，就连整个十三经，都没有出现过一个"真"字。

再来看看其他先秦文献（晚于《庄子》的文献不作考虑）。徐克谦先生做过一番查考，发现《国语》、《晏子春秋》、《管子》、《商君书》也无"真"字。笔者发现，《山海经》中出现过两次，一用作人名（"巫真"），一用作地名（"真陵之山"）。②《墨子》中"真"字出现过一次，《辞过》篇曰："……真天壤之情，虽有先王不能更也。""真"已被用作表态副词，意为实在、的确。

清初顾炎武《日知录》卷 18"破题用庄子"条进一步指出："五经无真字，始见于老庄之书。"③查通行本《老子》，"真"字凡三见。《庄子》中则大量出现，达 60 余次。钱穆先生说："真字在儒家古经典中未前见，至庄子始创用之。"④钱氏有一独特观点，他认为，《庄子》内篇早于《老子》，《老子》又早于《庄子》外、杂篇，故说庄子首次使用"真"字。徐克谦先生也认为《老子》晚于《庄子》，且《老子》中的几个"真"字在郭店楚简本中作"貞"（为了与"真"字形成直观的字形对比，本节"貞"字多用繁体），他的结论是："'真'字是在《庄子》书中才突然开始大量使用起来，并成为一个具有重要意义的哲学概念的。"⑤

笔者以为，《老子》晚于《庄子》的观点，无论从历史还是逻辑上说，都是站不住脚的。学界的相关讨论已经很多，此不赘述。还有个问题需要面对，即《老子》祖本有没有"真"字？如果没有，是否意味着《老子》没有类似"真"的观念？

二、《老子》祖本可能也无"真"

"真"与"貞"，二字音同形近，但字义有别。"貞"字渊源极早，它在甲骨文中就是使用频率最高的几个字之一，意为卜问，《易经》卦爻辞中的"貞"也多为此意。郭沫若先生曾指出："古乃假鼎为貞，后益之以卜而

---

① 以上二书均据《四库全书》本。
② 据刘建国先生考证，《山海经》成书年代约为公元前 510～前 460 年，参见其《先秦伪书辨正》第十八章，西安，陕西人民出版社，2004。
③ （清）顾炎武：《日知录集释》，黄汝成集释，上海，上海古籍出版社，1985。
④ 钱穆：《庄老通辨》，北京，生活·读书·新知三联书店，2002，第 139 页。
⑤ 徐克谦：《庄子哲学新探：道·言·自由与美》，北京，中华书局，2005，第 64 页。

成鼎字，以鼎为声……鼎贝形近，故鼎乃伪变为贞也。"①西周早期伯贞甗"□"、中晚期季鼎鬲"□"②，容庚《金文编》还录有段簋"□"、真盘"□"③，文字学家都把它们隶定为"真"。笔者以为，从字形看，这些金文似应释为"贞"。但西周晚期有一□敖簋（现藏故宫博物院），器盖上镌有55字，其中"□"出现四次。④此字字形与"真"非常接近而与"贞"拉开了距离，应可隶定为"真"。不过，由于它们无一例外地指人名，只是一个符号而没有实际意义，所以我们不能确定地说它们是"真"而不是"贞"，反之亦然。

再看传世本《老子》：41章"质真若渝"之"真"，楚简本作"□"（乙组简11）；54章"修之于身，其德乃真"，楚简本作"□"（乙组简16）；21章"其精甚真"，楚简本无此章。另有37章"镇"，楚简本作"□"（甲组简13）。从字形判断，"□"、"□"当是"贞"之省形，不必破读为"真"。在楚系文字中，"真"有两种写法，一为□（天星观遣策简、包山楚简），一为□（曾侯乙墓竹简）。⑤两种写法都已稳定，前者字形与"□（贞）"极为相似，但上部都会多出一笔；后者似为"□"之繁化，字形结构已接近"真"。这一现象表明，楚简中"真"、"贞"二字似乎已经区分开来。另外从文义判断，亦不必破读为"真"。《逸周书·谥法》："清白守节曰贞。""质贞若渝"，"贞"与"渝"恰成反对关系；"其德甚贞"亦很贴切。"□"亦不必破读为"镇"。《周易·师·象》："贞，正也。"楚简本"正臣"，帛书两本及北大汉简本皆作"贞臣"（传世本则多作"忠臣"），亦为一证。廖名春先生云："'正'、'贞'音同义近，故可互用。如郭店《缁衣》第3简：'好氏贞植。''贞'，《礼记·缁衣》作'正'，而上海博物馆藏楚简《缁衣》也作'正'。郭店《缁衣》第9简：'不自为贞。''贞'，《礼记·缁衣》作'正'。"⑥凡此都意味着楚简本《老子》可能没有"真"字。

但是，楚简本"□"、"□"，在帛书本及汉简本中都已明确写成"真"；

①　郭沫若：《卜辞通纂》，见《郭沫若全集》考古编第二卷，北京，科学出版社，1983，第225页。
②　中国社会科学院考古研究所编：《殷周金文集成释文》第一卷，香港，香港中文大学出版社，2001，第578、485页。
③　容庚编著：《金文编》，北京，中华书局，1985，第575页。
④　严一萍：《金文总集》四，台北，艺文印书馆，1983，第1530页。
⑤　滕壬生：《楚系简帛文字编》增订本，武汉，湖北教育出版社，2008，第322～325、759页。
⑥　廖名春：《郭店楚简老子校释》，北京，清华大学出版社，2003，第519页。

而"**㦡**"在帛书本中作"闐"，汉简本作"真"，字皆从"真"。同时，帛书两本及汉简本又有"貞臣"。可见，帛书本与汉简本中，"真"、"贞"已与现在的字形无异，而且两者不再混用。

由以上考察我们大致可以推定：其一，"真"在西周金文中就已存在，它可能是由"贞"脱胎而来。由于两字音同形近，所以可能在相当长的时间内存在着借"贞"为"真"的情况。其二，从西周晚期开始，出现了两字分流的趋向；楚系文字中也区分着使用；马王堆帛书与汉简已经将它们明确区分开来。其三，我们还不能下定论说楚简本《老子》没有"真"字，因为传世本 21 章"其精甚真"，此处作"真"比作"贞"贴切，可惜楚简本没有摘抄这一章。但我们可以说，《老子》祖本可能没有"真"字，即使有，也都是形容词，尚未名词化，因此，把"真"作为一个哲学概念提出并加以大量讨论的，确为庄子。

三、为何十三经无"真"字?

十三经为何无一"真"字？通过以上对"真"的考索，这一现象可以得到一定程度上的解释。历史上也有过几种解释。南宋孙奕就说："六经之中无真字，非无真字也，夫人而不伪也，是故仙之一字，圣经所不著，圣人所不言。"①此说存在语义上的混乱。按理说，"仙"当作"真"，但孙氏确实是先把"真"理解为神仙意义上的真人②，然后出于卫道的需要说：不存在伪，所以真也不立。明人孙绪说此更明："古今字俱有反对，……隆古时人无诈伪，故六经中无真字。"③但很明显，这种解释是不成立的，只是将古人理想化而已。另一种解释是从儒家经典中找出对应于"真"的字眼，如司马光就找到了"诚"。"真"有"诚"意，但其含义溢出了"诚"。段玉裁则找了另外一个字："若《诗》、《传》、《笺》所说诸'慎'字即'真'之假借字，可也。"④

与"真"有联系的不仅有"贞"，还有诚、信、情。其一，真、诚、信、情都可以用作表态副词，意为实在、的确，如"真天壤之情"（《墨子·辞过》），"夫魏真为我累耳"（《庄子·田子方》），"此真先君子之言也"（《荀子·非十二子》）。"诚全而归之"（《老子》22 章）；"诚哉，是言也"（《论

---

① （南宋）孙奕：《履斋示儿编》卷 1，《知不足斋丛书》本。
② 《说文解字》："真，仙人变形而登天也。"许慎所处的时代，道教正在逐步成形，神仙观念在社会上非常流行。许慎的这一解释显属道教式的曲解，而非"真"的本义。
③ （明）孙绪：《沙溪集》卷 14，《四库全书》本。
④ （清）段玉裁：《说文解字注》，上海，上海古籍出版社，1981，第 384 页。

语·子路》）；"诚非吾子之事"（《庄子·徐无鬼》）；"诚信而喜之，奚伪焉"（《孟子·万章上》）；"诚如是也，民归之，由水之就下"；"挟太山以超北海，语人曰'我不能'，是诚不能也"（《孟子·梁惠王上》）；"以德服人者，中心悦而诚服也"（《孟子·公孙丑上》）。"信如君不君，臣不臣，父不父，子不子，虽有粟，吾得而食诸"（《论语·颜渊》）；"信能行此五者，则邻国之民仰之若父母矣"（《孟子·公孙丑上》）。"情不知其不义也"（《墨子·非攻上》）。其二，表实有，如"夫道，有情有信"（《庄子·大宗师》）。其三，表实际情况，如"介葛卢闻牛鸣，曰：'是生三牺，皆用之矣，其音云。'问之而信"（《左传·僖公二十九年》）；"信乎，夫子不言，不笑，不取乎"（《论语·宪问》）；"或曰：'百里奚自鬻于秦养牲者，五羊之皮，食牛，以要秦穆公。'信乎"（《孟子·万章上》）；"声闻过情，君子耻之"（《孟子·离娄下》）；"夫物之不齐，物之情也。"（《孟子·滕文公上》）；"尽知请（情）伪而不惑"（《黄帝四经·经法·论》）。

这些字又都用作名词。我们知道，名词化的诚、信在儒家那里，是作为德目而存在的。儒家非常强调诚、信，《中庸》甚至把"诚"上升到天道的意义上来谈。道家不是不讲诚、信，但他们更关心的是"真"。他们要做"真人"，过一种返璞归真的生活。儒家关注的焦点是德性，这是妨碍"真"进入其理论视野的根本原因。

四、"真"的提出及其含义

（一）先秦时期人的自觉

人是什么？这是古今中外哲人们苦苦思索的一个大问题。西方历史上对"人"产生过多种不同的认识，其中，理性动物、上帝的造物、特殊生物三种定义最为典型，但它们都遭到了人们的普遍怀疑。舍勒（Max Scheler）创立哲学人类学，目的就是为现代人找回人的自我形象。

中国哲学的核心是人学，是生命的学问，是广义的心学。叶秀山精辟地指出："'什么是人'并不是要给'人'下个'定义'，而是要人去'理解''人'的'意义'。"①在春秋战国这一不适合讲理想、谈生命的时代里，却有那么一批人执着地言说着生命的意义。儒、道、墨三家可称典型。他们心里都存想着、筹划着做一个什么样的"我"，即已达到人的自觉。他们认为，人不仅活着，还引导着自己的"活"；只是肉体生命的延续，并未真正地活着。

---

① 叶秀山：《叶秀山文集·美学卷》，重庆，重庆出版社，2000，第467页。

那么我们何时活着，我们何时存在？人的自觉并不限于一种模式。"我"可上可下，可左可右，可以成为不同的"我"。不同文化圈对"我"的理解是不同的，而同一文化圈中的不同人理解也各异。以儒道为例，儒家想成就的是德性我，而关于道家想成就的自我，说法可就多了。陈鼓应认为，道家通过重估一切价值，超越日常生活中的凡俗之我，成就一个飘逸的宇宙之我："至人所通向的大我，非生理我，非家庭我，亦非社会我，乃是宇宙我。"①劳思光则称老子否定了德性我(Moral Self)、认知我(Cognitive Self)、形躯我(Physical Self)，而肯定情意我(Aesthetic Self)②。笔者以为，如果用一个字来概括儒道两家人格理想的差别，那就是善与真的差别。李约瑟有一论断极为精辟，时常为人所征引。他说："中国人性格中有许多最吸引人的因素都来源于道家思想。中国如果没有道家思想，就会像是一棵某些深根已经烂掉了的大树。"③这些可爱之处，率真是重要的一条。道家不仅否定了一般的世俗价值观，也批评了儒家价值观，他们对"真我"做了最深入的探索。儒家的自觉只是人的类意识的自觉，道家的自觉是个体意识的自觉。海德格尔在《诗人何为》中说，人的转向是在他们探入本己的本质之际才发生的。此论尤适用于道家。

（二）何为"真"？

对于道家所崇尚的"真"，学界已有专门讨论。在1996年召开的道家文化国际学术研讨会上，陈静发表的一篇论文引起了与会者较热烈的反响。文中指出："时贤多留心儒家的人性理论，对道家的以真(伪)论人性则未遑论及。"④如果我们再往前看，则可发现，成复旺于20世纪80年代末也讨论过这一问题。他指出，道家与儒家分别开创了自然人格与伦理人格，两者的"主要差别正在这里：前者重视'真'，后者重视'善'；前者向往'天'，后者滞于'人'"⑤。

从这些讨论约略可以见出，老庄所说的"真"不是认识论意义上的真理(传统符合说的真理)。"真"既非逻辑之真，亦非经验科学的真，而主要指存在之真，即"我"与世界的本然存在。就人而言，它实际指的就是

---

① 陈鼓应：《老庄新论》，上海，上海古籍出版社，1992，第127页。
② 参见劳思光：《新编中国哲学史》一卷，桂林，广西师范大学出版社，2005，第185~188页。
③ 〔英〕李约瑟：《中国科学技术史》第二卷，北京，科学出版社等，1990，第178页。
④ 陈静：《"真"与道家的人性思想》，见陈鼓应主编：《道家文化研究》第14辑，北京，生活·读书·新知三联书店，1998，第79页。
⑤ 成复旺：《神与物游——论中国传统审美方式》，北京，中国人民大学出版社，1989，第83页。

性情之真。我们不能因为《老子》及《庄子》内篇没有出现一个"性"字，就简单地认为他们不谈人性。①

1. "真"的原初性

真是一种原初性的东西。在老庄哲学的理论结构中，"真"与道、天、自然处于同一层次。《文子·九守》："所谓真人者，性合乎道也。"这是对"真人"的准确定义。本原性是道的一个特性，由此，真也就具备了本原性质、本体性质。效法天地自然之道，同时就是复归真的历程。按照老子哲学的逻辑，万物都是大道所化育，原都秉有道性。人之"不道"、"非道"、"无道"，乃背离道性、扩张贪欲所致。这个道理就如同老子说"物壮则老，是谓不道"（30章），但万物并非初生即"壮"、"老"一样。"真"也是如此。在原初状态下，个体连作伪一事都不知道，故动作运为无往不真。老子所以推崇婴儿心境，这是其中一个原因。老子之"真"可以称为"童真"。《庄子》中的"真"大多指天性、本性，"天真"一词最可当之。王博精辟地指出："在人间世中浸染了太久的人们，已经被塑造得越来越像'人'，因此越来越远离天……他们已经适应了外面的世界，甚至把这客居的世界看成了家。天已经变得如此遥远和陌生，以至于法天的生活会被看做是另类。法天的人也就是真人。"②当然，"真"还有其他表述方式，如"愚人之心"、"吾丧我"的"吾"等。

作为性情的真，它是相同的，还是各异的？每个个体如果都把"我"无掉，其性情是不是就千人一面呢？有人认为，在庄子那里，不同个体的"命"是相异的，"性"则是相同的。③此论恐非。在老庄那里，道是一，万物是多，多就是多元性、差异性、特殊性、个体性。在原初的意义上，万物的本性各各相异而又在其自己。就在其自己而言，万物的本性是相同的；就个体之间的比较来看，万物的本性又是相异的。老庄自然无为的原则，就是要通过每个个体的在其自己来保住每个个体的各各相异。所谓在其自己，意为自作主宰，消除自身的控制占有欲。看得出，这就是道性的表现（《大宗师》"其耆欲深者，其天机浅"）。老庄待丧的"我"是欲望、成见、机心的载体。丧"我"，主要是丧掉心中的这些尘翳，并非丧掉自我的个体性。如果把这个问题搞混了，便只能看到天性相同的一

---

① 天与人的联系纽带是性，道与物的联结纽带是德。徐复观认为，老庄"德"的概念实际上就是谈性，道与德的关系在形式构造上与《中庸》"天命之谓性"无异。（徐复观：《中国人性论史》，上海，华东师范大学出版社，2005，第205、225页）

② 王博：《庄子哲学》，北京，北京大学出版社，2004，第103页。

③ 参见徐克谦：《庄子哲学新探：道·言·自由与美》，北京，中华书局，2005，第142页。

面，而看不到相异的一面。明乎此，将有助于说明，真是真性情，并非像有些论者所说，只是一个抽象概念。实际上，只要个体能在其自己，就可以无所不为，这样的人就是"真人"。无疑，成为"真人"在现实生活中是可能的。

2. 真与伪的对立

不用说，真与伪是尖锐对立的，甚至真的提出，也是在作伪风气普遍流行的情形下才有可能。道家一系以及受过道家影响的人，都呼唤着真而鄙弃伪。比如，"真"在《文子》中出现 32 次，在《列子》中出现 20 次。陶潜《感士不遇赋》序云："自真风告逝，大伪斯兴。"他感慨"举世少复真"，而自称"羲皇上人"，时时践履着真。朱光潜评道："'真'字是渊明的唯一恰当的评语。"①

为了弄清"真"，必须知道"伪"之所指。伪的本义是人为，后来发展出虚假、欺诈等含义。真与这些意义上的伪都相对立。老子提倡"见素抱朴"（"见"意为示现）②，素是没有染色的丝，朴是未经雕琢的木。可见，素朴与人为对立，进而与虚伪对立。"伪"可以说是附加在"真"之上、非"真"本来即有，因而遮蔽甚至斫伤"真"的一切东西。老庄肯定真性即美，否则即丑，其主张确如刘笑敢所指出："天然本性就是可贵的，它天然就是值得尊重、保护和发展的。"③我们就此对儒、道二家略做比较。孔子极少言性，他只是说"性相近，习相远"，没有以善恶论性，其论性方式与老庄相似。孟子径直将性规定为天赋的道德本质，与老庄的真相左。《荀子·正名》："生之所以然者谓之性……不事而自然谓之性。性之好、恶、喜、怒、哀、乐谓之情。"从形式上看，老庄的真与这里的性情很接近，但两家对天然性情的态度很不一样：荀子认为性恶（他说的性实指感性欲望），老庄不以善恶论天然性情；荀子要用仁义礼来改造性情（儒家的其他流派也是如此），老庄则尊重天然性情。

为了复归真，就必须把伪全部清除。伪在老庄那里也有许多不同说法，如"去彼取此"的"彼"、"畸于人而侔于天"的"人"、"吾丧我"的"我"等，这些命题都意味着假我的隐退与心灵的转化。陈静虽然突出了道家之"真"，但她认为，道家人性思想要等到《淮南子》提出返真要求时，才

①　朱光潜：《诗论》，见《朱光潜全集》第三卷，合肥，安徽教育出版社，1987，第 266 页。
②　简本作"视素保朴"。"视"，当依裘锡圭、池田知久等人的看法读若"示"。（参见廖名春：《郭店楚简老子校释》，北京，清华大学出版社，2003，第 20 页）
③　刘氏认为老庄的人性论与善恶无关，所以不是性善论，而是性超善恶论，或人性本贵论。（参见刘笑敢：《老子古今：五种对勘与析评引论》上卷，北京，中国社会科学出版社，2006，第 593～594 页）

完成了它的逻辑建构。① 此说难以成立。想必多数人都会认为，老庄即有非常强烈的返璞归真趋向。事实的确如此，老子的见素抱朴、庄子的丧我显吾就是向自我真性的回归。《老子》16 章提出了归根复命的思想，所谓"复命"，即复归生命的本真。"去彼取此"在《老子》中出现过 3 次，颇有意味。为何不是"去此取彼"？"此"实含本具意，忘乎"此"者才会汲汲求"彼"，所以这也是在昭示归本。《庄子·天道》"不以物挫志之谓完"，"完"是一种天全的状态，指不被物欲所淹没，回归到本然的性情。陶渊明《劝农》诗"傲然自足，抱朴含真"，也说明真建立在自足的基础之上。《庄子·德充符》："眇乎小哉，所以属于人也！謷乎大哉，独成其天！"《天地》："忘己之人，是之谓入于天。"有论者遂以为庄子要游出人世之外，或认为这是把人异化为非人。究其原因，是没有看到"人"、"己"的特定内涵。庄子对"天"的向往，主要原因有两个：推崇天地自然之道的玄德；"天"又代表着真、自然。"畸于人而侔于天"不是趋向人世之外，也不是人的精神自杀，而是丧我显吾，复归到自我的真实生命。庄子是要以"天"来塑造人的生存方式，更好地做一个人。《荀子·解蔽》批评庄子"蔽于天而不知人"，实乃皮相之见。

　　道家还常说徇俗乖真，"俗"不仅包括一般世人的价值观，还包括儒家的仁义道德。儒家当然不是不讲真，他们强调的仁义道德也必须真诚，但他们认为真性情有可能流于偏激，故需"约之以礼"。成复旺就指出，儒家"当求真与遵礼矛盾的时候，就毫不含糊地要求舍真而遵礼了"，"比较而言，'真'是真于己，真于自己的情感或认识，没有对外在要求的服从；'诚'则是诚于外，对某种外在要求的忠诚。"②《孟子·离娄下》："大人者，不失其赤子之心者也。"孟子的"赤子之心"被赋予了道德属性，而老子的婴儿心境却没有这层意味。荀子性恶论认为"无伪则性不能自美"，人生来都是唯利是图的小人，圣人之所以超越常人，就在于他能"化性起伪"。在他看来，一个人只有通过檃栝、烝、矫等伪的工夫，才能成为君子、圣贤(参见《性恶》、《礼论》、《荣辱》等篇)，这就为礼义的推行找到了合法性。老庄则认为，天性即是可贵的，儒家的这套人为工夫没有必要。万物的天性所以可贵，所以不需要仁义礼的规范，原因在于它本来就在其自己，且仁义礼的塑造容易抹杀各各相异的天性。

---

① 参见陈静：《"真"与道家的人性思想》，见陈鼓应主编：《道家文化研究》第 14 辑，北京，生活·读书·新知三联书店，1998，第 86~88 页。

② 成复旺：《神与物游——论中国传统审美方式》，北京，中国人民大学出版社，1989，第 84 页。

在最高层次上，个体甚至不知道有所谓真伪之分，不知道居然可以作伪，故而无往不真。这层含义在庄子那里得到了阐发。《齐物论》"已而不知其然，谓之道"意通《则阳》"不告则不知"，就是说，体道之士甚至不知道自己有什么值得称扬之处，不知道自己原来持守着道。《知北游》开篇"知"（知性的人格化）运智问道："何思何虑则知道？何处何服则安道？何从何道则得道？"无为谓（意为"不必说"）索性来个不知，狂屈"中欲告而忘之"，黄帝告之曰："无思无虑始知道，无处无服始安道，无从无道始得道"，并评道："彼【无为谓】其真是也，以其不知也；此【狂屈】其似之也，以其忘之也；予与若终不近也，以其知之也。"《在宥》："浑浑沌沌，终身不离；若彼知之，乃是离之"，也是这个意思。为什么不知的境界高于知呢？原因不外两个：其一，知有能、所之分。只要是知，就必定有能知与所知的分别，这样一来，所知就不可避免地被对象化了。而不知则是与道直接同一。其二，道无意识，没有任何精神属性，个体只要自以为达到道的境界，就证明自己还没有达到道的境界。世人多有自以为是、到处驰骋的恶习，道家强调不知，便有助于杜绝体道者卖弄自我现象的发生。

3. 所谓"真人"

《大宗师》开篇对真人做了最集中的论述：

> 且有真人而后有真知。何谓真人？古之真人，不逆寡，不雄成，不谟士。若然者，过而弗悔，当而不自得也；若然者，登高不慄，入水不濡，入火不热。是知之能登假于道者也若此。
>
> 古之真人，其寝不梦，其觉无忧，其食不甘，其息深深。真人之息以踵，众人之息以喉……其耆欲深者，其天机浅。
>
> 古之真人，不知说生，不知恶死；其出不訢，其入不距；翛然而往，翛然而来而已矣。不忘其所始，不求其所终；受而喜之，忘而复之。是之谓不以心捐道，不以人助天。是之谓真人。若然者，其心志，其容寂，其颡頯；凄然似秋，暖然似春，喜怒通四时，与物有宜而莫知其极。
>
> ……其一与天为徒，其不一与人为徒。天与人不相胜也，是之谓真人。

其他篇目中的有关论述主要有：

素也者，谓其无所与杂也；纯也者，谓其不亏其神也。能体纯素，谓之真人。(《刻意》)

无所甚亲，无所甚疏，抱德炀和以顺天下，此谓真人……古之真人，以天待人，不以人入天。(《徐无鬼》)

从这些描述来看，真人是有真知者("知之能登假于道者"，即达道者)，但又在天与人之间保持着一种平衡("天与人不相胜")。真人的素朴之性没有被嗜欲所汩没，故能无思无虑，安命乘化，对万事万物加以平等观照，不将不迎。显然，真人不是道教中的神仙，也不只是理想人格的象征，而是现实生活中的人。《庄子·天下》就把关尹、老聃称为"古之博大真人"。而按《大宗师》对"真人"的定义，《人间世》、《德充符》中的那些丑怪形象(如"才全而德不形"的哀骀它)也是真人。

"入水不濡，入火不热"之类的言论，在《庄子》中还可以找出一些。《老子》中也有，如 50 章："出生入死……盖闻善摄生者，陆行不遇兕虎，入军不被甲兵；兕无所投其角，虎无所用其爪，兵无所容其刃。夫何故？以其无死地。"55 章："含德之厚，比于赤子。蜂虿虺蛇不螫，猛兽不据，攫鸟不搏。"这类言论看似神神秘秘、不可思议，影响了后世道教的神仙思想。但从老庄的整体思想来看，这当然不是讲真人有什么特异功能，也不能把它们等同于战国时期的方术。现代学者多以《庄子·秋水》"至德者，火弗能热，水弗能溺，寒暑弗能害，禽兽弗能贼。非谓其薄之也，言察乎安危，宁于祸福，谨于去就，莫之能害也"为据，认为这只是说全生避害，不蹈死地。张岱年评道："这个解释，可以说是最老实的说明，将难以捉摸的神秘说穿了。"[1]但从文本来看，老庄明显是说两者相值，而不是避开。"不遇"之"遇"，帛乙本、严遵本作"辟"，北大汉简本作"避"，说的恰恰是不避。又有人认为，避害一说未免过于拘谨，不够通达。老庄连生死都透破了，安全与否对他们自然产生不了什么影响。比如，冯友兰认为，道家在主观上不以害为害，就认为害真不能伤了。阮毓崧说："借言安危生死不撄其心。"[2]刘笑敢认为这类描写"都是极言不动心，都是对无心无情的精神境界的神秘夸张"[3]。韩林合的看法大致相同，他认为："'善摄生者'什么都接受，对于他而言，亲疏、贵贱、利害、生死等等区别是没有任何意义的。换言之，他超越于这些区别之外。

---

① 张岱年：《中国哲学大纲》，北京，中国社会科学出版社，1982，第 302 页。

② 阮毓崧辑：《庄子集注》，台北，广文书局，1972，第 166 页。

③ 刘笑敢：《庄子哲学及其演变》，北京，中国社会科学出版社，1988，第 159 页。

任何事情之发生或不发生都不会给他带来任何影响。因而，他是绝对安全的"，"更准确地说，对于它而言，根本无所谓安全与否的问题……对一个停止了心灵的所有知、情、意活动的人来说他根本不会有安全与否的感受。"①笔者以为，以上诸说均有未安之处。《韩非子·解老》为我们提供了一种理解的可能性："民独知兕虎之有爪角也，而莫知万物之尽有爪角也，不免于万物之害。"于是，上述言论就不必坐实，而可理解为比喻不为物欲所牵引，故外物奈何不得。王弼注即此意："出，生地；入，死地"，"斯诚不以欲累其身者也，何死地之有乎！"如此，则"出生入死"似应断为"出，生；入，死。"它可能是说，只有跳出欲望之所、是非之地，才是善于摄生。

与真人相类似，庄子"神人"的说法也容易被误解。《逍遥游》："藐姑射之山，有神人居焉。肌肤若冰雪，淖约若处子。不食五谷，吸风饮露。乘云气，御飞龙，而游乎四海之外。"这类言论还可以找到一些，它们极具迷惑性，以至许多人把道家混同于道教。我们必须对其做一番分析，因为它们极易被曲解成神仙方术思想，认为道家的目标是成为长生不死的神仙(如李约瑟)，或认定庄子人生哲学是出世的哲学(如胡适)。其实，所谓的"神人"是人而不是神，它就是真人或至人或道家式的圣人，总之是道家终极境界的人格化。我们没必要分析这些人之间有何区别，因为他们基本上是异名同谓。②《天下》开篇说："不离于宗，谓之天人。不离于精，谓之神人。不离于真，谓之至人。以天为宗，以德为本，以道为门，兆于变化，谓之圣人。"这里似乎要对天人、神人、至人、圣人做一别析，实际上这只是一种假象，因为他们都不离于"宗"、"精"、"真"；假如离于"宗"，那就不是天人，也做不成神人、至人、圣人。其他依此类推。把"神人"、"真人"当成神仙，是沿袭道教对道家的曲解。那么，我们如何理解姑射山神人的说法呢？陈鼓应解释说："这是浪漫幻想的驰骋，绝非神仙家之言；而庄子的用意在于打破形骸的拘囿，以使思想不为血肉之躯所困；至于'游乎四海之外'是精神上的升越作用。"③这种理

---

① 韩林合：《虚己以游世：〈庄子〉哲学研究》，北京，北京大学出版社，2006，第326、177页。

② 郭注、成疏、蒋锡昌、陈鼓应等人皆主同，当从。成玄英《逍遥游》疏："故就体语至，就用语神，就名语圣，其实一也。"蒋锡昌《庄子哲学》认为："庄子言人者有六，一曰至人，二曰神人，三曰圣人，四曰真人，五曰天人，六曰大人；诸名虽殊，其实一也。"(蒋锡昌：《庄子哲学》，北京，商务印书馆，1937，第82页)还可参见陈鼓应：《老庄新论》，上海，上海古籍出版社，1992，第128页。

③ 陈鼓应：《庄子浅说》，北京，生活·读书·新知三联书店，1998，第52页。

解是恰当的。

4. 作为理想生存状态的"真"

返璞归真既是道家的人格理想，又是一种理想的生存状态。不妨引发老庄去追踪美妙，他们在不妙中吟唱着美妙。他们对现实的强烈批判和对理想的憧憬，显示出对宇宙生命的关怀及深沉的人文精神。不过，老庄小国寡民、至德之世的设想总是被误会成退化的社会历史观（如李泽厚、孙叔平、李约瑟、史华兹等人），以为他们主张开历史倒车，退回到原始社会。其实，问题没这么简单。这类说法与其说是历史观的复古，不如说是对现实政治的反动。它们实际是老庄表达思想的一种方式，而不能作为信史来加以看待。彭锋在谈及人文精神时说："人文精神对现时代主流文化的批判往往采用'复古'的形式。这里的'复古'有两重含义：一种是回归历史，回到某一个过去的时段；一种是还原本性，返回生命的原初经验。在很多情况下，前者是形式，后者才是真正的目的。所谓人文意识，即是人的本性之觉醒，即是由僵化的文化形式返回生存的本来面目之冲动。在复'古'的形式背后隐藏着求'本'返'真'的要求。"①这段话已经把复古还是返真，说得非常透彻了。结合婴儿的喻象，会让我们看得更清楚。婴儿与远古都是比喻的说法，不能落入时间维度看。王邦雄指出："……实则婴儿是大人而不失赤子之心的婴儿，不是回到那个事实意义的婴儿阶段，是要通过修养回归到价值意义的婴儿心境，把人生过程中所发生的造作杂染，与人为假相化掉空掉，使生命回到婴儿的本真状态。婴儿是道家理想人格的象征，不是指刚出生的幼稚无知，而是化掉心知情识的大智若愚。所谓的自然，所谓的婴儿，不是指时间系列中的起点，它是属于生命修养中的最高境界"，"当我们讲到道家回归自然的道路，意思是从人文教化中，往上超越，不往后退回去。"②如果我们把老庄的"天"与"人"置换成自然与人文，即可看出：他们并未因噎废食，去除人类文明，而是要为人类文明另立一个基础。他们要把人文立在自然的根基上，造就一种"自然的人文"！道家在思考：什么样的人文才符合人的生命需求？人文应该立在什么基础上？道家实则是文明的守护者，他们怀着深沉的人文忧思，要防止人类文明走向自我否定、从根子上烂掉，要为人类文明的贞下起元、革故鼎新寻找一个坚实的立足点。有学者提出，道家主张"人文的自然"，我们倒过来说"自然的人文"

---

① 彭锋：《美学的意蕴》，北京，中国人民大学出版社，2000，第4页。
② 王邦雄：《从道家思想看当代人生》，见东海大学哲学系主编：《中国文化论文集》四，台北，幼狮文化事业公司，1981，第228、229页。

似乎更加切合。自然的人文，应成为人类社会永远的木铎和警钟，时时响彻在我们耳畔。

第二节　老子"无"的智慧

如何回复素朴自然的生活？这是一个根本的问题。这就涉及老庄的修身工夫。这种工夫的历程始于本真，归于本真。不过，这里先讨论学界的一种观点。

一、老子哲学是"君人南面之术"吗？

关于《老子》一书的主旨，有诸多不同看法。可以说，读者有什么样的兴趣，就会得出什么样的看法。笔者赞同劳思光的"基源问题研究法"。从发生学上言，春秋末年以来逐渐形成的百家争鸣，就缘于当时连绵不绝的兼并战争和礼崩乐坏的混乱局面。《吕氏春秋·振乱》慨叹道："当今之世浊甚矣，黔首之苦不可以加矣。"《先己》："当今之世，巧谋并行，诈术递用，攻战不休，亡国辱主愈众，所事者末也。"春秋战国时期的社会情形大致都如此。《史记·太史公自序》："春秋之中，弑君三十六，亡国五十二，诸侯奔走不得保其社稷者不可胜数。"先秦诸家均致力于政治社会秩序的重建，其学说就是站在不同立场提出的救世方略，道家概莫能外。司马谈《论六家要旨》将先秦学术略分为六，认为六家殊途同归，皆期于治，所异在于术之简繁。《汉书·艺文志》将道家学说概括为"君人南面之术"，在古今学界也极具影响力。现在依然有人认为老子只是想以帝王师的身份来教导统治者如何统治百姓、管理国家。但笔者以为，"君人南面之术"的提法容易使人产生诸多理解上的偏差。其一，如果说道家思想是"君人南面之术"，那么法家呢？法家更是"君人南面之术"，儒家、墨家其实也可称为"君人南面之术"。概括应该显示出一个学派的思想特色，而"君人南面之术"做不到这一点。其二，老子认为至治应是不"君"，"君人"二字传达不出这种意味。其三，"南面之术"透着一股阴气，容易使人联想起韩非式的法、术、势，进而将老子的有关言论误解为权术阴谋。其四，容易使人将老子哲学等同于黄老学而不及其余。因此，我们与其称之为"君人南面之术"，不如用《庄子·天下》概括出的"内圣外王之道"来得更为准确，且不易使人产生误解。①

　　笔者承认，老子哲学所要处理的主要是君民关系，但它探讨的问题不限于政治哲学，它还要处理一般意义上的群己关系，即"我"与他者的关系。我们可以给出两点证明。第一，从一些章节可以清楚地看到，老子认为当时的百姓也存在着问题。第3章云："不尚贤，使民不争；不贵难得之货，使民不为盗；不见可欲，使民心不乱。是以圣人之治，虚其心，实其腹，弱其志，强其骨。常使民无知无欲，使夫智者不敢为也。为无为，则无不治。""使民……"的集中出现告诉我们，"争"、"乱"、"盗"、玩机巧斗心志似乎已成为当时民众中存在的普遍现象。37章："化而欲作，吾将镇【楚简本作'贞'，宜训为'正'】之以无名之朴。"这些都说明，不仅君人者存在很大的问题，民众亦不例外。② 第二，老子推出的道治说到底只是一个自然无为，他只是要求君人者去除自己的占有欲和宰制欲，而闭口不谈具体的治理措施。原因在于，老子是基于君民之间的上行下效、上逼下反的关系，认为理国的最终出路是拨转君民的价值取向，这就回到理身的工夫论上来了。具体地说，人君必须经过修心成为体道者(居有道之玄德)，才适于做人君；然后人君做出表率，带动百姓也无知无欲。老子强调自化自正，那么民众问题的解决也需要民众的修身。因此，老子学说不仅是政治哲学，而且最终要落实到修心上来。唐司马贞《史记索隐》云："老子《道德篇》，近而观之，理国理身而已"③，此评庶几近之。

　　又有人走向另一极端，去除了无为主张的现实品格，如刘笑敢认为："无为首先是对圣人的要求，既不是对一般平民的要求，也不是对一般当

---

① "内圣外王之道"的说法首见于《庄子·天下》，但后世皆用以概括儒家学说，道家思想反成了易被人误解的"君人南面之术"，导致学者将"内圣外王"用于道家时不得不小心翼翼，可叹可叹！实则两家都讲内圣外王，不过，道家的内圣外王是以道之玄德为本，儒家的内圣外王则以仁为本。
治乱由德本是西周初年以来一些进步政治家的基本认识，先秦诸子大都吸收了这个观念。《庄子·天下》拈出的"内圣外王之道"，实可作为先秦子学的高度概括。汤用彤指出："内圣外王本为中华最流行之政治理想。"(汤用彤：《魏晋玄学论稿》，上海，上海古籍出版社，2001。)儒道墨等各家都在探索君道，都认为治国之本在于修身，只有圣人才有资格作王，儒家修身齐家、治国平天下的层层外扩是其典型，老子讲的就是理身理国、身国同治，墨家、道家、法家(韩非等人除外)、杂家也都强调治国从修身上做起。《管子·心术下》："心安是国安也，心治是国治也。"《吕氏春秋·审分》："夫治身与治国，一理之术也。"但在如何是圣、如何作王的问题上，他们开始分道扬镳。
② 当然，老子认为在下者出问题的责任最终仍在于在上者的不当，此即75章所说："民之难治，以其上之有为，是以难治。"
③ (西汉)司马迁撰：《史记》，北京，中华书局，1959，第3123页。

权者的建议"，"似乎老子并没有期待一个现实的圣君贤主来推行无为之治。"①多年后，刘氏依然坚持此论。②刘氏的老子研究富有真知灼见，但此论不能不说是一种可怪之论。因为：其一，无为是圣人的一种现成品质，而所谓"对圣人的要求"，言外之意是圣人有时也不能无为，但不能无为就不是圣人，这在老子那里应该是非常明显的。其二，如果无为不是对当权者和民众的建议，那么它就被彻底挂空。无为的提出还有多少现实意义呢？刘氏批评学界多将老子所提到的侯王等同于圣人，笔者以为，学界并没有几个人犯这类低级错误。因为，如果现实中的侯王已是圣人，老子哲学赖以形成的现实土壤就不存在了。正因为现实中的侯王远非圣人，所以老子劝勉他们将自身升格为圣人，这难道不就是内圣外王的理想吗？内圣外王说的是圣人才有资格当王，或者说，想成为王，前提是成为圣。事实上，刘氏在多处表现出游移态度，比如他有时又认为，"一般人也应该实行无为的原则，这也是实现整体自然和谐的必要条件。"③这一说法才是恰当的。按照老子哲学的内在理路，这一环节是必不可少的。

二、"无"的生命智慧

刚才谈到，老子哲学的最终落脚点是修心。说到修心，儒家亦修，而且更加强调。但两家修成的心是不同的，简单地说，就是外慕渐少由中充还是由中虚的问题。儒家是用忠孝仁义等道德规范来充实内心（"充实之为美"），道家修成的心则是无心（"虚室生白"），即把心虚掉，让万物映现其间。以中国人特别强调的人品或人格为例，儒家眼中的人品指的是合乎社会道德规范，道家则超然于道德标准之外，欲成就一种洒脱飘逸、高蹈游外的人格。

如何修心？老子通过"无"的生命智慧来达成。《老子》中有一系列的"无"形式。粗略统计，短短五千言中，"无"出现上百次，"不"更达到两百多次，再加上"勿"、"弗"、"非"、"后"、"外"、"绝"、"弃"、"损"、"去"、"少"、"寡"等，表示否定意味的字眼竟占去全文的近一成（因简帛有缺字，故据传世本统计）。虽然它们有时是用为其他意义，但多数时候

①　刘笑敢：《老子——年代新考与思想新诠》，台北，东大图书股份有限公司，1997，第142、117页。

②　刘笑敢：《老子古今：五种对勘与析评引论》上卷，北京，中国社会科学出版社，2006，第309～311、559～561页。

③　刘笑敢：《老子——年代新考与思想新诠》，台北，东大图书股份有限公司，1997，第119页。

都表现为对世人价值取向的扭转。我们现在做一枚举，如"无事"、"无知"、"无欲"、"无身"、"无心"、"无名"、"无私"、"无弃"、"勿骄"、"勿强"、"不争"、"不积"、"不盈"、"不贵"、"不欲"、"不教"、"不武"、"不怒"、"不责"、"不辩"、"不言"、"不辞"、"不有"、"不恃"、"不居"、"不处"、"不德"、"不美"、"不肆"、"不耀"、"不伤"、"不害"、"不宰"、"不割"、"不为始"、"不为主"、"不尚贤"、"不自生"、"不自见"、"不自是"、"不自伐"、"不自矜"、"不敢为天下先"、"绝学"、"弃利"、"去甚"、"去奢"、"去泰"等，这些都可以总括为"无为"二字。这样一来，老子否定的"有为"指什么，提倡的"无为"是什么，即可一目了然。"无为"绝非不作为①，而是对上述否定词之后的行为做出否定，因而是对行为范围的限定。实际上，多事不是"无为"，废事也不是"无为"；"无为"是不为"不道"，而为道之所当为。废事不费吹灰之力，做到"无为"则实属不易。显然，"无"是一种极大的实践工夫，而且连带着他者，它是对自我的节制和对他者的尊重与包容。只有读出"无"的动词意味，只有扣住群己关系，我们才能明白老子（包括庄子、王弼等人）为什么祖尚虚无。②

关于老子（包括庄子）工夫论的研究已经很多，以下笔者把重点放在诠释一些难解章节上，尝试着消除某些误解，并将易被忽视的群己关系这一面凸显出来。先谈欲的问题。

（一）欲望时代与少私寡欲

对贪欲的批判，是商周以来一些进步思想家、政治家和春秋战国之

---

① 朱熹："老子所谓无为，便是全不事事"，"老子所谓无为，只是简忽。圣人所谓无为，却是付之当然之理……岂可与老氏同日而语！"〔（宋）黎靖德编：《朱子语类》，北京，中华书局，1961，第537～538页）〕当代学者尹振环："多言多做多错，少言少做少错，不言不做不错。"（尹振环：《帛书老子再疏义》，北京，商务印书馆，2007，第236页）以上解读误甚！《老子》"是以圣人之治……"，"爱民治国"，"政善治"，"为之于其无有也，治之于其未乱"，"为而不恃"，"为而不争"，字面上就告诉我们老子不是否定所有的"为"与"治"。假如老子（包括庄子）说的"无为"真是一无作为，那么《老子》、《庄子》之书都是不能写的，因为这也是为。

② 牟宗三《中国哲学十九讲》讨论道家玄理时精辟地指出，"无"首先是动词，它要否定依待、虚伪、造作、外在形式的东西。而名词的"无"则是一种将心灵从现实中超拔出来浮于其上的修养境界。"无"不是存有论的概念，而是个实践、生活上的概念；这是个人生问题，不是知解的形而上学问题。

刘笑敢也对《老子》中的否定性用语做了枚举，并总结道："无为实际上包括了或代表了无欲、无争、无事、不居功、不恃强、不尚武、不轻浮、不炫耀等一系列与常识、习惯不同或相反的行为和态度，也可以说是一系列非世俗、非惯例的方法性原则。"（刘笑敢：《老子古今：五种对勘与析评引论》上卷，北京，中国社会科学出版社，2006，第608～609页）他还精辟地将无为分为对人的外向无为与对己的内向无为，内向无为是实现外向无为的基础（661～663页）。

际诸子百家的一种通见。他们都指出，纵欲的结局是自我毁灭。《尚书·西伯戡黎》载祖伊斥责商纣："惟王淫戏用自绝，故天弃我，不有康食。"《左传·昭公十年》引《书》曰："欲败度，纵败礼。"《僖公二十年》载臧文仲语："以欲从人，则可；以人从欲，鲜济。"先秦诸家对"欲"也都非常警觉，但儒家是用仁义德性去克制与道德法则相违的人欲，道家则通过"无"来达到内心的虚静宁定；儒家反对的欲主要指利，而道家则一往地将功名利禄等全部否弃。

1. 独立而不改

王弼本："涤除玄览，能无疵乎？"（10 章）"玄览"，帛甲作"玄藍"，帛乙作"玄監"，汉简作"玄鑑"。本字当作"監"，"鑑"、"鑒"乃后起字，"藍"乃"監"之误。"監"者，鑒（镜）也，"玄"乃修饰词（为直观起见，前面的关键字用了繁体）。《庄子·天道》"圣人之心静乎！天地之鉴也，万物之镜也"；《应帝王》"至人之用心若镜，不将不迎，应而不藏，故能胜物而不伤"；《淮南子·修务训》"执玄鉴于心，照物明白"；杨雄《太玄·童》"修其玄鉴"等皆可为证。《论语·八佾》"周监于二代"，即以夏、商为鉴。"玄鉴"喻心。古今多将"玄览"倒过来理解为"览玄"（即观道），误矣。古代唯李荣、范应元同时点出"心"与"镜"、"鉴"。唐代李荣注曰："浴玄流以洗心，涤也；荡灵风以遣累，除也。内外圆静，同水镜之清凝；表里贞明，绝珠玉之瑕类也。"①南宋范应元："谓游【当作'涤'】除私欲，使本心精明，如玉之无瑕疵，鉴之无污垢。"②帛书面世前，只有高亨、张默生及日本学者大田敦指出"览"当作"鉴"。帛书的出土印证了此说。高亨释曰："'监'字即古'鉴'字……乃从人，从目（不是臣），从皿，中有一点象水。古人用盆装上水，当做镜子，以照面孔，称它为监，所以'监'字象人张目以临水盆之上。《尚书》记周公姬旦引古人的话：'人无于水监，当于民监。'（《酒诰》）即古人用水盆做镜子的明证。以后才有铜镜，再后才有玻璃镜……后人不懂'监'字本义，改作'览'字，是错误的。"③总之，"涤除玄览，能无疵乎"当依帛书本、汉简本校定为"修除玄鉴，能毋有疵乎"，我们没有理由再按传世本将"玄览"理解为"览玄"。"乎"字内含警省、反诘、责问、敦促的意味，指对心下工夫，使之没有瑕疵或不洁。《管子·心术上》："虚其欲，神将入舍。扫除不絜，神乃留处。"《庄子·

---

① 《道藏》第 14 册，北京，文物出版社等，1988，第 43 页。
② （南宋）范应元：《老子道德经古本集注》，涵芬楼影印本。
③ 高亨、池曦朝：《试谈马王堆汉墓中的帛书〈老子〉》，见马王堆汉墓帛书整理小组编：《老子》，北京，文物出版社，1976，第 123 页。

德充符》："鉴明则尘垢不止，止则不明也。"用心若镜可能含有多方面的意味，其一是喻不为外物所牵引，此时"疵"即物欲，"无疵"则能与外物不沾不滞。

钱锺书曾总结说，阻隔物欲有两种方式：一为不见可欲，二为见不可欲。前者是"我"背对物，即通常所说的眼不见心不烦，但如果仍然念念不忘物之可欲而只是停留于遏制自己起念，那也只能是除境不忘心。后者是使物的背面暴露给"我"，"物之可欲，每由其面，其背初不尔，倘睹背之无可欲乃至可憎可怖，则庶几勿为面所迷惑。"①佛教中的不净观就属于这一类，其特点是从反面来看待事物，如此则能忘心不除境。

但是，物欲的阻隔并不一定非得通过上述两种方式才能达成，还有一种可能就是见可欲而不欲。物本无诱惑之罪，只是人自己沉溺于其间。上善之人根本不需要背转身，就能在世界面前岿然不动。25 章称道的一个特性是"独立不改"。"改"，楚简本作"亥"。《玉篇·亥部》："亥，依也。"无论作"改"还是"亥"，都可以表达出绝待的意味。将此道贯通到人，就能不与物迁。老子认为五色、五音、五味等都是惑乱世人心志的东西。《抱朴子》外篇《疾谬》："夫老聃，清虚之至者也，犹不敢见乎所欲，以防心乱。"王夫之亦言："是其不求诸己而徒归怨于物也，亦愚矣哉！"②这是批错了对象，因为"五色令人目盲……"是老子对世人的建言。

20 章集中表达了老子哲学茕独不群的独立精神："众人熙熙，若享于太牢而春登台。我泊焉未兆，若婴儿未孩。累呵，似无所归。众人皆有余，我独遗。我愚人之心也，蠢蠢呵！俗人昭昭，我独若昏呵；俗人察察，我独闷闷呵……众人皆有以，我独顽以鄙。吾欲独异于人，而贵食母"（此据帛书本、汉简本、传世本综合校订），颇有众人皆醉我独醒的意味。"贵食母"即王弼概括出的崇本息末的老子哲学精神，世人则是舍本逐末。世人惑于名利，贪欲充盈于心，而"我"则廓然虚豁，无所系执。从世俗价值观来看，老子就是一个不知名利之好的傻子。笔者更愿意说他是一个无缝的"混蛋"，"混蛋"就昏昏闷闷、顽以鄙而言，"无缝"乃因塞兑闭门而外物无由得入。"独立不偶，万物莫之能令"（《黄帝四经·道原经》），"圣人裁物，不为物使"（《管子·心术下》），"外与物接而不眩"（《淮南子·要略》），都可以用来诠释老子的独立不改。从这里可以看出老子价值观与世俗价值观相去何等之远。

---

① 钱锺书：《管锥编》第一册，北京，中华书局，1979，第 33 页。
② （清）王夫之：《尚书引义》卷 6，见《船山全书》第二册，长沙，岳麓书社，1988，第406 页。

老子的"独"是独立的独、独醒的独、独特的独，因独立、独醒而独特。他通过致虚守静和知足知止的工夫来达到独。徐复观指出，"虚静是道家工夫的总持，也是道家思想的命脉……虚静乃是从成见欲望中的一种解放、解脱的工夫；也是解脱以后，心所呈现的一种状态，亦即是人生所到达的精神境界。"①致虚针对智，守静对治欲。而知止可以说是中国哲学的一个共同特征，最先对它加以再三强调的，就是老子。

2. 无身以贵身

我们应记清，老子并非在唱高调，炫耀自己的修身工夫。他的多数言论，都是对侯王的要求和对民众的建议。在这么做的时候，老子总是晓之以理，其中最重要的一条是"反者道之动"。它可以说是理解《老子》一书的钥匙，自然无为、无知无欲、处卑不争、谨小慎微等思想都可以从中推出。此语楚简本作："返也者，道动也。"反与返，一为向对立面转化，一为复归。学界有关于两种理解孰是孰非的讨论，笔者认同前者。《国语·越语下》载范蠡语："阳至而阴，阴至而阳；日困而还，月盈而匡……必顺天道，周旋无究。"《黄帝四经·经法·四度》："极而反，盛而衰，天地之道也，人事之李(理)也。"《经法·论》："极而【反】者，天之生(性)也。"这些言论可以说是"反者道之动"的翻版。老子"反者道之动，弱者道之用"有因果关系，就是说，为了不走向反面，就应守柔处下，防止"盈"。

44章："名与身孰亲？身与货孰多？得与亡孰病？"在此，老子提出了生命与名利两者更应该珍视谁的问题。老子的意思当然是：名不足亲、货不足多；应知足知止，珍视生命。但13章却说："吾所以有大患者，为吾有身也。及吾无身，有何患？"那么，老子到底是讲贵身还是忘身？学界莫衷一是。无可否认，"身"在13章是一个被否定的对象。经文意为，有身斯有患，无身始无患。"身"在《老子》中有不同含义：在44章指生命(本真之身)，这是需要保任的对象；在13章则是贪欲的代名词(非本真之身)，这是有待消解的对象。老子没有视外物乃至自己的身体为仇敌，"无身"之"身"不是那有着广延性的肉体。他不是说躯体死了，患就空无依傍；而是说，没有了贪欲，就能断除患的源头。试想，如果此处"身"指肉体的话，那就意味着人只有在死后才能绝患，如此则老子说了

---

① 徐复观：《中国人性论史》，上海，华东师范大学出版社，2005，第234页。

一通无用的废话。① 老子的意图当然是提醒世人活着时如何绝患，此即外物而贵身，不以物易己。"无身"意为不将注意力集中在侍奉自己的躯壳上，不从躯壳上起念。此即内向无为，做自我生命的主宰，不为外物所牵引。《老子》这两种身的分别，大致相当于庄子"我"与"吾"的分别。或者我们亦可重读"有"、"无"二字，即可发现"有身"意指执着于身体这个躯壳（实指贪欲），而"无身"即破除这种执念。老子重视生命，但反对太把生命当回事，因为任何事物一旦过于执着，就成了一个"结"，就需要"解"，更何况当时君人者的"益生"是建立在对民众的压榨之上。75 章"夫唯无以生为者，是贤贵生"（此据帛书本）原是劝诫人君不要暴敛于民，但作为养生之理则可以普遍化。所有这些都是要说，贪欲扩张的结果是人我两损；只有消解贪欲，才能人我两利。老子并不讳言利害，相反，"反者道之动，弱者道之用"就在谈利害关系。无己以成己，忘身以贵身，是道家的逻辑，也是"反者道之动"在政治哲学、生命哲学上的具体运用。

3. 老子宣扬禁欲主义吗？

有人走向极端，把"无欲"、"无身"等同于禁欲主义，如刘泽华批评道："在《老子》看来，欲望是产生灾难的根源，避免灾难的发生莫过于无欲。欲与灾祸的确有一定的关联；然而欲又何尝不是福的原因呢？把欲望宣布为灾难的原因，没有抓住事物的本质联系，由此得出取消人的欲望的结论，就更为荒谬了。"②对此，我们从三方面来加以回应：

第一，如果认为凡有所求便是有欲望，并承认欲望并不全是动物性的，追求精神的超越与自由也是一种欲望，那么道家以不欲为欲（"欲不欲"）也就是有欲望，甚至禁欲本身也是一种欲，这就破了禁欲主义。

第二，由此，我们必须对欲望做出限定而不要总是推到极端。就物质层面而言，我们应该承认：苟安于基本需求，即可称无欲；无欲非必

---

① 任继愈："他【老子】认为有许多麻烦，是由于自己这个人的存在而引起的，为了避免给自己招来忧患，最好不要身体。身体都不存在了，还有什么忧患呢？照这样的逻辑，为了避免牙痛，就不要牙齿，为了不犯错误，就不要工作。在这种错误世界观指导下，把参与社会生活看做累赘。"（任继愈译著：《老子新译》，上海，上海古籍出版社，1985，第 86 页）

② 刘泽华、葛荃主编：《中国古代政治思想史》，天津，南开大学出版社，2001，第115～116 页。刘泽华将"常使民无知无欲"理解为用行政的手段消除引起民众有为的社会条件，使民陷于无为之地而不能为或不敢为，这等于禁止民众对物质生活和精神生活的追求。刘氏又把"罪莫大于甚欲"、"为奇者吾得执而杀之"联系在一起，称老子认为民众有欲就是犯罪（"为奇"），就应处死。"这哪里是无为，简直是残忍！"（117 页）刘氏竟然还说，正因为老庄看待社会的心理是阴暗的，所以他们眼中的社会有许多肮脏之处（126 页）。老庄的很多思想是弱者的精神安慰剂，这种安慰剂又从反面维护了强者的利益（136 页）。

不衣不食而后已。晚期希腊哲学中的伊壁鸠鲁学派曾区分出三种需求：自然的而又必需的、自然的而非必需的、既非自然的亦非必需的。老子（包括庄子）主张去除的"欲"正是非必需的欲，以不妨害人的生存为限度，所以 3 章说"实其腹"、"强其骨"。① 他们自己去除了虚假需要，把物质需求降到最低限度，而着力于提升精神境界。《庄子·逍遥游》"鹪鹩巢于深林，不过一枝；偃鼠饮河，不过满腹"，陶渊明《扇上画赞》"饮河既足，自外皆休"，皆此意。"欲"实质是心理上的一种匮乏感，欲望过盛其实不是出于生理的饥渴，而是由于心理上的欲求。"无欲"的具体表现不是禁欲，而是知足知止，即当下满足，不更有求。老子说，"知止可以不殆"（32 章）②，"知足者富"（33 章），"……祸莫大乎不知足。知足之为足，此恒足矣。"（46 章，此据楚简本）《文子·符言》："道者守其所已有，不求其所以未得。"《九守》："故圣人食足以充虚接气，衣足以盖形御寒，适情辞余，不贪得，不多积，……弃聪明反太素，休精神去知故，无好憎，是谓大通。"《黄帝四经·经法·道法》："生有害，曰欲，曰不知足。"欲就是不知足，反过来，无欲就是知足。怎么才算"足"？"足"也只能是心理上的一种感觉，不是用物质财富等可以衡量的。如果欲望没有止境，那就不可能有"足"，所以说知足才能常足。③《墨子·亲士》也说到这一点："吾闻之曰：'非无安居也，我无安心也；非无足财也，我无足心也。'"《管子·白心》称之为"已无已"。而司马谈《论六家要旨》概括出的"去健羡"之"羡"，就是不知足知止。

第三，老子绝未主张将人欲斩尽杀绝而后已。"无欲"是根除可能侵害到他者的非分之欲，其最终目的是消解个体贪欲的扩张，因为贪欲的扩张，必将挤压他者的生存空间，其结果必定是人我两损，小至亡身，大至亡国。

可贵的是，老子的一系列主张并不是刚性的教训（道家坚决反对教

---

① 民以食为天，让百姓实腹强骨非常重要，而做到这一点并非易事。

② 出土简帛及传世本多作"知止所以不殆"，"所以"较"可以"于义更长，当据改。

③ 也有人认为欲望不是无止境的，理由是：人有各种各样的物质欲望，欲望的多样性构成了彼此之间的掣肘。比如说，为了实现欲望 A，有时必须舍弃欲望 B。这样一来，欲而无节说就不能成立。笔者还可以为这种论证加入一个层面，即人是一个关系性的存在，在实现个人欲望的过程中，不可避免地会受到外界环境与条件、他者利益的种种限制，所以欲望主体为了实现自己的欲望，会对自己有所节制。但是，这些论证其实不足以推翻欲而无节说，因为一方面，欲望之间确实存在着冲突，但即使主体做出取舍或节制，其最终目的还是为了求得欲望的满足；另一方面，欲而无节很多时候说的是对同种欲望的不断追逐，这正是社会的一个普遍景观，而且越是非自然亦非必需的需求，越是强烈。

化），而是柔性的劝勉或建议。老子本人身体力行，也希望侯王身体力行，但他从未强求民众恪守，相反，倒是为世人的世俗追求留出了一定空间。老子虽然说过"常使民无知无欲"，但这里的"无欲"实指知足，更准确的表述是"少私寡欲"。49章："圣人恒无心，以百姓之心为心。善者善之，不善者亦善之……圣人之在天下也，歙歙焉，为天下浑心。百姓皆属其耳目焉，圣人皆孩之。"（此据帛书本、汉简本校订）世人一般将它解释成圣人使天下民众复归于无知无欲的婴儿心境，如王弼注曰："皆使和而无欲，如婴儿也。"但这可不可能，可不可以？如果老子真是这个意思，那就不可避免地与"以百姓之心为心。善者善之，不善者亦善之"相冲突。再则，要天下人都达到婴儿心境，显然是极不现实的。必欲实现这个理想，就得用比儒家还要强势的教化。老子这么一个大智者不至于意识不到这一点。社会政治问题的解决并不一定能够全部解决人的在世问题，而人人若能复归于道，社会政治问题自然可以消弭，甚至无从生起。老子当然有这种期盼，但他似乎也明白其难度，所以提出了一些比较现实的做法，即一方面希望人君将自己升格为圣人，从而对民众起到一种身教作用，一方面又提倡顺遂民愿。如此看来，"孩之"之"孩"不应该是使动用法，而应该是意动用法，指百姓虽然关注于某些欲望的满足（"属其耳目"），但圣人应该把他们当成孩子一般来加以包容。"为天下浑心"，指的是圣人浑自己的心。这是要求圣人不要那么严辨是非善恶，以便让百姓有一个相对宽松的生活空间。《庄子·天地》："治其内而不治其外"意似《老子》第33章，即将智、力用于己身，治己而不治人，修己而不殉物。因此，老子只是指出了一个努力的方向，世人应该朝着它努力，但不要求他们非达到最高境地不可。事实上，世人只要对自我做必要的节制而不侵害他者，就可以寻求自己的那份世间利益；甚至即使发生一些小恶，也应当加以包容，而不是想着用善去把恶铲除净尽，从而让善与恶能恰当、和谐地相处。杜保瑞说得好："老子的处理是让私心欲望在社会活动中不发生，而不是在人性结构中的本质上的净除，……所以老子对于人性的观察是冷酷中带着理性，不热情不幻想不对治，在己身的修心中固然力求化除，但对于天下中人则注重社会条件的制造，将人性当作一个动态的存有活动……理解它处理它，妥当地控制它，从而经营出一个祥宁的局面，如此即可。"①人们常说，老子的有关主张理想得不近人情，这是因为没有看到"无"的工夫对侯王来说是一种要求，对

---

① 杜保瑞：《反者道之动——老子新说》，北京，华文出版社，1997，第75页。

世人来说则是一种建议。要求是刚性的，是一种资格审查；建议是柔性的，是一种鼓励和劝勉。如果老子对所有人都持这种要求，他就是以己责人，而不是"以百姓之心为心"。

（二）"无知"

在中国哲学的源头处，各家对知的态度存在差异。其他诸家不反对知，唯有道家保持着高度的警惕。我们在上章已点出，老子认为知即不善。由于道家痛斥知，所以常有人把他们的有关思想当成非难理性和经验知识的神秘主义，或者只重视其思想中直觉的一面。其实道家未必如此。

10章："明白四达，能毋以知乎？"①70章却说："夫唯无知，是以不我知。"老子怎么一会儿批评知，一会儿又慨叹世人无知呢？他究竟主张知还是不知？这种字面上的矛盾，迫使我们去追问"知"之所指。实际上，这两方面没有任何矛盾。"明白"，是虚室生白，是混沌里放出光明。"明"与"知"处在不同层次，"明白"是知"道"，而一般的"知"则不知"道"。明白四达的前提是"毋以知"，只有不用"知"，才是明白四达，其旨盖即知白守黑、明道若昧。老子实际上是认为，由于世人不知道所应该知的东西，所以他们的"知"是真正意义上的无知。真正意义上的知则要损掉世人的知，而知"道"知"一"②、知"和"知"常"、知足知止、知道自己的有限性（"自知者明"）。简单地说，"无知"是要知所当知，不知其所不当知；是去知之后达到的无知，不是原本意义上的一无所知。

65章常被指为愚民政策："古之为道者，非以明民也，将以愚之也。夫民之难治，以其智也。故以智知邦，邦之贼也；以不智知邦，邦之德也。"③《文子·道原》："以智虑为治者，苦心而无功。"《精诚》："是故以智为治者，难以持国。唯同乎大和，而持自然应者，为能有之。""智"不是知性的智慧，而是特指机心和巧诈。"愚"是消除这种"智"，使民众变得真朴，而不是愚蠢。关于这一点，王弼注早已点出："明，谓多智巧诈，蔽其朴也。愚，谓无知守真，顺自然也。"叶秀山也指出："老子书没有提倡'愚民政策'，或者说，不仅是'愚民政策'，而且是'愚王政策'；

---

① 此据帛乙及汉简。《淮南子·道应训》引作"明白四达，能无以知乎"，《文子·道原》作"明白四达，能无知乎？"出土文献不像传世本那样在流传过程中会遭到人们的增删修改，帛乙、汉简两种出土文献的一致，应当引起我们的慎重对待。笔者以为，当从帛乙作"毋以知"。

② 81章"知者不博，博者不知"，王弼注："极在一也。"

③ 此据帛书本、汉简本校订。"知邦"之"知"即知县、知府之"知"，意为主管、治理。

这显然不是'上智下愚'的观念,而那才是真正的'愚民政策'。"①刘笑敢分析道:"本章对下主张'愚之',对上主张以'不智'治国。这是主张上下都不以心智、谋略相对相交,也就是彼此真诚相待,坦诚而处。"②这些都说明,老子是先"自愚",并非借众愚以独成吾智。20 章"若婴儿未孩"的"孩",以往学界多在"咳"上做文章,一直未能顺通文意。《庄子·天运》有"子生五月而能言,不至乎孩而始谁,则人始有夭矣",可见,"未孩"就是未进至孩童("不至乎孩"),喻纯而又纯的婴儿心境。老子虽未说过"大智若愚",但他所说的"愚"实即生命的大智慧,是聪明睿智,守之以愚;是相对世人的小聪明假说为愚,所谓正言若反是也。这不是一般意义上的智和愚,而是修养的结果,是去知去欲、去除机心巧诈之后所达到的昏昏闷闷的境界。这种"愚"能有效地防止恶的发生。此时,阻止人们作恶的,不是智慧的发展,也不是仁义礼的约束,而是情感的平静和对邪恶的无知。

47 章:"不出户,知天下;不窥牖,见天道。其出弥远,其知弥少。是以圣人不行而知,不见而明,不为而成。"本章常被定性为神秘主义的认识论。③ 笔者以为,问题的关键在于"知"、"见"什么。没有哪个人会傻到认为不闻不问就能知天下,老子谈的显然不是经验知识,而是律令意义上的道,实即"玄德"。在他看来,天道无时不在施行"不言之教"。你看,天地自然而然地运作,便化生出了万物,对于人而言,这就是一种不言之教。世人通过体认工夫即可了知其玄德,不像获取经验知识那样,必须与物相值才有可能。人君只要效法天道之玄德,即可无为而治。

老子批评的无知,最根本的是不知"反者道之动",不知效法道之玄德。就君人者而言,就是不知唯道是从,以道莅天下。道治(无为而治)是老子根据事物变化的不易之则概括出来的,并非什么奇谈怪论。它本来是非常平实的,没有什么难解之处,实行起来也没有难为之处。可是,人们偏偏不由大道,专拣邪径(53 章"大道甚夷,而民好径")。70 章说:"吾言甚易知也,甚易行也,而天下莫之能知也,莫之能行也。"(此据帛

---

① 叶秀山:《我读〈老子〉书的一些感想》,见陈鼓应主编:《道家文化研究》第 2 辑,上海,上海古籍出版社,1992,第 151 页。

② 刘笑敢:《老子古今:五种对勘与析评引论》上卷,北京,中国社会科学出版社,2006,第 637 页。

③ 常有人说道家主张"收视反听",这么总结无可厚非;但进一步将"收视反听"理解为神秘主义的直觉体验或反知识论,则诬矣。"收视反听"并不是真的闭目塞听,对外部世界不见不闻,而是喻指不被外在的诱惑所牵引,其旨同于庄子所说的"物物而不物于物"。

书本、汉简本校订）王弼注非常精当："可不出户窥牖而知，故曰'甚易知'也。无为而成，故曰'甚易行'也。惑于躁欲，故曰'莫之能知'也。迷于荣利，故曰'莫之能行'也。"可见，不知不行的主要原因在于世人欲望太强而不愿知不愿行。司马谈《论六家要旨》："道家无为，又曰无不为，其实易行，其辞难知。"张守节《正义》："各守其分，故易行也。"《老子》43章："不言之教，无为之益，天下希及之。"41章："上士闻道，勤而行之；中士闻道，若存若亡；下士闻道，大笑之。不笑不足以为道。"《庄子·天地》："大声不入于里耳，《折杨》、《皇荂》，则嗑然而笑。是故高言不止于众人之心。至言不出，俗言胜也。"《山木》子扁庆子曰："今休，款启寡闻之民也，吾告以至人之德，譬之若载鼷以车马，乐鴳以钟鼓也，彼又恶能无惊乎哉！""下士"、"里耳"、"俗言"等说法，并非老庄有意贬低世人，实乃世人先自小也（如拘于物欲而不能自拔）。

此外，老子还批评常规的道德意识和审美意识，严辨是非善恶美丑，我们已在第二章做出分析。最后再谈一点他肯定的知。71章："知不知，尚矣；不知知，病矣。是以圣人之不病也，以其病病也，是以不病。"（此据帛书本校订）人贵在知道自己还无知，但世人却连自己无知都意识不到，反而强不知以为知。显然，这是33章"自知者明"的展开。它晓示我们应承认自己的有限性，而只有承认这一点，我们才愿意走出自我，向广大的世界开放，从而走向无限。承认有限性是奔向无限的起点，这一点在庄子那里表述得特别透彻。庄子常说蔽于一曲则愚，《秋水》北海若就对河伯说："今尔出于崖涘，观于大海，乃知尔丑，尔将可与语大理矣。"由此也可见，老庄反对真正的愚蠢。

综上所述，"无知无欲"应理解为无妄知无贪欲。"无知"的真实意含是：一方面，去除妄知，因为这种"知"确非真知；另一方面，人不可能彻底无知，此时即使有知也不任其知。"无知"不是否定一切智慧、知识，不是愚民，而是去除小聪明，获得大智慧。老子反"知"其实是反对世人的价值取向。老子根本就没有认真讨论过现在意义上的认识论，原因是这在他那里并没有成为哲学问题。老子的相关言论，不宜称作认识论，只能说是体道论，而体道的最终目的是效法于道，成为一个有道者，所以它归根到底是一种修养工夫。刘笑敢对传统看法提出了异议，他指出，老子有很强的理性精神和非信仰主义倾向，"在强调老子哲学的直觉特点的同时，忽略或否定老子哲学的理性思考和经验积累的一面显然不符合老子哲学的实际，因而是不妥当的。"①笔者以为，这一说法的提出非常必要。不过，老子没有否定经验知识，但也没有特别强调经验知识。李约瑟认为，要想理解道家的"知"，首先必须明确他们的政治立场，这一论断很有见地。但他把道家的"自然"理解成自然界，并说道家关注的是有关自然界的实用的经验知识，则是误解。② 史华兹曾对李约瑟的这一观点进行过驳论，可参看。③

第三节 "吾丧我"

《庄子·齐物论》提出"吾丧我"的命题，本章的标题"丧我显吾"即从这里化出。在庄子看来，"我"是伪的，"吾"则是人之真性。"真"的出场，需要个体通过"无"的工夫来破除"我"这一知、欲、名、情的主体，就像陶渊明《饮酒二十首》所说："不觉知有我，安知物为贵。""我"一旦被丧除，知、欲、名、情便失去了载体。这种工夫的过程和结果就是丧我显吾。丧我显吾不仅关系到"我"如何在世，而且连带着他者，因为"我"一旦有控制占有的欲望，世界就被"我"奴役，而"我"也被物欲所奴役，双方都不能自我作主（"相物"）④，其本来面目隐遁而去。吴怡认为："丧掉了这个我，才能得到真我，才能使我与万物以真面目相游。"⑤徐复观指出："'丧我'是庄子成己之性、成物之性的总关键"，"个人精神的自由解放，同时即涵摄宇宙万物的自由解放。"⑥

庄子从心上来做工夫。我们知道，老子已经提出"虚其心"、"弱其志"。《庄子·庚桑楚》则说："兵莫憯于志，镆铘为下；寇莫大于阴阳，无所逃于天地之间。非阴阳贼之，心则使之也。"就所能造成的危害而言，比起心或志，凶器与阴阳犹是小巫见大巫。既然如此，就必须慎重地对待心志。同篇云："彻志之勃，解心之谬，去德之累，达道之塞。贵富显严名利六者，勃志也；容动色理气意六者，谬心也；恶欲喜怒哀乐六者，

① 刘笑敢：《老子——年代新考与思想新诠》，台北，东大图书股份有限公司，1997，第234页。

② 参见〔英〕李约瑟：《中国科学技术史》第二卷，北京，科学出版社等，1990，第33页。

③ 〔美〕史华兹：《古代中国的思想世界》，程钢译，南京，江苏人民出版社，2004，第211～214页。

④ 《人间世》："若与予也皆物也，奈何哉其相物也?"

⑤ 吴怡：《逍遥的庄子》，桂林，广西师范大学出版社，2006，第95页。

⑥ 徐复观：《中国人性论史》，上海，华东师范大学出版社，2005，第246、244页。

累德也；去就取与知能六者，塞道也。此四六者不荡胸中则正，正则静，静则明，明则虚，虚则无为而无不为也。"庄子大谈"心"，其中最重要的是"蓬之心"（茅塞不通之心）、"成心"、"机心"等说法。养心的最终目标是无心，即将上述所说的心"无"掉，达到心若死灰的境地。这种"无"的工夫又可概括为"不与物迁"，即不被物欲所牵引。因此，讨论庄子"无"的工夫，应扣住心物关系来谈。在此，"物"的内涵就是欲望对象，其外延非常广，凡是足以挠动心志、残生伤性者，都囊括其中。《骈拇》说："自三代以下者，天下莫不以物易其性矣！小人则以身殉利，士则以身殉名，大夫则以身殉家，圣人则以身殉天下。故此数子者，事业不同，名声异号，其于伤性以身为殉，一也。"名利、家国天下都是"物"。各种各样的物欲遮蔽了真实的生命，①庄子用"无"、"外"、"忘"、"去"、"黜"、"堕"等一连串语词来表达对它们的否弃。《山木》："物之所利，乃非己也，吾命其在外者也"，"物物而不物于物，则胡可得而累邪！"外在的物是非本己的。生命的意义不是为了逐物，而是游于物。但世人颠倒过来，所以庄子要解"结"解"悬"。

一、无欲

庄子不想被仁义所塑造，但也没有倒向另一边，主张放纵情欲。我们可以看到，他在批评仁人强人就己的同时，也悲叹世人惑于荣利。"臧"与"穀"在古代汉语中都含有"善"的意思，《骈拇》故意用它们代表两种比较普遍的价值观：一者挟策读书，一者博塞以游，结果俱亡其羊。"羊"象征的就是生命。这则寓言意图说明"臧"与"穀"都不是庄子心目中的善；在他看来，儒家之"臧"未必不是一种恶，而世人之"穀"就是恶。庄子所说的善是"善"、恶俱不为，而持守自己的真性。篇末说得更明确："余愧乎道德，是以上不敢为仁义之操，而下不敢为淫僻之行也。""不敢"不是敢不敢的问题，而是不屑。庄子仁义尚且不为，遑论不仁！他是两者都不屑，因为它们都是"殉"，同为残生伤性。《大宗师》："与其誉尧而非桀也，不如两忘而化其道。"《盗跖》："小人殉财，君子殉名。其所以变其情易其性，则异矣；乃至于弃其所为而殉其所不为，则一也。"就殉而言，伯夷同于盗跖，君子等于小人。但这些言论的用意，非齐君子、小人，实乃示此两极以昭人复归性命之情。

①　王博：《道家人文精神的特质》一文指出："生命的意义一方面体现在相对于外物而言的主体性上，另一方面体现在相对于他者而言的个体性上。"（陈鼓应主编：《道家文化研究》第22辑，北京，生活·读书·新知三联书店，2007，第68～69页）

　　庄子悲叹世人物于物，他对世人驰而不止、往而不返的内热情状做过入木三分的刻画。《齐物论》中的一段话常被引用："一受其成形，不忘以待尽。与物相刃相靡，其行进如驰，而莫之能止，不亦悲乎！终身役役而不见其成功，苶然疲役而不知其所归，可不哀邪！人谓之不死，奚益！其形化，其心与之然，可不谓大哀乎！人之生也，固若是芒乎？"《缮性》云："丧己于物、失性于俗者，谓之倒置之民。"《天地》论"失性有五"（声色臭味、趣舍五者使性飞扬）几乎是《老子》第12章的翻版。《则阳》中，庄子悲世人"遁其天，离其性，灭其情，亡其神，以众为"，"以众为"就是"失性于俗"、流俗。《骈拇》也批评道："不仁之人，决性命之情而饕贵富。"《外物》："利害相摩，生火甚多，众人焚和，月固不胜火，于是乎有偾然而道尽。"洪迈《容斋续笔》卷7解释说："予妄意庄子之旨，谓人心如月，湛然虚静，而为利害所薄，生火炽然，以焚其和，则月不能胜之矣，非论其明暗也。"①林希逸的理解亦与此相类。苏轼《送刘道原归觐南康》诗"自言静中阅世俗，有似不饮观酒狂"，说得很形象。以上对世俗价值观之迷妄的批判，体现出截然相反的价值取向。

　　与老子相比，《庄子》很少讲知足知止，但也不是不讲。《让王》："知足者，不以利自累也；审自得者，失之而不惧；行修于内者，无位而不怍。"王叔岷辑有《庄子》佚文176条，其中一条是："以足言之，则殇子为寿；不足论之，则彭祖为夭。"②《盗跖》无足与知和的对话倒是对这个问题做了展开。"无足"是无尽欲望的人格化，"知和"是知足知止的人格化。无足说："且夫声色滋味权势之于人，心不待学而乐之，体不待象而安之。夫欲恶避就，固不待师，此人之性也。"这几乎与荀子的性恶论没什么两样了。知和说："不足故求之，争四处而不自以为贪；有余故辞之，弃天下而不自以为廉。""有余"是意动用法，即知足。无足又说："必持其名，苦体绝甘，约养以持生，则亦久病长阨而不死者也。"知和答道："平为福，有余为害者。"这里的"有余"指超出生活基本需求。

　　庄子还推出一的工夫，他要"旁礴万物以为一"。《德充符》："自其异者视之，肝胆楚越也；自其同者视之，万物皆一也。夫若然者，且不知耳目之所宜，而游心乎德之和。"同则无心于彼此（《德充符》"同者无好"），没有取舍。庄子认为，一旦明白万物通而为一，便不会生起特殊偏尚，此时即能所遇斯乘。《天地》赞为圃者："彼假修浑沌氏之术者也。识其

---

① （南宋）洪迈：《容斋随笔》上，北京，中华书局，2005，第304页。
② 引自王叔岷：《庄子校诠》，台北，"中央研究院"历史语言研究所，1999，第1394页。

一，不识其二；治其内，而不治其外。夫明白入素，无为复朴，体性抱神，以游世俗之间者……"，"识其一"是不作分别，通而为一。《大宗师》："堕肢体，黜聪明，离形去知，同于大通，此谓坐忘。"(《知北游》、《在宥》也有类似语)忘却形体耳目，忘却思虑营营。所谓"大通"，也就是通利害存亡为一而无所跂尚的槁木死灰境界。清代宣颖注："大通则一切放下矣。"

庄子认为，万物是相与优游的对象，而不是供人宰制的对象，也不是主宰"我"的对象。庄子对"物"的破除，是要自作主宰。《德充符》："官天地，府万物"，"审乎无假而不与物迁，命物之化而守其宗也。"《达生》的"技巧章节"(李约瑟语)颇多，诸如痀偻者承蜩、津人操舟若神、吕梁丈夫蹈水、梓庆制鐻等，再如《田子方》的解衣般礴，它们想要说明的其实只是"不与物迁"四个大字。换种说法，亦即《达生》所说的"用志不分，乃凝于神"，"凡外重者内拙"。《知北游》："古之人外化而内不化，今之人内化而外不化。"《文子·微明》："得道之人，外化而内不化……故内有一定之操，而外能屈伸，与物推移。"明罗勉道注曰："外化而内不化者，应物而心不与之俱；内化而外不化者，心无定而为事物所撑触也。"[1]"外化而内不化"实即王弼说的应物而无累，用陆长庚的话说，就是"心普万物而无心，情顺万事而无情"[2]。内篇末尾说："至人之用心若镜，不将不迎，应而不藏，故能胜物而不伤。"庄子认为，心应该是"天地之鉴"、"万物之镜"(《天道》)。同篇云："万物无足以铙心者，故静也。""静"不是与动相对的死寂，而是指不为外物所扰，它彰显的是一种定力和性灵的飘举。多一分外骛，便少一分力量；心神凝定，外物便失去往常的诱惑力。《达生》："壹其性，养其气，合其德，以通乎物之所造。夫若是者，其天守全，其神无郄，物奚自入焉！""物之所造"盖指道，而道通为一。达于道者，就像一个无缝的"混蛋"，他在世界面前毫不动心，任万物自陈于前，而不作分别取舍。禅宗有句话，蚊子上铁牛，无你下嘴处。我们化用此语，蚊子与铁牛分别譬喻外物与达道者，任何事物都奈何不得达道者。《庄子》已经提出休歇。《刻意》："圣人休休焉则平易矣【当作"圣人休焉，休则平易矣"】，平易则恬淡矣。平易恬淡，则忧患不能入，邪气不能袭，故其德全而神不亏。"只有放下、休歇，才能从容。

---

① (明)罗勉道：《南华真经循本》卷 21，《道藏》第 16 册，北京，文物出版社等，1988。
② (明)陆长庚：《南华真经副墨》卷 2，《道藏》第 15 册，北京，文物出版社等，1988。

二、无名

名是他人对某一个体言行、品质、才能、成就、体貌等方面的一种评价或看法。老子就已警示人们思考"名与身孰亲"的问题,《庄子·逍遥游》则把无名列为庄子式的"三无"之一。庄子对名的批判,主要出于以下几方面的原因:

首先,"无名"是不求扬名、不求回报。关于这一点,笔者还将在第四章第一节"玄德与自化自正"一节做出讨论。现在的问题是,儒家也否定为求名而行善,但他们总体上是倾向于立名的。孔子说:"君子去仁,恶乎成名?"(《论语·里仁》)《史记·孔子世家》记孔子曰:"君子病没世而名不称焉。吾道不行矣,吾何以自见于后世哉?"《荀子·劝学》:"为善不积邪,安有不闻者乎!"儒家认为,行成于内,名立于世,这也是尽孝道(参《孝经·广扬名章》)。然而最能说明问题的莫过于下面这则材料:

> 穆公谓子思曰:"县子言子之为善,不欲人誉己,信乎?"子思对曰:"非臣之情也。臣之修善,欲人知之。知之而誉臣,是臣之为善有劝也,此所愿而不可得者也。若臣之修善而人莫知,莫知则必毁臣,是臣之为善而受毁也,此臣所不愿而不可避者也。若夫鸡鸣为善,孜孜以至夜半,而曰不欲人之知,恐人之誉己,臣以谓斯人也者,非虚则愚也。"(《孔丛子·公仪》)

可见,名也是儒家修德过程中的一个追求目标。更何况,儒家很明白榜样的力量,他们在推行教化的过程中,需要树立一些榜样以便让人见贤思齐,如果贤人都像道家那样自隐无名,那么人们就没有了效法的对象。而庄子欲"使天下兼忘我"。道家人物的身世扑朔迷离,行迹难考,主要原因就在于他们强调自隐无名,这与儒家显然大异其趣。

其次,"无名"是不想被利用。钱锺书曾谈到名教的功用:"古人倡'名教',正以'名'为'教',知人之好名仅亚于爱身命,因势而善诱利导,俾就范供使令。"[①]这是说,统治者借臣下好名之心,将臣下收入囊中,为其所用。此意在《庄子·庚桑楚》中即有发明:"非以其所好笼之而可得者,无有也。"有偏好则被笼络,没有偏好则他人无从下手。宋荣子"举世而誉之而不加劝,举世而非之而不加沮,定乎内外之分,辩乎荣辱之

---

① 　钱锺书:《管锥编》第二册,北京,中华书局,1979,第519页。

境"，就是宠辱不惊的境界。《骈拇》指出士人以身殉名，《让王》把贪著名位爵禄形象地比喻为"以随侯之珠弹千仞之雀"。《天地》："虽以天下誉之，得其所谓，謷然不顾；以天下非之，失其所谓，傥然不受。天下之非誉，无益损焉，是谓全德之人哉！我之谓风波之民。"无论他人对己的称誉得当（"得其所谓"）还是非毁不当（"失其所谓"），都不为之所动，做到这一点，是"全德之人"，反之则是随世俯仰的"风波之民"。泰氏是《应帝王》捏造的一个理想人物，庄子说他"一以己为马，一以己为牛"。《天道》中，老子也任由士成绮呼牛呼马。

再次，"无名"是不想受束缚。好名并不总是坏事，好名近于知耻，所以名是促动人们向善的一个机制。不好名，就有可能走向恶。清代刘熙载说："夫名与善相维者也，去名是去善也……名不足以尽善，而足以策善。"①但这些都是针对常人而言的。庄子既未丧道，故不需要儒家仁义礼的外在规范，也不需要所谓的名。

最后，"无名"是对虚伪的拒绝。《文子·符言》："人爱名即不用道，道胜人即名息，道息人名章即危亡。"过分看重名，是造成矫揉造作的心理基础，是斫伤真气的一个重要原因。而不在乎他人的评价和看法，就能通向狂，即"猖狂妄行，乃蹈乎大方"。这是往上超越的放开，不是往下沉落的放荡。

《颜氏家训·名实》："上士忘名，中士立名，下士窃名。"颜之推这位儒者的说法很精到。道家主忘名，甚至避名；儒家主立名；更多的人则是窃名。

三、无知

在这一方面，庄子与老子基本相同。他不反对现在意义上的经验知识，事实上，他对自然与社会人生的观察非常细致深入，他的经验知识非常丰富。但与以往不同，庄子开始怀疑知识的可靠性，开始强调人类知识的限度。《庚桑楚》："知止乎其所不能知，至矣！若有不即是者，天钧败之。"庄子反对的知主要是儒家德性之知、名家的知、小聪明小计谋和被欲望催生出来的知。同时，他强调"真知"，即将上述诸种知"无"掉，转向对道的体认。因此，我们不能抽象地说庄子反知。

（一）反对仁义之知

儒家强调德性之知，《庄子》既然反对儒家的仁义道德，也就顺带着

---

① （清）刘熙载：《昨非集》卷2《书〈列子·杨朱〉篇后》，见《续修四库全书》1543册，第568页。

否定了儒家的知。笔者将在第四章第二节做一讨论。

（二）反对辩者之知

《徐无鬼》："知士无思虑之变则不乐，辩士无谈说之序则不乐，察士无凌谇之事则不乐，皆囿于物者也。"惠施是名家的代表人物，他对自己的辩才颇为得意："今夫儒墨杨秉，且方与我以辩，相拂以辞，相镇以声，而未始吾非也。"（《徐无鬼》）而庄子对辩者之知很不屑。《知北游》："博之不必知，辩之不必慧"，所以"辩不若默"。《齐物论》："彼非所明而明之，故以坚白之昧终。"《天下》批评这位辩友"其道舛驳，其言也不中"，"遍为万物说；说而不休，多而无已，犹以为寡，益之以怪。以反人为实而欲以胜人为名，是以与众不适也。弱于德，强于物，其途隩矣。由天地之道观惠施之能，其犹一蚊一虻之劳者也，其于物也何庸！夫充一尚可，曰愈贵道，几矣！"庄子认为，就亡失性命之情而言，辩者与追逐声色、蹩躠为仁者无以异，都是"多骈旁枝之道，非天下之至正也"。《秋水》假魏牟之口批评名家的另一位代表公孙龙："【庄子】始于玄冥，反于大通。子乃规规然而求之以察，索之以辩，是直用管窥天，用锥指地也，不亦小乎？"《天下》也作了批评："桓团、公孙龙辩者之徒，饰人之心，易人之意，能胜人之口，不能服人之心，辩者之囿也。"

一般认为，知的获得能使人走向光明，但在庄子看来则不然，它毋宁是走入洞穴。这倒不是要彻底否定知识，而是因为世人往往安其所习，毁所不见，终以自蔽。《逍遥游》曰："瞽者无以与乎文章之观，聋者无以与乎钟鼓之声。岂唯形骸有聋盲哉？夫知亦有之。"知也有所谓聋盲。大鹏上至九万里而南徙，却遭到蜩、学鸠与斥鷃的讥笑。"之三虫"便是知之聋盲的范例，它们正如《秋水》中的河伯与井蛙那样局量狭小，不知世界之广大，拘于自己有限的识见而不能进一步扩充胸襟。他们本来尽可以翱翔蓬蒿之间，问题在于他们以为天下之美尽在于己并以此贵己贱人。《列御寇》："小夫之知，不离苞苴竿牍，敝精神乎蹇浅，而欲兼济道物，……悲哉乎！汝为知在毫毛，而不知大宁。"《天下》的批评最力："天下之治方术者多矣，皆以其有为不可加矣"，"天下多得一察焉以自好。譬如耳目鼻口，皆有所明，不能相通。犹百家众技也，皆有所长，时有所用。虽然，不该不遍，一曲之士也。"

由上可知，《庄子》对辩者的批评可以概括为几个方面：其一，辩者把自己的"神明"用错了地方，非所明而明之；其二，管窥蠡测，辞巧理拙，却以为自己占有了终极真理；其三，辩者好胜好斗的习性难改，他们"以辩饰知"，"相拂以辞，相镇以声"，非要决出个是非胜负不可；其四，他们囿于一曲之说，堵塞了自己通向大全世界的道路。不过庄子同时认为，如果辩者对自己有足够的反省，那就可备一说。

（三）反对智巧诈伪

在老庄看来，世人之知是欲望的发动机，也是实现欲望的工具。世人之知的目标常指向欲，这种由欲催生出来又反过来进一步刺激欲的知，往往陷天下于大乱：知的主体狂乱驱驰，外在世界也被惹得鸡犬不宁。《胠箧》做了最好的描述："夫弓弩毕弋机变【当作"辟"】之知多，则鸟乱于上矣；钩饵罔罟罾笱之知多，则鱼乱于水矣；削格罗落置罘之知多，则兽乱于泽矣；知诈渐毒、颉滑坚白、解垢同异之变多，则俗惑于辩矣。故天下每每大乱，罪在于好知。"《天运》也说："其知憯于蛎虿之尾，鲜规之兽，莫得安其性命之情者。"这样的知被无掉以后，自然无欲了，而无欲自然就没有一切罪恶了。《刻意》："万物不伤，群生不夭，人虽有知，无所用之。"苏轼"了了常知而心不用"一语，就来自这里。这些都是认为人的智巧可能会破坏宇宙的整体和谐，可以用于当今对技术文明的省思。

庄子否定任智巧、舞权诈。指向欲的知使知的主体生出机心，而"机心存于胸中，则纯白不备"。《人间世》："且以巧斗力者，始乎阳，常卒乎阴，泰至则多奇巧。"《庚桑楚》"知者，谟也"，"谟"通"谋"。《德充符》："知为孽，……圣人不谋，恶用知？"《外物》云："鱼不畏网，而畏鹈鹕。去小知而大知明。"此处的"小知"指智谋。战国时期，天下大乱，人们"日以心斗"，但在庄子看来，用尽智谋又能怎样呢？最终的下场还是被人设计。《庄子》多篇都谈到这一点，而尤详于《人间世》。此篇篇末总结道："山木自寇也，膏火自煎也。桂可食，故伐之；漆可用，故割之。人皆知有用之用，而莫知无用之用也。""有用"主要指智谋之士为君所用。

（四）提倡真知

如上所述，庄子否定世俗所崇尚的知。与世俗相对，他肯定一种"真知"，知之聋盲就是不明真知。李约瑟认为真知是自然知识，显属误读。刘笑敢认为："庄子的真知包括不知之知与体道之知两个方面，也就是说庄子的认识论包括怀疑主义与直觉主义两个部分。"①这是最具代表性的观点。笔者以为，真知是一个价值论范畴，并不适合纳入认识论来加以考察。真知从消极一面讲，是对世俗之知的否定；从积极一面讲，是指生命智慧，即达道之知。简单地说，只要无掉了世俗所崇尚的知，就达到了真知。《齐物论》："古之人，其知有所至矣。恶乎至？有以为未始有

---

① 刘笑敢：《庄子哲学及其演变》，北京，中国社会科学出版社，1988，第177页。

物者，至矣，尽矣，不可以加矣！其次，以为有物矣，而未始有封也。其次，以为有封焉，而未始有是非也。是非之彰也，道之所以亏也。"《庚桑楚》亦有类似言论。这里的顺序是：未始有物→有物而未有封→有封而未有是非→争执是非。有人将此理解为万物之生成过程，笔者以为，不如倒过来往上推，这样一来，就可明了庄子的意图其实是破是非、破分别。而无差别境针对的是世人严辨是非善恶美丑的习性，并非对道的神秘的直觉体验。陈少明指出："说到底，知是否有价值，不是基于其内容的真实水平，而是基于其远离是非的程度来决定的。"①这一论断很重要。道对万物一视同仁，体道就是法道，包括法道的一视同仁，不作分别。

四、无情

庄子主张无情。《德充符》："有人之形，无人之情。有人之形，故群于人；无人之情，故是非不得于身。"此篇还记载了庄、惠之间的一次辩论。惠施问："既谓之人，恶得无情？"庄子答道："是非吾所谓情也。吾所谓无情者，言人之不以好恶内伤其身，常因自然而不益生也。"可见，庄子所反对的"情"是是非好恶之情。齐万物，就没有好恶，没有取舍，如此才能内不伤己，外不伤物。《刻意》说得很明确："悲乐者，德之邪；喜怒者，道之过；好恶者，心之失。故心不忧乐，德之至也；一而不变，静之至也；无所于忤，虚之至也；不与物交，惔之至也；无所于逆，粹之至也。"《庚桑楚》："恶欲喜怒哀乐六者，累德也。"

在庄子看来，心是一个惹麻烦的东西，而如何看待庄子处理心志，也是一个麻烦的问题。韩林合质问道："达到了形如槁木、心如死灰的死寂的境地，那么处于这样的状态中的这个人还能算人吗？而且，庄子的人生处方根本就不可能得到真正的贯彻：一个正常的人根本不可能将其知、情、意的活动悉数终止下来！"②成复旺质问道："'真我'只能是真实存在的我，亦即在现实生活中活着的我……把这一切都丧失了，'形如槁木'而'心如死灰'，我还剩下什么？""在情的问题上，道家原有比儒家更为严厉的、禁欲主义的一面……情即使不是人的唯一特征，也是人的基本特征之一。人而无情，何以谓之人？"③这还是惠施提的问题。笔者以为，槁木死灰的说法只是譬喻而已，不可坐实。《黄帝四经·十大经·

---

①　陈少明：《〈齐物论〉及其影响》，北京，北京大学出版社，2004，第214～215页。
②　韩林合：《虚己以游世：〈庄子〉哲学研究》，北京，北京大学出版社，2006，第313页。
③　成复旺：《中国古代的人学与美学》，北京，中国人民大学出版社，1992，第144、465页。

五正》："'后能慎勿争乎?'黄帝曰:'勿争若何?'对曰:'怒者血气也,争者外脂肤也……后能去四者,枯骨何能争矣?'""枯骨何能争"提示我们,槁木死灰的说法可能还是比喻无欲不争以及一般情感的去除。庄子的无情是将是非好恶、喜怒哀乐等化而为无,而不是真的像草木瓦石一般;所谓槁木死灰非真死灰,若死灰而已矣,我们不能把它联想成印度小乘佛教式的灰身灭智。《德充符》:"官天地,府万物,直寓六骸,象耳目!一知之所知,而心未尝死者乎!""心未尝死"明显是说,个体因能不与物迁("官天地,府万物"),心便成了一个玲珑活络的存在。慎到们主张"块不失道",欲同于无知之物,《天下》评道:"非生人之行而至①死人之理,适得怪焉。"可见庄子学派反对"死人之理"。《至乐》记载庄子妻死之初,庄子亦不能"无慨"。他有时也不能不"忿然作色"(参《外物》庄周贷粟一节)。如果真的心如死灰,那么他对俗世的愤然之情及对物化之乐、濠梁之乐的倾心等都将落空。总之,心若死灰是要去除特定形态的"心",所以《齐物论》天籁一节后又悲叹世人心死。

无情的实际意含与字面正好相反。庄子是要终止世俗之情,突出天情、真情。这道理就如同无为并非一无作为,而是否定某种特定形态的为、肯定另种形态的为一样。庄子欲突出真性情、真血性。蒙培元的说法可谓体贴入微:"庄子之'无情'决不是真无情,而是情感甚笃,情怀甚高,他的真正用意是超越世俗之情而回到天地之情。世俗之情多出于矫饰、造作,夹杂着功利机巧之心,而不是出于真心、真情。"②庄子的情是超功利的深情,是悲天悯人之情。黄锦鋐也说得很好:"庄子的情感,是对天地间的至情,而不是个人的私情,他看整个宇宙,都是充满生机,天地间的一草一木,甚至一块石头,一具髑髅,都是有生命的东西。对它们都能发生情感,也因为他对万物都有感情,所以对万物就没有厌恶爱憎是非的观念,对任何物体都一视同仁,……其实庄子的无情,正是他对于宇宙的大感情。"③闻一多曾评道:"庄子是开辟以来最古怪最伟大的一个情种。"④"情种"两字下得精准。

庄子秉着这种天情,徜徉于天地之间。在他眼里,大化流衍本身就是一曲美妙的乐章;人沉浸在此中,"无言而心说(悦)"。《知北游》末:

① 陶鸿庆疑"至"为"主"之误,可从。(陶鸿庆:《读诸子札记》,北京,中华书局,1959,第39页。)
② 蒙培元:《情感与理性》,北京,中国社会科学出版社,2002,第5页。
③ 黄锦鋐:《庄子及其文学》,台北,东大图书股份有限公司,1977,第7~8页。
④ 闻一多:《古典新义·庄子》,北京,中华书局,1956,第282页。

"山林与！皋壤与！使我欣欣然而乐与！乐未毕也，哀又继之。哀乐之来，吾不能御，其去弗能止。悲夫，世人直为物逆旅耳！……夫务免乎人之所不免者，岂不亦悲哉！"细细体味，我们可以发现，"哀"正是因为美好事物倏忽不再而引起的。它反衬出庄子对宇宙和人生的爱，这是一种"神圣的客愁"（闻一多语），其本质是"伤美物之遂化"（谢灵运《山居赋》）。冯友兰指出："真正风流底人有深情。但因其亦有玄心，能超越自我，所以他虽有情而无我。所以其情都是对于宇宙人生底情感，不是为他自己欢老嗟卑"，"超越自我底人，站在一较高底观点，以看'我'，则个人的祸福成败，不能使他有哀乐。但人生的及事物的无常，使他有更深切底哀。"①此论谈的虽然是魏晋名士的风流，但完全适用于庄子。庄子的悲情、无情是感到极致才有的一种深情。李泽厚认为："庄子则道是无情却有情，外表上讲了许多超脱、冷酷的话，实际里却深深地透露出对人生、生命、感性的眷恋和爱护。"②

五、安命乘化

（一）安命

庄子在形式上不太讲知足知止，是因为他将其纳入了安命论。这是对道家哲学的一个新发展。命是外在因素对人力的裁决，它设定了个体的活动范围，知命便能知足知止。王博指出："命的存在对于庄子哲学来说是重要的，它肯定了世界上有'人之有所不得与'的领域，从而给人的活动规定了一个界限。命带给人不可奈何或者不得已的感觉，因此会停止向外的追逐，从而思考天与人的界限。"③知足是主观上的当下满足，命则是来自客观必然性和偶然因素的限制。《德充符》："游于羿之彀中……然而不中者，命也。"《达生》篇末，孙休因不得志而感喟："胡罪乎天哉？休恶遇此命也？"《秋水》："我讳穷久矣，而不免，命也；求通久矣，而不得，时也。"这些说法与通常意义上的命相同。尽管《至乐》髑髅见梦一节有"司命"之说，但与《楚辞》中的"司命"似乎不太一样。庄子突出了命的自然性，命没有一个确定的决定者（"为之者"），命是一种不可图、不可逆的自然之理。《大宗师》篇末子桑呼天唤地："吾思夫使我至此极者而弗得也。父母岂欲吾贫哉？天无私覆，地无私载，天地岂私贫我哉？求其为之者而不得也。然而至此极者，命也夫！"《达生》："不知吾所

---

① 冯友兰：《三松堂学术文集》，北京，北京大学出版社，1984，第614、615页。
② 李泽厚：《中国古代思想史论》，北京，人民出版社，1985，第190页。
③ 王博：《庄子哲学》，北京，北京大学出版社，2004，第161页。

以然而然，命也。"①先秦特别强调"力"的是墨子和荀子，墨子非命，荀子主张制天命。庄子则一往发挥安命论：

> 自事其心者，哀乐不易施乎前，知其不可奈何而安之若命，德之至也。（《人间世》）
>
> 死生存亡，穷达贫富，贤与不肖毁誉，饥渴寒暑，是事之变，命之行也；……故不足以滑和，不可入于灵府。使之和豫，通而不失于兑。（《德充符》）
>
> 饥渴寒暑，穷桎不行，天地之行也，运物之泄也，言与之偕逝之谓也。（《山木》）

"与之偕逝"指当一物逝去时，不必忧悲，更不能起心执而留之。《山木》："萃乎芒乎，其送往而迎来。来者勿禁，往者勿止"，"正而待之而已耳。"勿禁是因为其来不可御，勿止是因为其去不可止，这是客观的必然和世界的真相。庄子认为，人只是物的"逆旅"（旅舍），一个暂时存放之所。《缮性》说："物之傥来，寄者也。寄之，其来不可圉，其去不可止。"明乎此，则对万物的往来乃至肉体的死生变化，就可以不将不迎，正而待之，这样才不至于乍哀乍乐，心之和才不会被扰乱。而一时的哀乐感受一旦消除净尽，便能达到无往不乐（"和豫"、"不失于兑"意为悦乐）。

在此，顺带谈谈如何理解"与物为春"、"与物有宜"。徐复观认为它们"正说的是发自整个人格的大仁，……这是最高的艺术精神与最高的道德精神，自然地互相涵摄"②。韩林合也释为"像春天般善待万物"③。笔者以为，所谓"与物为春"、"与物有宜"，并非说不伤物（尽管它符合庄学精神），而是说真人没有特别的偏好，并不是非如何如何不可，所以能顺时应物，不知耳目之所宜。林希逸注比较可取："与物为春者，随所寓而

---

① 当一个人处境恶劣而又理会不出具体缘由时，就容易在无奈之下一方面呼天，另一方面又认命。《诗经》就传达了这种情绪，如《小雅·小弁》："民莫不穀，我独于罹。何辜于天？我罪伊何？心之忧矣，云如之何？"《邶风·北门》："出自北门，忧心殷殷。终窭且贫，莫知我艰。已焉哉！天实为之，谓之何哉！"此与子桑呼天唤地很相似。古人把非自身所能控制、自己也说不清楚的一些因素，姑名之为"天"，姑名之为"命"。《吕氏春秋·知分》："命也者，不知所以然而然者也。人事智巧以举错者，不得与焉。"

② 徐复观：《中国艺术精神》，上海，华东师范大学出版社，2001，第55页。

③ 韩林合：《虚己以游世：〈庄子〉哲学研究》，北京，北京大学出版社，2006，第51页。

皆为乐也，……此春字与兑字同。"①《大宗师》说真人"喜怒通四时，与物
有宜而莫知其极"，林希逸注："极，止处也；物，事物也。随事而处，
各得其宜，而无一定所止之地。"②《至乐》开篇说："天下有至乐无有哉？
有可以活身者无有哉？今奚为奚据？奚避奚处？奚就奚去？奚乐奚恶？"
这一连串的提问一方面反衬出时世背后的刀光剑影，另一方面也反映出
人身处其中而面临抉择时的焦虑感。究竟何去何从呢？庄子的解决方案
是奇特的。"奚"意为"如何"，但如果我们把它代换成"何必"，答案即豁
然在目。庄子认为，达到至乐的唯一途径是忘乐，忘乐则无乐而无不乐
矣，此即《达生》所谓"忘适之适"。苏轼《江子静字序》："夫人之动，以静
为主……其静有道，得己则静，逐物则动……物之来也，吾无所增，物
之去也，吾无所亏，岂复为之欣喜爱恶而累其真欤？……能得吾性不失
其在己，则何往而不适哉！"有所偏好，就可能逐物而动，如此则伤其
真；任物兀自来，兀自去，则无乐而无不乐。

（二）安死

人偶然而生，必然而死。人本来就是向死而生的，谁也绕不过死这
一客观必然性，但我们大多畏惧死。海德格尔在《诗人何为》中说，终有
一死的人甚至连他们本身的终有一死也不能认识和承受了。终有一死的
人还没有居有他们的本质。庄子认为，死亡是大化流衍中的一个必然环
节，故而应该坦然接受甚至欣然接受。《养生主》："是遁天倍情，忘其所
受，古者谓之遁天之刑。适来，夫子时也；适去，夫子顺也。安时而处
顺，哀乐不能入也，古者谓是帝之悬解。"《至乐》载庄子语："人且偃然寝
于巨室，而我嗷嗷然随而哭之，自以为不通乎命，故止也。"我们还可以
从《列御寇》"庄子将死"一节看出庄子对生死问题的豁达态度。《大宗师》
主要就是讲不死不生，化死生存亡为一体的。"死生，命也，其有夜旦之
常，天也。人之有所不得与，皆物之情也"；"彼近吾死而我不听，我则
悍矣，彼何罪焉？夫大块载我以形，劳我以生，佚我以老，息我以死。
故善吾生者，乃所以善吾死也……今一以天地为大炉，以造化为大冶，
恶乎往而不可哉！"而"相忘以生，无所终穷"也就是无死无生。庄子认为，
如果有藏天下于天下的胸怀，则无往而非我也。王孝鱼曾将外天下→外
物→外生→朝彻→见独→无古今→不死不生称为"破三关体四悟"，而讲
不死不生就是讲如何超越生死。生死被超越之后，便能达至"万物一府，

---

① （宋）林希逸：《庄子鬳斋口义校注》，周启成校注，北京，中华书局，1997，第92页。
② （宋）林希逸：《庄子鬳斋口义校注》，周启成校注，北京，中华书局，1997，第102页。

死生同状"(《天地》)、"死生惊惧不入乎其胸中"(《达生》)的境地。

庄子对死生问题的通达，是通于理而达于命之通达。通而为一则能达，通于事理则能达。劳思光精辟地指出："严格言之，'形躯'实是一对象，而非'主体'；实是一'物'，而非'我'。'形躯'与其他万物相较，本身实为万物之一。然人误以'形躯'为'自我'时，即生出一障执。"①《应帝王》中神巫季咸给壶子看相，但情况似乎反了过来，倒是壶子在为季咸看相。这一方面是对相面术的嘲弄，表现出庄子理性的一面；另一方面，看相的目的在于卜知死生存亡、祸福寿夭，而庄子主张顺应自然，不知悦生，不知恶死，在忘适而无所不适，自然就用不着这些玩意儿。儒家认为死虽不必患而实当哀，庄子则认为死不必患亦不必哀。为了破除横亘在世人心中的"死"结，庄子甚至用了一些"不近人情"的手法，如《大宗师》有孟子反、子琴张之临尸而歌；《至乐》有庄子的鼓盆而歌。

对庄子的生死观容易产生两种性质相反的误会。一者认为庄子厌生悦死。《至乐》："人之生也，与忧俱生。寿者惛惛，久忧不死，何苦也！其为形也亦远矣！"《淮南子·俶真训》高诱注："《庄子》曰：生乃徭役，死乃休息也。"《列子·天瑞》张湛注："《庄子》曰：生为徭役。"《梁书》卷 51 载刘歊《革终论》："庄周云：生为徭役，死为休息。"《文选》卷 14 班固《幽通赋》李善注与《革终论》同。这类言论似乎比较消极，但我们应该明确，庄子不是乐观主义者，但也不是悲观主义者。"生乃徭役"是说生时需要劳作，不能望文生义地理解为厌生悦死，否则谈何生命哲学？郭象《至乐注》说得好："旧说云庄子乐死恶生，斯说谬矣！若然，何谓齐乎？所谓齐者，生时安生，死时安死，生死之情既齐，则无为当生而忧死耳。此庄子之旨也。"阮籍《达庄论》："至人者，恬于生而静于死……生究其寿，死循其宜。"陶渊明也强调识运知命，其《神释》一诗曰："甚念伤吾生，正宜委运去。纵浪大化中，不喜亦不惧。应尽便须尽，无复独多虑。"《岁暮和张常侍》诗："穷通靡攸虑，憔悴由化迁。"这些都是对庄子安命乘化思想的极好诠释。

一者认为庄子既已齐生死，就没必要讲全生养生，而实际上庄子讲全生，所以他骨子里依然惧死。徐克谦说："如果死与生真是没有区别，则于此二者又何择焉？可见庄子内心深处也和所有人一样有着对人生短暂的忧虑，对死亡的恐惧，和对长生不死的希冀。而对生死的旷达态度，

① 劳思光：《新编中国哲学史》一卷，桂林，广西师范大学出版社，2005，第 191 页。

其实正是对死亡问题的无可奈何的解决方案而已。"①庄子的确热爱生命，但热爱生命并不一定就恶死。前引"死时安死"、"静于死"、"死循其宜"、"应尽便须尽"都可以用来驳斥这类说法。② 这类说法的产生，关键在于没有把握住何为全生、养生。全生是指，任何生命当其生之时，就有不被人为中断而尽其天年的权利；养生也只是顺其自然而尽其天年，并不是养形。庄子对生命也强调顺其自然，不要人为地损害，但也不求人为地延续，更没有追求长生不死。胡朴安《庄子章义》说："养生之极致，在于'可以尽年'一语。尽年者，不伤生，不求生，不畏死，不祈死也。"此论极为精当。《德充符》说"常因自然而不益生"，《刻意》说"不道引而寿"。所谓"寿"，只是尽其天年。"吹呴呼吸，吐故纳新，熊经鸟申"（《刻意》）等导引之术是庄子学派所不屑为的；在他们看来，这些人充其量只是"养形之人"。后世道教中人把"活身（形躯）"当成"至乐"的内容，追求长生不死、羽化登仙，实在是对道家的一种歪曲，未尝不是贪生失理之迷执。《达生》篇首曰："达生之情者，不务生之所无以为；达命之情者，不务知之所无奈何……生之来不能却，其去不能止。悲夫！世之人以为养形足以存生，而养形果不足以存生，则世奚足为哉！"这里明说养形不足以存生。实际上，处世在当时比摄生更难，全生、养生是在谈如何处世。王博指出："庄子所谓的养生，并非如彭祖寿考者所喜好的吹嘘呼吸、吐故纳新、或者熊径鸟伸等类的技巧。这些技巧当然可以满足延年益寿的目的，可是和庄子理解的养生却显得风马牛不相及。彭祖们是把人作为一个自然人来思考的……他的养生，在根本的意义上就是如何处理自己和他人以及社会的关系，如何在错综复杂荆棘遍地的环境中找到一个安全的存身之地。"③庄子（包括老子）并没有宣扬神仙方术思想，我们不能沿袭道教对他的误解。《抱朴子》内篇《释滞》："又五千文虽出老子，然皆泛论较略耳。其中了不肯首尾全举其事，有可承按者也。但暗诵此经，而不得要道，直为徒劳耳，又况不及者乎？至于文子、庄子、关令尹喜之徒，其属文笔，虽祖述黄老，宪章玄虚，但演其大旨，永无至言。或复齐死生，谓无异以存活为徭役，以殂殁为休息，其去神仙，已千亿里矣，岂足耽玩哉？"葛洪抱怨老子"了不肯首尾全举其事"，嗔怪文子、庄子"永无至言"，"其去神仙，已千亿里矣，岂足耽玩哉！"仙翁出此怨言，反可

---

① 徐克谦：《庄子哲学新探：道·言·自由与美》，北京，中华书局，2005，第139页。
② 也许还会有人质问，庄子既然齐生死，那为什么不去死？我们可以这样回应，庄子既已齐生死，何必去死？
③ 王博：《庄子哲学》，北京，北京大学出版社，2004，第46页。

证明先秦道家绝异于道教。北魏崔浩攘斥佛老而崇信道士，亦可为此佐证。白居易《海漫漫》就说过："何况玄元圣祖五千言，不言药，不言仙，不言白日升青天。"①

又有论者把庄子的生命哲学曲解成明哲保身的保命哲学。比如，陶东风虽然承认庄子超越性、批判性的一面，但他认为庄子重肉体生命而轻精神价值，只是保命而非反异化。笔者以为，庄子绝非贪生怕死之辈，养生不是养肉体生命，把人当成自然人来养。养生还有一个重要层面，即对心灵的培护。生命既是肉体生命，更是精神生命。庄子认为，身非己有，不可执形而叹逝，但当顺之而修道养心。《知北游》："人生天地之间，若白驹之过隙，忽然而已！"《盗跖》："天与地无穷，人死者有时。操有时之具，而托于无穷之间，忽然无异骐骥之驰过隙也。"作为托寄于无穷天地之间的一个时间性存在，人的短暂生命意义何在？庄生开启了对时间的存在论体验，他哀形躯之日徂而惜乎世人不知真正之生命。

如何看待安命乘化论呢？一般都认为庄子在宣扬命定论或宿命论，否定人的主观能动性。其实庄子并没有这层意味。刘笑敢肯定这是一种达观的安命论，是通过顺应自然来获得自由，但他又认为安命是为了论证绝对无为（一无作为）的合理性，因而是庄子哲学中最消极的内容。②我们应该承认，我们并不是无所不能的，外在因素有时不是我们想改变就可以改变的。《文子·上德》："物有不可如之何，君子不留意。使人无渡河可，使河无波不可。"在这种情况下，安命就不能解释成否定能动性或消极退避，何况庄子的无为也不是绝对无为。陈少明说："认命的观点，对不同的人有不同的意义。它对下是说教，对上是奉承，对自身则是自欺或自我掩饰。"③这里把对上、对下、对自身全说了一遍，没有一点正面评价。安命乘化论若把握不好，确实会产生这些弊端，但庄子的理论动机并非如此。它本质上是一种生死智慧，是要破除对生死的执迷，造就一种顺其自然的生活态度。庄子自己已解悬，他要解世人的结，他想让世人知道，还有另外一种活法。我们还可以看到，庄子破生死也是

① 按，道教热衷于调息、导引、辟谷之术，本无可厚非，但引道家思想作为理论支撑，是不适宜的。道家是哲学的推衍，道教是术的集合；一哲学一宗教，一顺乎自然一反乎自然，其宗旨可谓南辕北辙。道家派生不出道教，道教只是强引道家为自己的同志，我们不能将两家混为一谈。为了将道教与道家相区分，方东美曾生造 Taoisoism 一词来指称道教。

② 参见刘笑敢：《庄子哲学及其演变》，北京，中国社会科学出版社，1988，第 143～153 页。

③ 陈少明：《〈齐物论〉及其影响》，北京，北京大学出版社，2004，第 108 页。

为了进一步破除物欲。死生尚不能干怀，功名利禄等等更不足以经心。《齐物论》："死生无变于己，而况利害之端乎！"《田子方》："死生亦大矣，而无变乎己，况爵禄乎！"韦政通评道："庄子是一个十分通达的人，在他主观的心境上实已达到无所不通、无所不透的地步，人世间再没有什么东西可以系缚他的心。名利不动，哀乐不入，置生死于度外，实乃精神世界的超人。"①可见，安命乘化思想可以在一定程度上泄导人们的精神压力，有时还能因此培养出一种豁达与洒脱的气度，从而以一颗平常心来从容应对人生中的变数。

附：评学界关于老庄生命智慧的一种观点

在分析老庄"无"的生命智慧之后，笔者想集中就学界的一种观点再做一点辨析。

> 梁启超："欲如何欲如何者，正乃人性之自然也。而彼宗【道家】必欲反此自然灭此自然，则虐马之伯乐，矫揉埴木之陶匠，非他宗而彼宗也。质言之，则戕贼自然者莫彼宗若也。"②
>
> 钱锺书："人而得与天地合德，成人而能婴儿，皆'逆'也，六五章论'玄德'所谓'反乃至大顺'……在天地为自然，在人为极不自然；在婴儿不学而能，在成人勉学而难能。""借曰能之，乃刻意矫揉，尽心涵养，拂逆本性，庶几万一。"③
>
> 刘清平："不仅道与人分别拥有自己的'自然'（自己如此的现实本性），而且这两种'自然'彼此之间还截然有别：道之'自然'（'天之道'）就是'无为'，人之'自然'（'人之道'）却是'有为'。换句话说，'道法自然'就是坚执'无为'，'人法自然'却是坚执'有为'。结果，一方面，倘若人去效法道之'自然'，便会违背人之'自然'；另一方面，倘若人去效法人之'自然'，又会违背道之'自然'，从而在究竟是效法'道'之'自然'、还是效法'人'之'自然'的问题上造成两难的局面。"④

---

① 韦政通：《中国思想史》上，上海，上海书店出版社，2003，第119页。
② 梁启超：《先秦政治思想史》，北京，东方出版社，1996，第131页。
③ 钱锺书：《管锥编》第二册，北京，中华书局，1979，第421、420页。
④ 刘清平：《无为而无不为——论老子哲学的深度悖论》，见叶朗主编：《哲学门》第二卷第一册，武汉，湖北教育出版社，2001，第35页。

显然，以上认识仍是荀子批评庄子"蔽于天而不知人"、惠施批评庄子"人而无情，何以谓之人"的现代版。在他们看来，过错不在于人违背"天之道"，而恰恰在于老庄违背了"人之道"，使人不成其为人。但事实上，这类认识只是浮于文字表面，未能深入分析字词的具体内涵，因而与道家思想隔着几层。上述学者中，刘氏热衷于到处揭发所谓的"深度悖论"，可连"自然无为"这一道家哲学的宗旨都未能把握，其所谓老子哲学的"深度悖论"，也就成为无根之谈。如实说，道家正言若反的言说方式造成很多表面上的悖论，但其深层不存在所谓的悖论。

成复旺则同时批评道家与儒家。他认为，庄子虽然反对儒家约束人的性情，但"吾丧我"实质上是"把我变为非我、把人变为非人"，"是人的精神自杀，是人的精神天葬"。[①] 人向天的回归是人之意义的彻底丧失，是对人的全面否定："这是克服文化的异化吗？这是克服人自身，是把人异化为物。"[②]成氏认为真我只能是人的现实生存，而道家所理解的人的本性是前文化的自然属性，他们"尊重人的本性却又歪曲了人的本性"[③]，道家的根本过失就在于让宇宙大化吞没了个人价值乃至人类价值。道家与儒家通力合作，都否定人的现实生存，"儒家把它完全视为禽兽的、即自然的，而排除在人之外；道家又把它完全视为有为的、即人的，而排除在自然之外"，两家的人学"不是致力于人的自我发展，而是致力于人的自我约束"，"如果以为庄子真的是提倡情感自由、个性解放那就错了……如果说儒家是用'仁义'的尺子'侵其德'、'削其性'的话，道家不过是用'天道'的尺子'侵其德'、'削其性'罢了"[④]，两家既对立又互补的格局就在乎此。

成氏著作时有洞见，但笔者不得不说，他对儒道两家实有不少误解，尤其对道家更是如此。这类误解甚至关系到道家哲学的终极关切是什么，以及道家美学能否成立。

首先，成氏并未真正体贴出道家"无"的智慧，他基本上是照着无为、无知、无欲、无情的字面意含来理解的。于是，无为成了毁灭文化，回到原始；无情无欲成了禁欲主义，意图把人变成草木。成氏的这种看法与他对道家美学的精到论述是自相矛盾的。他指出，中国传统审美方式

① 成复旺：《中国古代的人学与美学》，北京，中国人民大学出版社，1992，第148、145页。

② 成复旺：《中国古代的人学与美学》，北京，中国人民大学出版社，1992，第212页。

③ 成复旺：《中国古代的人学与美学》，北京，中国人民大学出版社，1992，第123页。

④ 成复旺：《中国古代的人学与美学》，北京，中国人民大学出版社，1992，第217、219、193页。

是神与物游，中国传统审美活动的最高环节是以人合天，这些都由道家奠定并加以突出。"道家不仅是奠定了中国传统美学的哲学基础，而且也确定了中国传统美学的思想体系。"①问题是，审美是人类文化的一个组成部分，审美离不开感性（事物的感性形式以及审美主体的感性因素），但老庄如果真的毁灭文化，否定情感和欲望，那还有道家美学吗？如果成氏对老庄哲学的误解成立，那么，道家美学便根本无从谈起，乃至中国古典美学的整个大厦都得坍塌。其实，无为、无欲、无情只是否定特定形态的为、情、欲，并没有否定一切形式的为、情、欲。道家"无"的生命智慧是要昭示世人追求一种单纯简朴的生活（道家似乎反对技术发明，其真正用意只是去除机心而过一种简单素朴的生活）。正是这种在世方式或生活态度，才使人像孩童一般，对万物都能觉出惊异，就好像第一次见到那样。而我们知道，审美心理的一个基本特点是无欲，《管子·心术上》就说："嗜欲充益，目不见色，耳不闻声。"我们再看《庄子》中的镜喻和水喻。《德充符》："人莫鉴于流水而鉴于止水，唯止能止众止。"《天道》："水静则明烛须眉，平中准，大匠取法焉。水静犹明，而况精神！圣人之心静乎！天地之鉴也，万物之镜也。"止与静都针对贪欲而言。在庄子看来，贪欲是一种蒙蔽精神的尘垢。尘垢止则鉴不明，贪欲荡则心不明。满是尘垢的镜子，照出的只是灰蒙蒙的物影；受贪欲驱遣的心，同样不能映现出万物之真身和澄澈的世界。

其次，成氏没有从群己关系上来把握道家哲学。老庄诚然以道为正，但道的一大特性是虚，虚则涵容万有，而不是把自己作为尺子以正万有。他们从没想过要当教师爷，去强人从己。相反，他们强调以百姓之心为心、以物为量，争取为万有的真实存在开出一个广阔的空间。成氏又认为苏轼处在魏晋与明末两次人的觉醒之间，是明末启蒙思潮的先驱，因为他主张"只当各行其是，各不相妨。这是一种个性自由、意志自由的思想"②。但是，这种思想本身就是庄子的思想，成氏难道没有读出？

最后，成氏还把中国传统的理想人格区分为三种：儒家开创的伦理人格、道家开创的自然人格和明中叶以后突起的个性人格。三种人格的情感状态分别呈现为动态、静态、狂态。这种说法忽视了一个重要事实，即个性人格的来源也是道家哲学，狂怪之气其实就蕴含在道家哲学之中，尤其是庄子哲学。自然人格的情感状态不只是静态，也可以是狂态（因为

---

① 成复旺：《中国古代的人学与美学》，北京，中国人民大学出版社，1992，第196页。

② 成复旺：《中国古代的人学与美学》，北京，中国人民大学出版社，1992，第392页。

真而狂），庄子和他笔下的许多人物就是狂人（如解衣般礴的气度、临尸而歌的放达）。静与狂同时存在于庄子身上，而且正是因为静定才能狂，为物所扰则不能狂。心如古井是庄子的一面，掀翻天地也是他的一面。庄子可以说是中国历史上第一个冲决罗网的狂人，后世的许多思想家、文学家、艺术家（包括成氏特别看重的明末诸人），都受过他的深刻影响。

第四章　如其本然——去除外在
干涉的吁求

　　丧我显吾侧重涤除来自自身的束缚，如其本然侧重走出自我，以物为量，不对他者施加强制与干涉。它们实际上是一个问题的两面：唯有丧我显吾，才能虚出一个空间，不把万物封死。丧我显吾可以说是为如其本然所做的准备工作。

　　老庄认为，万物无需人为干预就能自化自正；人一妄为，万物各自的性分就会遭到不应有的歪曲和损毁，宇宙的大和谐随即被破坏。老庄哲学的终极目的可以说是通过自然无为来为万有争取各自的存在空间。老庄所以强调"不相往来"、"相忘于江湖"，一方面体现了他们对万物自化自正能力的充分信任，另一方面也是警惕"我"与他者在往来过程中所可能造成的相互侵扰。

　　本章主要探讨老庄的政治哲学与伦理道德观。在此首先需要说明一点，政治哲学不同于具体的政治学。政治哲学是从哲学层面上对政治行为之观念基础的探讨和检视，它的核心关切是政治应当如何，正如美国当代著名政治学家达尔（Robert Alan Dahl）所提："政治哲学的特殊贡献就在于它曾特别关注关于价值、规范和标准的信念。"①有人认为："老庄的无为所表征的仅是一种政治上的价值指向，而存在向现实政治落实的困难。"②从某种意义上说，这一评价是恰当的。但假如我们以老庄哲学不能落向现实为由而否定它，那就是不适当的。老庄的道治主张本来就不是政治学，而是政治哲学。他们主要是在给定的条件下，讨论治理天下的大原则，而不涉及具体的制度形式。因此，我们应该重在把握其方案的目的及背后的精神。

---

　　①　〔美〕达尔：《现代政治分析》，王沪宁等译，上海，上海译文出版社，1987，第170页。
　　②　暴庆刚：《郭象的无为政治观述论》，《人文杂志》2008年第2期。

第一节　玄德与自化自正

朱子的高足陈淳曾言："老庄说道，都与人物不相干，皆以道为超乎天地器形之外……只管想象未有天地之初一个空虚底道理，与自家身有何干涉？""老氏清虚厌事，佛氏屏弃人事，他都是把道理做事物项头玄妙底物看，把人事做下面粗底，便都要摆脱去了。"①这是对老庄的绝大误解，如同其师将"无为"理解成"全不事事"一样错得离谱。历史上的很多儒者因门户之见，不肯放下身段深入他家思想反复推求，就好发一些不负责任的武断之论，值得我们深以为戒。

老庄确有宇宙论思想，对"道"的从虚不从实的诠释进路不符合老庄思想，但他们的宇宙生成论显然又不同于西方哲学的宇宙生成论。庞朴说得好："中国人的所谓道，和希腊人的相应范畴'逻各斯'，虽同为哲学的最高范畴，却有着重大差别。那主要是一个源于行走，一个源于言谈；一个指向实践，一个沉缅【湎】理性。"②老庄的道是实践性的道，他们奠定了以道为最高薪向的哲学价值论，其道论是为了给政治和人生立一个行动的理想标准。他们有宇宙论思想，但重点不是宇宙论，而在推天道以明人事。老庄的思想起点和关注中心仍是社会人生中的现实和个体的生存本身。其哲学是为人生的哲学，是人的现实生存状态推动着他们做这样那样的思考。老庄从未离开人事去穷究宇宙的来源。道论的贡献不在于提出宇宙本原问题，而在于提出行事处世的自然无为原则。因此，在老庄哲学体系中，形上学没有独立地位，而是服务于政治哲学和人生哲学。

一、伦理政治的三种进路

现在我们将《老子》17 章与 38 章合观，可以看出老子伦理政治思想的大略：

---

① （宋）陈淳：《北溪字义》卷下，熊国祯、高流水点校，北京，中华书局，1983，第 38～39 页。
② 庞朴：《原道》，《一分为三——中国传统思想考释》，深圳，海天出版社，1995，第266 页。

太上，下知有之；其次，亲而誉之；其次，畏之；其次，侮之。（17章）

故失道而后德，失德而后仁，失仁而后义，失义而后礼。夫礼者，忠信之薄而乱之首。（38章）

境界	17章 侧重政治视角	38章 侧重伦理视角		对应的学派
太上	下知有之	道德		道家
其次	亲而誉之	仁	孔子	儒家
		义	孟子	
		礼	荀子	
其次	畏之	【法】		后期法家
其次	侮之			

此表格能让我们清楚地看到三家伦理政治主张的对应性及所处的层次。伦理一栏，笔者实以孔孟荀，又在仁义礼之后附上后期法家。原始儒家的这几个代表性人物各有自己的理论侧重点：孔子重"仁"，孟子崇"义"，荀子隆"礼"。而荀子培养出韩非、李斯这类法家代表人物，实乃题中应有之义。这真是应了老子的话。我们总不能又说《老子》必成于《荀子》之后，而只能说这是老子的先见之明。他对于西周以来的礼乐文化以及常规的仁义道德所内藏的隐患，富有深刻的洞见。

伦理层面稍后分析。老子在此排出了社会治理的几种不同境界，这些境界每况愈下。"下知有之"是道家主张的道治，元吴澄本、明焦竑本等作"不知有之"。胡适说："日本本作'下不知有之'，说此意更进一层，更明显了。"①老子主张社会治理者应尽可能让百姓安居乐业而不感到有人在上宰制他们或给他们施恩，此时君与民可以说是相忘于江湖，有君主跟没有君主一个样。

"亲而誉之"是儒家式的德治。《论语·为政》："为政以德，譬如北辰，居其所而众星共之。"儒家是强调等级秩序和政治向心力的。从纵向看，君主处于金字塔的塔尖；从横向看，君主处于天下之中央。

---

① 胡适：《中国哲学史大纲》上卷，北京，商务印书馆，1947，第53页。

"畏之"是后期法家式的刑治。① 他们迷信权力的征服力和刑罚的威慑力，然而这恰恰是政府无能的表现。此时民众虽然表面上被管制得不敢吱声，实际上已达至"暴雨将至"的临界点（72 章"民之不畏威，则大威将至矣"）。

"侮之"则是官逼民反，民众揭竿而起。官府把民众"逼上梁山"的同时，也就把自己推到了绝境。秦朝短短 15 年，成为中国历史上最短命的王朝，就充分地说明了这一点。

《论语·为政》：道之以政，齐之以刑，民免而无耻；道之以德，齐之以礼，有耻且格。

《孔子家语·刑政》：太上以德教民，而以礼齐之；其次以政言导民，以刑禁之，刑不刑也；化之弗变，导之弗从，伤义以败俗，于是乎用刑矣。

《孔丛子·刑论》：以礼齐民，譬之于御则辔也；以刑齐民，譬之于御则鞭也。执辔于此而动于彼，御之良也。无辔而用策，则马失道矣。（《韩诗外传》卷 3 所引略同）

《孔子家语·执辔》：闵子骞为费宰，问政于孔子。子曰："以德以法。"

《孟子·离娄上》：徒善不足以为政，徒法不能以自行。

以上材料显示，儒家也反对后期法家式的繁苛的法制禁令。在孔子

----

① 笔者不愿笼统地提及"法家"。初期的法家（如慎到）与道家联系较为密切，他们还能替民众着想，要以法来限制君权；后期的法家（如申不害、韩非、李斯）与儒家联系较为密切，他们专替专制君主设想，变成以法来强化君权。后期法家扮演为虎作伥的角色，其所谓法，与今天保护公民权利与自由的法律恰相反，因而其治理方式与其说是法治，不如说是刑治。

慎到则强调立公去私。他根本不信任心，认为心脱不掉主观性，必定会产生偏私，所以找了一个外在的客观标准（法）来抑私。《慎子》："民一于君，事断于法，是国之大道也"，"权衡，所以立公正也；书契，所以立公信也；度量，所以立公审也；法制礼籍，所以立公义也。凡立公，所以弃私也"，"君舍法而以心裁轻重，则同功殊赏，同罪殊罚矣，怨之所由生也。是以分马者之用策，分田者之用钩，非以钩策为过于人智也，所以去私塞怨也。"

另有黄老学派主张"道生法"，法由天地自然之道派生，而非出于君主的个人意志；这样的法是社会的最高权威，要求君与民共守。后期法家背离了法的根本精神，其所谓法，完全成了君主的旨意。君主成了社会的最高权威，他可以随意地对法做出废立、解释，法就蜕变成了管制天下民众的工具。萧公权曾指出："专制为君本位之思想，法治为法本位之思想……故专制政体中之法律，其性质殆近于君主意志之成文纪录。"（萧公权：《中国政治思想史》，沈阳，辽宁教育出版社，1998，第 251 页）

看来，不先以仁义礼乐的教化而政刑繁苛，动辄对民绳之以刑，就是有意挖陷阱让民来跳。所谓"刑不刑"，意为刑是最后一道防线，不得已时才用刑，平时则虽设而不用。可见，儒家极力扩大教化之效用，并尽量缩小政刑之范围。后期法家则否定教化，专任政刑。两家看似相反，其精神内核却是一致的，因为"以礼齐民"与"以刑齐民"都重在一个"齐"，两者是五十步与百步的关系。礼再往前走一步，便是法。后期法家由儒家蜕变而来，法家集大成者韩非、李斯出于荀子门下，并非偶然。

　　如上，儒家所能想到的治理方式也就两种：德治与法治。道治则超越了这个思维框架。老子既不认同后期法家式的强势"统众"，也不需要儒家式的众星拱月，不需要百姓感恩回报、歌功颂德。值得注意的还有，老子不是直接点出君的"南面之术"，而是间接地从民的反应入手，来铺陈不同境界的政治。这也说明老子是紧扣君民之间的互动关系来谈政治的，以及他对民的重视程度。

二、"玄德"之提出及其三个面向

　　有人说道家不讲伦理道德，事实并非如此，因为道家讲的是超越仁义礼的"玄德"。历史上一些儒者往往根据道家批判仁义之说，便将其斥为异端，实未能透表入里，遗其皮毛而得其真质。笔者以为，误解的根本原因在于没有关注"玄德"。《德篇》首章（38 章）劈头说："上德不德，是以有德。""不德"方有德，可以说冲决了人们的常识俗见。而《道篇》首章劈头说："道可道，非常道。"可道之道非常道，同样冲击了人们有关道的常规观念。合而言之，老子想让世人理解何为真正意义上的"道"（不道之道）、"德"（不德之德）。这两句话都出现在首章之首，不知是巧合，抑或有意为之？后者的可能性应该更大。

　　"德"字在《老子》一书中出现 40 余次。事实上，《老子》五千言有近三分之一的内容都在比较直接地讨论"德"。我们知道，《老子》又称《道德经》，原分为《德篇》与《道篇》。从某种意义上说，老子哲学是不折不扣的道德哲学。在老子那里，"德"有三层基本含义：玄德、物之得于道者（《管子·心术上》"德者，得也"）以及常规意义上的伦理道德。尽管老子从未言"性"，但"德"实际上就是一种性：玄德是道体及法道者之德性，物所得是物之道性，常规意义上的德是世人常说的伦理属性。我们在此着重讨论玄德，不从"玄德"入手，就难以说清道家的道德观，难以将其与常规道德（特别是儒家的仁义道德）之异同鲜明地展现出来。

　　进入正式讨论之前，我们先对已有研究做一简要梳理。已有论者开始注意到"玄德"，但这些论文虽有所见，深入细致的分析却显得还是不够，同时夹杂着一些理解上的偏差。相对而言，郑开《玄德论——关于老子政治哲学和伦理学的解读与阐释》、许抗生《老子论圣人之玄德》二文能扣住文本讨论。① 郑文重心在于使道家的"玄德"与儒家的"明德"形成强烈反差，借以揭示道家的伦理政治主张，其间不乏真知灼见，但对"玄德"本身着墨相对少了。许文偏重"玄德"本身的分析（作者将其析为六种德性：朴德、谦德、俭德、慈德、宽德、信德），但这种分析总体较平。

从字面上看，"玄德"一词在《老子》之前的文献中曾出现过一次，《尚书·舜典》称舜因其"玄德"而被起用："浚哲文明，温恭允塞，玄德升闻，乃命以位。"然而，今本《舜典》开首的包括这 16 个字在内的 28 个字并不在西汉伏生所传 29 篇《今文尚书》之内，因此，就我们目前已掌握的材料，称老子首次提出"玄德"的概念，似乎并不为过。《老子》一书中，"玄德"凡 3 见，两处是对"玄德"做出定义，一处是叹其功用。

> 道之尊，德之贵，夫莫之命而常自然。故道生之，德畜之，长之育之，亭之毒之，养之覆之。生而不有，为而不恃，长而不宰，是谓玄德。（51 章）
>
> 故以智知邦，邦之贼也；以不智知邦，邦之德也。恒知此两者，亦稽式也。恒知稽式，是谓玄德。玄德深矣远矣，与物反也，乃至大顺。（65 章，此据帛书本校订）

老子所谓的"玄德"首先是形上道体之德性，如 51 章所示，类似的说法还有 34 章。65 章所说的"玄德"具体指人君不以智治国，这只是"玄德"的一个方面，但它表明人亦可具备"玄德"。《老子》之圣人是体道者。体道并非那么玄乎，实指人居有道之玄德。因此，圣人的本质规定性就是玄德。对此，表述最为明确的是"是以圣人居无为之事，行不言之教。万物作焉而不为始，生而不有，为而不恃，功成而弗居"（2 章）；"是以圣人为而弗有，成功而弗居也，若此，其不欲见贤也"（77 章，此据帛乙）。此外，《老子》还有"孔德"、"常德"、"上德"、"广德"、"不争之德"等说法，这些不同名目的德要么是"玄德"的异名同谓，要么是它的具体展开。庄子学派与黄老学派都对"玄德"做出过积极响应。《庄子·天地》：

---

① 参见郑开：《玄德论——关于老子政治哲学和伦理学的解读与阐释》，《商丘师范学院学报》2013 年第 1 期；许抗生：《老子论圣人之玄德》，见方勇主编：《诸子学刊》第五辑，上海，上海古籍出版社，2011。

"性修反德,德至同于初。同乃虚,虚乃大……与天地为合。其合缗缗,若愚若昏,是谓玄德,同乎大顺。"①《黄帝四经·经法·六分》:"王天下者有玄德。"这里都指人同于道时所发显出的玄德。由此,我们可以概括出"玄德"的几个特性。

(一)没有偏私地呴育万物

老子之道是一个形上实存的创造性本体。道面向万物,没有偏私地呴育着万物。《管子·心术上》就明确地说:"化育万物谓之德。"这里以较难理解的《老子》第 5 章为例做出分析。此章说:"天地不仁,以万物为刍狗;圣人不仁,以百姓为刍狗。"刍狗是用草扎成的狗,古时用于祭祀,祭毕即弃去,有似今时农村葬礼用的纸人纸马。② 人们很容易望文生义,以为老子视民如草芥,或认为老子诋毁天地、圣人,或认为这四句是悲天悯人的愤慨之辞。老子强调"不仁",最为儒者所诟病,在此我们仅列举一些学者的误读:

> 然天地无心,其不仁也,"任"或"不相关"而已。圣人虽"圣",亦"人"也;人有心也,其不仁也,或由麻木,而多出残贼,以凶暴为乐。人与天地合德者,克去有心以成无心,消除有情而至"终无情",悉化残贼,全归麻木……黄老道德入世而为韩非之刑名苛察,……岂尽末流之变本忘源哉?③

> 老子此旨曰,天地之于万物,圣人之于百姓,均始用而旋弃,故以刍狗为喻而斥为不仁。④

> 此文当各以十字句。天地不仁以万物为刍狗者,谓以万物为刍狗,天地以为不仁也;圣人不仁以百姓为刍狗者,谓以百姓为刍狗,圣人以为不仁也。⑤

---

① 中国古人常用美来指称善。《庄子·知北游》:"天地有大美而不言,四时有明法而不议,万物有成理而不说。圣人者,原天地之美而达万物之理,是故至人无为,大圣不作,观于天地之谓也。"这里,天地、四时、万物就在行"不言之教",圣人应该法天则地,实行无为。"天地"不宜理解成物理的天地宇宙,而应理解为天地自然之道。道无形象,而审美必须有感性形象,故"大美"实意为大善,即玄德。

② 《庄子·天运》:"夫刍狗之未陈也,盛以箧衍,巾以文绣,尸祝齐戒以将之。及其已陈也,行者践其首脊,苏者取而爨之而已。"另参《淮南子·齐俗训》。

③ 钱锺书:《管锥编》第二册,北京,中华书局,1979,第 420～421 页。

④ 刘师培:《老子斠补 庄子斠补》,见《刘申叔先生遗书》廿六,民国二十五年宁武南氏铅印本,1936,第 3 页。魏源、王垶等人亦持此见。

⑤ (清)于鬯:《香草续校书》,北京,中华书局,1963,第 3 页。

其实，老子绝没有主张麻木不仁乃至凶残，也不是为万物、百姓出气，而于鬯的读法迂曲得离谱。苏辙注较为明朗："天地无私而听万物之自然，故万物自生自死，死非吾虐之，生非吾仁之也。"①"刍狗"盖喻有生有死。老子想告诉我们天地之实然与圣人之应然：天地无心，无所偏爱，听任万物自生自灭；圣人虽有意识，但应该师法天地，无所偏私，任由百姓当生则生，当死则死。41 章说"广德若不足"，74 章将天道比为"司杀者"，也能进一步说明何谓"不仁"。然而，"司杀者"的提法是反对君主"代司杀者杀"，主张万物皆有权利尽其天年。可以想见，在尽天年都难的春秋战国时代②，老子提出这种主张，该是何等胸怀！"若不足"只是若而已矣，非真不足也；更确切地说，是世人不知足，所以觉得不足。唐君毅之说可以打消这种非分之想："唯由人恒对天道之有分外之贪求，而不知足，乃或只见天地之不仁，而疑天之道利而不害。此乃人不知足之所为，非天之道不归于利而不害之谓也。"③人们假如埋怨天地何不做得更好，便是不明天道自然。苏轼《泗州僧伽塔》诗云："至人无心何厚薄，我自怀私欣所便。耕田欲雨刈欲晴，去得顺风来者怨。若使人人祷则遂，造物应须日千变。"

天地无心而纯任自然，它固然无心于仁爱，但也不曾薄情憎恨于谁。顺着老子的思维方式进一步分析，自然主义的"不仁"非真不仁也，它是"天道无亲"(79 章)或庄子所谓的"大仁不仁"(《齐物论》)、"至仁无亲"(《天运》载庄子语)，亦可称为不仁之仁。这反映了儒道两家的一个重大分歧。儒家的仁是有差等的，这种差等在很多情况下是人为规定出来的，中国传统社会的"差序格局"(费孝通语)，中国古代的仁爱和法律视所施对象与自己的关系远近深浅而加以程度上的伸缩，就是在儒家思想的主导下而形成的。而"不仁"则否定仁的差等性。仁爱出于有心，它是有偏私的，因而不能周遍；"不仁"无心于仁与不仁，没有偏私，故能兼怀万物。道家为什么不需要仁呢？根本原因在于天地、圣人本来就循道而行，而非行仁义。"大道废，有仁义"、"失道而后德，失德而后仁"告诉我们，

---

① (宋)苏辙：《道德真经注》，黄曙辉点校，上海，华东师范大学出版社，2010，第 5 页。
② 《墨子·尚贤中》："民，生为甚欲，死为甚憎。所欲不得而所憎屡至。"全生竟然成为庄子哲学的一个主题，本身就反衬出了时世的险恶。《庄子·人间世》开篇说卫君草菅民命："其年壮，其行独。轻用其国，而不见其过；轻用民死，死者以国量乎泽，若蕉，民其无如矣！"篇末楚狂接舆歌曰："凤兮凤兮，何如德之衰也！来世不可待，往世不可追也……方今之时，仅免刑焉！"《在宥》："今世殊死者相枕也，桁杨者相推也，刑戮者相望也。"
③ 唐君毅：《中国哲学原论·原道篇》卷一，台北，学生书局，1978，第 311 页。

仁相对于道而言，属于次一级的境界。道不是仁的反面，道足以尽仁，仁却不足以尽道。

两家分歧还在于为仁的方式与秉着何种精神去作为。8章"水善利万物"，"善"字非常重要，它不是可有可无的。老子不是平平地说利物，还讲究如何去利物。王弼5章注就有这个意思："天地任自然，无为无造，万物自相治理，故不仁也。仁者必造立施化，有恩有为。造立施化，则物失其真；有恩有为，则物不具存。"此注提示我们，"不仁"与"仁"的一个区别在于无心顺物还是有心施为。无心顺物，则物全其真；有心施化，则物失其性。推仁会引发诸多弊端。《庄子·徐无鬼》："爱民，害民之始也。"爱并不必然就是好的。爱如果是一种恩赐，会使被爱者感到压力；爱在某些时候更是对被爱者的干预与打扰。在爱的漂亮旗号下，强加于人的行为被合法化了。鄢圣华说得好："仁义最容易成为政府干预的借口，仁义之政实际上会是一个不断增加政府干预的思路。"①就君民关系而言，君无法保证自己的良好愿望就是民的愿望，在此情况下，君无非就是打着爱民的旗号将自己的意志强加于民；即使两相符合，君代民操办，也让民失去了自主自立的能力。总之，爱民不能成为干涉民众的借口，社会治理者应该尊重百姓的意愿，不把自己的意志或一厢情愿强加于百姓。《天地》："至德之世，不尚贤，不使能。"《秋水》："是故大人之行，不出乎害人，不多仁恩。"处理君民关系乃至一般的群己关系，最重要的不是去主动承担，而是不相为害。只要不相为害，绝大多数问题就不会生起，也就不需要相为。道家想说的是，人君（乃至一般个体）如能从根柢上消除自我的控制占有欲，创设一个任自然的社会大环境，即有望造就一个万类并生、各适其天的人间世。《老子》34章王弼注："故天下常无欲之时，万物各得其所。"18章注："鱼相忘于江湖之道，则相濡之德【不知其所】生也。"皆此意。前面提到的"不多仁恩"，不是不为善，而是反映了对儒者那套仁义道德的不信任，亦即《齐物论》所说的"仁常则不成【一作'周'】"。个体的需求是不一样的，殚精竭虑地推行仁爱，结果不外是拆东墙补西墙，利一而遗百。汉代严遵就"圣人不仁"注道："仁爱之为术也有分，而物类之仰化也无穷，操有分之制以授无穷之势，其不相赡，由【犹】川竭而益之以泣也。"②

反对仁不意味着提倡不仁。老子批判儒家式的仁义观，他不按常规

---

① 鄢圣华：《老子旨归》，合肥，安徽教育出版社，2013，第125页。
② （汉）严遵：《老子指归》，王德有点校，北京，中华书局，1994，第127页。

"出牌"，所以从儒家仁义观来看，说老子主张不仁是完全正确的。但是，如果我们真以为老子主张做一个不仁之人，那就大错特错。老子一直在批判"不道"、"非道"、"无道"的行为，也悲悯世人心志惑乱，证明他反对不仁。老子固然说"不居其薄"、"不居其华"，但从未说过"不居其厚"、"不居其实"。而他再三强调"生而不有，为而不恃，长而不宰"，这难道是不仁？实际情况是，老子是在绝之于彼的同时，强调属之于此，如19章明确指出圣智、仁义、巧利三者之不足，"故令有所属：见素抱朴，少私寡欲。"①冯友兰精辟地指出："道家批评儒家，要绝仁弃义。他们并不是教人不仁不义，他们是说：如儒家所说底仁义尚且不可，何况不仁不义！""他们是说，只行仁义是不够底。因为行仁义底人的境界，是道德境界。自天地境界的观点，以看道德境界，则见道德境界低，见行道德底人，是拘于社会之内底。"②可见，"不仁"是对仁的超越，是道德境界向天地境界的跃升，而不是对仁的简单否定。③"圣人不仁"想说的还是圣人无为，不去打扰百姓的自然，即《庄子·应帝王》所言："顺物自然而无容私焉，而天下治矣。"

（二）化贷万物而不自知

老子常说，道化生万物而不据为己有，有所作为而不矜己能，长养万物而不为主宰。"不有"、"不恃"、"不处"、"弗居"、"不欲见贤"、"功遂身退"等都表明老子主张利万物而不居功，以及对功名观念的彻底否弃。8章"与善仁"，当依帛书本作"予善天"，说的也是像天那样泽及万物而功遂身退。

老子的人格理想是和光同尘。"和其光"，光而不耀，不自见也；"同其尘"，被褐怀玉，不惊俗也。39章又说："是故不欲琭琭如玉，珞珞如

---

① 19章是楚简本与其他版本差别最大的一章。从楚简本"绝知弃辨"、"绝伪弃虑"到其他版本"绝圣弃智"、"绝仁弃义"的变化，学者多认为是庄子学派的改造，表现出非儒色彩的增强。也有学者(如李学勤、李零、周凤五、黄人二、权光镐)反过来认为，楚简很可能经过信奉儒学的墓主东宫之师的改动，目的是削弱或掩盖老子思想与子思学派五行说(仁义礼智圣)的正面冲突。笔者以为，这两种可能性都存在，但即使楚简更接近古貌，也不能推翻老子反对仁义的事实，因为同样否定仁义的传世本18章，在楚简本中也保留着。很多学者以19章楚简本为据，认为老子本来不反对儒学，更有甚者(如侯才)认为老子与孔子思想一致，此举大可不必。

② 冯友兰：《贞元六书》，上海，华东师范大学出版社，1996，第738、764页。

③ 推开来讲，《老子》中的否定词都不宜理解为简单的否定，更应理解为超越，是超越×，达至上×、大×、至×、常×、善×、玄×……我们为什么就不去注意这些有助辨识的字眼呢？

石。"(此据帛书本校订)《尚书·尧典》称尧"光被四表，格于上下"，老子却宁愿自同于平凡而不起眼的顽石。但我们不要忘记，"褐"包着的是"玉"，不耀也不是不光。老子强调，圣人是"不欲见贤"的。一个人即便是个圣贤，也不应该在众人面前表现出来，让众人觉出他是个圣贤。真正的圣贤，应该和光同尘，不炫己长，不形人短。一个到处驰骋的圣贤，就不是真正意义上的圣贤。这与某些人自封圣贤然后临人以德的做法针锋相对。24 章说："自见者不明，自是者不彰，自伐者无功，自矜者不长。"(22 章又反着说了一遍)"见"也读若"现"，引申为炫耀。"不自见"云云都是反对显扬自我，主张把"我"敛藏起来，进而无掉。在这里，我们可以清楚地看到《庄子·逍遥游》"至人无己，神人无功，圣人无名"的影子。"无"是一种实践工夫，即把心中盘旋着的自我、功名等观念彻底淘空。《越绝书》卷 13 载范蠡语："臣闻圣主为不可为之行，不恶人之谤己；为足举之德，不德人之称己……不望其报，不贪天下之财，而天下共富之。"《黄帝四经·称经》："自光者，人绝之。"《管子·白心》也说："去善之言，为善之事，事成而顾反无名"，"持而满之，乃其殆也。名满于天下，不若其已也。名进而身退，天之道也。"道家的这种精神在此表述得更明朗、更落实了。

老子没有停留于不居不炫，他还进一步主张行善要不为人知，甚至不知道自己是在行善。27 章"善行无辙迹"不是说有种人走起路来连脚印都没有，也不是说"行"必定会留下辙迹因而"善行"就是"不行"，而是说行善非但不能求名，而且要不留痕迹。结合《庄子》，我们会看得更清楚。《养生主》："为善无近名。"《山木》："行贤而去自贤之行"，"道流而不明居，得【通"德"】行而不名处。"①《天地》："端正而不知以为义，相爱而不知以为仁，实而不知以为忠，当而不知以为信，蠢动而相使不以为赐。是故行而无迹，事而无传。"《列御寇》："施于人而不忘，非天布也。"《则阳》："圣人之爱人也，人与之名，不告则不知其爱人也。"《天运》叹忘天下易，使天下忘我难。②《庚桑楚》："羿工乎中微而拙乎使人无己誉，圣

---

① 吕惠卿注："道流而不明居，则人莫见其功；得行而不名处，则人莫闻其名。得则德也。"林疑独注："道流于天下而不见其迹，德行于天下而不闻其名。"[(南宋)褚伯秀：《南华真经义海纂微》卷 61，《道藏》第 15 册，北京，文物出版社等，1988。]

② "忘天下"操之在我，故易；"使天下兼忘我"操之在人，故难。郭象《胠箧注》"夫圣人虽不立尚于物，而亦不能使物不尚也"，说的正是这一点。有人认为这是"彻底的遗世"(刘笑敢：《庄子哲学及其演变》，北京，中国社会科学出版社，1988，第 202 页)，非。

人工乎天而拙乎人。夫工乎天而俍乎人者，唯全人能之。""拙乎人"说的就是未能使人忘我。《列御寇》伯昏瞀人批评列子"非汝能使人保汝，而汝不能使人无保汝也"，"保"意为依附，此句说的正是未能做到不被人知，因而留给人们机会对其"亲而誉之"。《徐无鬼》作了一个比喻："羊肉不慕蚁，蚁慕羊肉，羊肉膻也。"以上言论多出自外、杂篇，但都能代表庄子的思想。可见，在行善问题上，老庄所以强调"不知"，是因为多数人行了善，就会"自贤"、"自美"，迫不及待地去广而告之；而要是不知，这类现象自然就没了，也没了追捧的现象。

道家崇尚的原来是"天布"，不求名利、不求回报、不求人知。康德的道德形上学还只是说行善时勿作功利的考虑，而要时时以道德律令来指导自己的行为①，道家则说到极致处，就连自己行善时都别以为自己在行善，而要浑忘之。《史记》卷63《老子韩非列传》："老子修道德，其学以自隐无名为务。"这是一种极其超迈的道德境界，并非躲到僻静处当什么隐士。冯友兰《新原人》认为，"无觉解底行为虽可合乎道德，但不是道德底行为"。对此笔者想说，道家乃有意把不知立为最高的境界，他们不愿被人们冠以仁义道德的名义。刘笑敢感叹道："道的作用是伟大的，但道却是无意识的，道不自知伟大……老子只提倡无意之善。道之助善为乐的特点恰在于无意识，无目的。无意之善不求感恩，不求回馈，得到无意之善也不必致意报答，这岂不是更高的善，最高的善，真正的善，没有后患的善？这是何等超脱之善！"②但我们同时必须明鉴，不自知是行善的最高境界，而不是对天下人的起码要求。老庄只想用此标准来衡量圣人，如果我们把它推扩到天下，那就犯了把非常当平常、把最高标准当起码要求的错误。③

顺便指出，比德观念并非儒家所独有，道家亦有。比德是以自然物

---

① 康德："要使一件事情成为善的，只是合乎道德规律还不够，而必须同时也是为了道德而作出的；若不然，那种相合就很偶然并且是靠不住的。因为，有时候并非出于道德的理由，也可以产生合乎道德的行为，而在更多情况下却是和道德相违反。"(〔德〕康德：《道德形而上学原理》，苗力田译，上海，上海人民出版社，1986，第38页)比如，童叟无欺这种行为若具备道德价值，就必须是出于道德律令而诚实，而不能基于利害关系的考虑。

② 刘笑敢：《老子——年代新考与思想新诠》，台北，东大图书股份有限公司，1997，第218～219页。

③ 张松辉："老庄反对儒家仁义的根本原因是认为儒家仁义的道德层次太低，老庄的仁义观同儒家仁义观不是一种敌对关系，而是一种同方向的超越关系"，"道家的仁义观比儒家的高尚，儒家的仁义观比道家的现实。"(张松辉：《老子研究》，北京，人民出版社，2009，第136、138页)此论非常精辟，但张氏进一步说老庄仁义观是一种迂腐的幻想，则没有看到老庄实际上对君民持两重标准。

的某些特征来比附、象征人的道德情操。中国古人常常"近取诸譬",从日常所见的自然物象中体贴出所谓的道德启示,这在《周易》中体现得最为集中也最为明显。《易经》卦爻辞透露出一种根本性的世界观,即认为天道与人事具有一致性。而《易传》中的"大象"文颇程式化,往往是前句讲自然现象,后句便通到人事生活教训,如蒙卦《象》曰:"山下出泉,蒙;君子以果行育德",小畜卦《象》曰:"风行天上,小畜;君子以懿文德。"自然物被视为道德的象征、人格的载体,老子也经常用天地、水、江海、谷等自然物来比况玄德,最明确、最简洁的说法莫过于"上德若谷"、"上善若水"("上善"亦即玄德)。有论者认为,老子由天地贯通到人,从无生命到生命界,是一种不伦不类的类比。此论非是。老子这类拟人化的类比论证其实还有一个不为人知的用意。我们知道,无生命与生命的一个显著差别是有无意识。道家反对有心、有意识,因而总喜欢强调"不知"。然而,除了植物人以外,人都是有意识的,要做到"不知"是非常难的。而天地自然物没有意识,只是如此这般、自然而然地运作着,恰可成为"不知"的典范。所以,从天地过渡到人类社会,非但不是不合理的类比,反而是智慧的显现。

如上所述,道家认为善行的极境是行善而不自知。依照他们的说法,我们可以排出这样一个等而下之的序列:行善而不自知→自知而不留痕迹故不为人所知→为人所知但不居不炫→不争→争。

(三)不宰万物而使其自己

王弼在解释"玄德"时说:"不塞其原也,不禁其性也。不塞其原,则物自生,何功之有? 不禁其性,则物自济,何为之恃? 物自长足,不吾宰成,有德无主,非玄而何?""不塞其原"、"不禁其性"是对不宰的精辟解释。道向天地万物敞开生机之门而不加把持,让万物皆能顺着自己所禀赋的"德"而滋长发育。刘坤生感叹道:"试问:哪个创世主在创造了万物之后,万物不匍匐于其脚下,受其主宰呢?世界上哪个理论家推广其理论,其理论不是要占据人的思想呢?唯独老子要强调道之不占有、不把持、不主宰……老子强调的是'弱者道之用',道的作用是弱到'绵绵若存',几乎是不存在……由此而来,万物才没有丝毫的压迫感,才能有充分的自由和保持自然的本性。"[①]

老子从天地自然之道中悟出治国理身之道。其哲学落实到政治层面,便是道治。他主张"唯道是从","以道莅天下"。不同于德治、刑治等其

---

① 刘坤生:《老子解读》,上海,上海古籍出版社,2004,第48页。

他治理方式，道治的特点是自然无为，即通过无为来保住自然。儒家是要恢复并强化原有的伦理政治体系来补救现实，道家则认为这一体系本身已是对天下的干涉和控制，因而提出自然无为，对社会问题予以一个根本的解决。王博指出："他们【指道家】一直在探索着一种政治秩序，能够在不改变百姓的前提之下，来达到社会的和谐。无为和自然的观念就是这种探讨的集中体现。无为的统治模式要求统治者最大限度地尊重百姓的意愿，并给他们留出最大的自由生活空间。"[①]道的一大特性是虚、无，这里没有"我"，没有"正"，也没有琐细的治理条目，有的只是一个非常宽松的存在空间。"为无为，事无事"（63 章），老子通过正反对比反复申述无为之大益。"无为"可从两个方面来理解：一是否定"妄作"，即不要强加干涉，而要因物之自然地为。安乐哲等人将"无为"译作"Noncoercive action that is in accordance with the *de* of things"（与"德"相一致的非强迫性行为）[②]，是非常恰当的。二是处世的态度，去发挥作为但又不居功自傲，超然于功名利禄之外之上，甚至要求行善时不要自以为行善。总之，"无为"不是一无作为，而是对宇宙万物满怀敬意，让世界自己形成自身的秩序；而且功业成就之后，不要居功炫耀。无为否定的是肆意妄为和压迫强制，肯定的是弃己任物、超世而为。

　　老子哲学是一种守柔的哲学。《吕氏春秋·不二》用"柔"一个字来概括老子学说，是比较到位的。[③] 10 章："抟气至柔，能婴儿乎？"（此据简帛校订）"抟"，传世本皆作"专"，帛乙、汉简皆作"槫"，当为"搏"（抟）之借字。历史上多将"专"作本字读，释为专一或不杂，误；也有学者指出当作"抟"，但大都释为结聚、积累，亦非。《说文解字》："抟，以手圜之也。"古者有女娲抟土造人之传说。秦琅邪台刻石有"抟心揖志"一说。"抟"隐约有凝敛、挤压义，喻抑制而不使膨胀也。气，即"心使气曰强"之"气"。抟气，即统帅、主宰自身之气，使气不妄作，或不为气所役使；确切地说，是将刚强忿戾之气化除净尽，达到"柔"。可见，"抟气至柔"可以说是一种制气说，将方刚之血气导于平和。它是对自身所做的精神修养工夫，不能往养生、气功方面理解，也不同于孟子养至大至刚之气

---

① 王博：《道家人文精神的特质》，见陈鼓应主编：《道家文化研究》第 22 辑，北京，生活·读书·新知三联书店，2007，第 73 页。
② 〔美〕安乐哲、郝大维：《道不远人——比较哲学视域中的〈老子〉》，何金俐译，北京，学苑出版社，2004，第 78 页。
③ 人们常说儒道一阳一阴，倒不如改说成一刚一柔，因为"阴"有时易被误解成阴险狡诈。

之养气说。①

　　柔的实质是虚己以待物，首先是不伤人，然后才是人不伤己。41 章"大方无隅"，无隅则不伤人；58 章"方而不割"正是因为无隅。28 章"大制不割"，王弼注："大制者，以天下之心为心，故无割也。"又 41 章注："大夷之道，因物之性，不执平以割物。"老子理想中的"大制"是"民莫之令而自均"、"莫之命而常自然"、"辅万物之自然而不敢为"、"不为主"，它们说的都是不宰不割，让万物得以自在自成。老子谈"损"，集中于42、48、77 章。48 章："为学日益，为道日损。损之又损，以至于无为。无为而无不为。取天下常以无事，及其有事，不足以取天下。""为学日益"是一种比兴的手法，其作用在于引出"为道日损"。本章重点谈"损"，顺带否定了"为学"。"损"是与治道相连的。损掉的是什么呢？贪欲与"忌讳"（包括烦琐礼饰在内的禁令），因为它们"割"。② 67 章"三宝"中的"俭"是收敛，而不是一直以来所理解的节俭。《说文解字》："俭，约也。"段玉裁注："约者，缠束也；俭者，不敢放侈之意。"老子说"俭故能广"，"广"含有往外扩的意味，则与之相对的"俭"即是向内敛。可见，柔道、损道、俭道谈的都是收敛自我，即权力的自我节制和对他者的包容。而刘泽华认为："把用弱【守柔】作为解决矛盾的主要方法，在政治生活中多半要流于权术，也很少有进取精神。"③更有甚者认为柔弱之道是为统治者提供更加高明的控制民众之术，可以说完全错失了老子的理论目的。

　　前面谈过利物不争，现在谈居后处下。32 章、66 章提倡师法江海之居后处下，8 章："上善如水。水善利万物，而又争居众人之所恶，故几

---

① 牟钟鉴："'专气致柔'是讲积精累气，使身体柔和如婴儿，恢复生命的青春，由此发展出后来的炼精化气之说，成为后世气功之源头。""唯有道家兼重形神之养，探讨健身长寿之道，给后人留下丰富的养生文化资源。老子便是养生之祖，他的修道理论，既有生命哲学，又有养生方法，主张形神结合，强调炼气与澄神，为后来道家和道教的炼养术奠定了基础。"（牟钟鉴：《老子新说》，北京，金城出版社，2009，第 33 页）
《黄帝四经》有许多"节"的说法，如吉节有雌节、女节、阴节、柔节、弱节，凶节有雄节、阳节、凌节、逆节。《称经》："诸阳者法天，天贵正……诸阴者法地，地【之】德安徐正静，柔节先定，善于不争。此地之度而雌之节也。"《十大经·雌雄节》："宪敖（傲）骄居（倨），是胃（谓）雄节；□□共（恭）验（敛），是胃（谓）雌节。夫雄节者，浧（盈）之徒也；雌节者，兼之徒也。夫雄节以得，乃不为福；雌节以亡，必得将有赏……先者恒凶，后者恒吉……先亦不凶，后亦不凶，是恒备雌节存也；先亦不吉，后亦不吉，是恒备雄节存也。凡人好用雄节，是胃（谓）方（妨）生……是胃（谓）凶节，是胃（谓）散德。"这类思想的内核就是老子的雌柔之道。
② 《说苑·君道》："齐宣王谓尹文曰：'人君之事何如？'尹文对曰：'人君之事，无为而能容下。夫事寡易从，法省易因，故民不以政获罪也。大道容众，大德容下，圣人寡为而天下理矣。'"此言与老子主张若合符契。
③ 刘泽华、葛荃主编：《中国古代政治思想史》，天津，南开大学出版社，2001，第 121 页。

于道矣。居善地……"①水的一个特性是"争居众人之所恶",而众人讨厌的便是低下处。常言道,人往高处走,水往低处流。世人总想让自己冒出来,成为"人上人";水却总是哪个地方低,就往哪个地方流。"居善地",高亨曾认为义不可解,事实当然不是这样。古今或解为随遇而安,或解为善于择地而居(如儒家之里仁),或解为止于至善,皆非。"居善地"实即"争居众人之所恶",它不是选择一个优越的实际地理位置,而是在面向世界时保持柔弱不争的姿态、谦卑处下的精神。老子建议人君乃至天下人像水一样往低处流②,并非劝我们放弃志向与追求,实际上往低处流恰恰是往高处走;沉潜得越低,也就越崇高。

52 章"见小曰明,守柔曰强"向乏解人。古今有很多人理解成能看见庞然大物算不了什么,因为常人都能看见,唯能看见诸如秋毫之末的东西才配称"明"。王安石、焦竑、徐大椿以及高亨、任继愈、陈鼓应、杨柳桥、傅佩荣、陈荣捷、安乐哲等人,都是按这个思路来解释的。但问题是,从 20 章可以明显看出,老子推崇昏昏闷闷而否定昭昭察察。《庄子·骈拇》亦云:"是故骈于明者,乱五色,淫文章,青黄黼黻之煌煌非乎? 而离朱是已","属其性乎五色,虽通如离朱,非吾所谓明也。"《胠箧》:"灭文章,散五采,胶离朱之目,而天下始人含其明矣。"可见,在道家那里,离朱之明乃多骈旁枝之道,爞乱天下者也;明察之明非但不是道家心目中的"明",反而是有待捐弃的一个对象。

一物细微到了极致,便是无形可见。无形的观念很容易让我们联想到老子所说的"道",于是便有人将"见小"解释为见道,如范应元、朱得之、蒋锡昌、孙以楷、周绍贤等人,即持此观点。这种解释看似合理,

---

①　此据帛乙。"争",汉简本整理者依帛甲作"静",非是。本章有两"争"字,帛甲皆作"静"。若本字是"静",则"水善利万物而有(又)静"尚通,"夫唯不静故无尤"则有违老子思想,故"静"显系借字,本字当作"争"。68 章传世本"不争之德",帛甲作"不静之德"可证。帛乙、汉简、传世本皆作"争",亦可证。66 章郭店楚简本"以亓不静也,古天下莫能与之静",帛甲亦作"静",说明"静"常借作"争"。
　　学界(包括帛书整理者)多认为帛甲"有静"当依传世本作"不争",亦不可从。刘殿爵说可从:"帛书本是一气读至'恶'字然后断句的,意思是'水不但善利万物,而且又争居众人所恶之处'。帛书本与今本所说的道理微有不同。今本只是说水不争而不争的表现就是'处众人之所恶';帛书本则以为水是积极'争居众人之所恶'。两相比较,帛书所说似乎更为深刻一些。'"(转引自郑良树:《老子新论》,上海,上海古籍出版社,2011,第 44 页)
②　在孔子那里,处下之水变成了脚下之土,但实质没变。《荀子·尧问》:"子贡问于孔子曰:'赐为人下而未知也。'孔子曰:'为人下者乎? 其犹土也。深抇之而得甘泉焉,树之而五谷蕃焉,草木殖焉,禽兽育焉,生则立焉,死则入焉,多其功而不息【"息",《说苑·臣道》作"言",《太平御览》卷 37 引作"德"】。为人下者,其犹土也。'"

但只要我们进一步考察，便知此说不能真正解决问题，因为道诚然可名于"小"，但也可以名为"大"。34 章："道泛呵，其可左右也。成功遂事而弗名有也，爱利万物而弗为主，则恒无欲也，可名于小；万物归焉而弗为主，可名于大。是以圣人之能成大也，以其不为大也，故能成大。"①道为什么可以名之为"小"呢？是因为它覆养万物的同时，又不主宰控制万物。可见，"小"不是体量上的小，也不是无形，而是一种对待万物的姿态，亦即"不为大"。

也许，对"见小曰明"最普遍不过的解释便是见微知著，凡事须谨小慎微，《韩非子·喻老》可谓开其端（"箕子见象箸以知天下之祸"），陈景元、苏辙、薛蕙、杨增新、冯达甫、古棣等都是这个思路。如此理解，则"见小曰明"等同于《周易·系辞下》的"知几其神"（"几者，动之微，吉之先见者也。君子见几而作，不俟终日"），意谓人贵有先知先觉，一见其征兆便果断行事。这种解释似乎在《老子》那里可以找到文本依据，最明显的莫过于 64 章："其安也，易持也；其未兆也，易谋也；其脆也，易判也；其几（微）也，易散也。为之于其无有也，治之于其未乱也。合抱之木，作于毫末；九层之台，作于累土；百仞之高，始于足下。"（此据简帛校订）但就 52 章而言，见微知著可以说是扞格不入的。

又有日本学者武内义雄认为"小"乃"常"字之坏体，"见小曰明"应作"见常曰明"。"见常曰明"倒是在老子总体思想的范围之内，但这毕竟是一种没有根据的揣测。何以所有版本都作"见小"，可就是没有一种作"见常"呢？果如此说，岂非古今所有的《老子》版本（包括帛书本）在这里都错了？

古今对于"见小曰明"的理解始终到不了点子上，究其原因，缘于人们看到"见"，便本能地、条件反射般地理解成"看到"，而没有意识到此处的"见"读若"现"。实际上，唐陆德明《经典释文·老子音义》已强调此"见"字，音"贤遍反"。这里的"见"就意为表现得如何。"小"字已如前说，"见小曰明"即是说，把自我拉低，不自为大，才是明智的。这就与后面的"守柔曰强"得到了一贯，因为见小、守柔从根本上说来，谈的都是个体在面向世界时所当取的姿态。王弼注曰："守强不强，守柔乃强也"，

---

① 此据帛书本、汉简本校订。老子特重宽容精神，"道泛呵，其可左右也"盖意为道不宰制万物，故万物可左可右，拥有一个宽松的存在空间。《新序·杂事第五》："汤见祝网者置四面，其祝曰：'从天坠者，从地出者，从四方来者，皆离吾网。'汤曰：'嘻！尽之矣，非桀其孰为此？'汤乃解其三面，置其一面，更教之祝曰：'昔蛛蝥作网，今之人循序，欲左则左，欲右则右，欲高则高，欲下则下，吾取其犯命者。'"

非常准确。柔不是弱，而是示弱，只有强者才谈得上示弱（弱者既然是弱者，便谈不上示弱）。但王弼说："为治之功不在大，见大不明，见小乃明"，则不确。"见小"就是"不为大"、"不自见"，而 24 章"自见者不明"恰与"见小曰明"构成了反衬关系。"故贵以贱为本，高以下为基，是以侯王自谓孤、寡、不穀"（39 章）；"大者宜为下"（61 章），显然，"贱"是自贱，"下"是自下，它们说的就是"见小"。《文子》也多处谈过见小，如《道德》："执一者，见小也，见小故能成其大也"，"百仞之台始于下，此天之道也。圣人法之，卑者所以自下也，退者所以自后也，俭者所以自小也，损者所以自少也。卑则尊，退则先，俭则广，损则大，此天道所成也。"《九守》："圣人卑谦清静辞让者，见下也；虚心无有者，见不足也。"所谓"见下"、"见不足"、"自下"、"自后"、"自小"、"自少"，都是"见小"的不同说法。近有西方学者将"见小"译为 To manifest smallness，与 Showing off being great 相反[1]，这种译法是准确的，然而极为少见。

还需注意的是，老子的主要意思不是说，一个人只要见小守柔，过一段时间就能成其为"强"、"大"，而是说"见小"就是大，"守柔"便是强。33 章说"自胜者强"，控制他者不是强者，只有战胜自我的占有欲和支配欲，才是强者。老子心目中的"大者"恰恰不是常人眼中的大者，而是见小者、不为大者。而个体主动地把自我拉低，是为了让他者进入自我的视野中。这也是庄子"虚而待物"之一义，用苏东坡的诗句来表达，即"空故纳万境"。反过来，只有强者、大者才能下，此即《庄子·渔父》所说："彼非至人，不能下人。"

三、道德解体三部曲

为了全面理解"玄德"，还有必要将它与常规意义上的德做一比较，因为"玄德"的显现是通过对常规道德的遮拔来实现的。《德经》首章对此做了最全面的论述。兹录全文如下：

> 上德不德，是以有德；下德不失德，是以无德。上德无为而无以为也，上仁为之而无以为也，上义为之而有以为也，上礼为之而莫之应也，则攘臂而扔之。故失道而后德，失德而后仁，失仁而后义，失义而后礼。夫礼者，忠信之薄也，而乱之

---

[1] Rudolf G. Wagner. *A Chinese Reading of the Daodejing：Wang Bi's Commentary on the Laozi with Critical Text and Translation*. Albany：State University of New York Press，2003. p. 297.

首也；前识者，道之华也，而愚之首也。是以大丈夫居其厚而
不居其薄，居其实而不居其华，故去彼取此。（此据帛书本
校订）

本章预见了道→德→仁→义→礼的道德解体过程（依有为还是无为、
有心为之还是无心为之而每况愈下）。"失道而后德，失德而后仁"的句式
类似 18 章："故大道废，安有仁义；六亲不和，安有孝慈；邦家昏乱，
安有正臣。"（此据楚简本，"安"意为乃）①老子在此以玄德为标准考量仁、
义、礼，批评了世俗之德，尤其是业已沦为"文明社会"伪饰野蛮行为的
礼。道德一降为仁，再降为义，三降为礼，不足观矣。"上德"即"玄德"。
"不德"意为不自标榜，进而也不自恃有德而去教化他者。儒家式的仁义
礼属"下德"，为老子所不取。老子的一些言论在常人看来，是惊世骇俗、
大逆不道的。值得我们深思的是：老子为什么拒绝看似神圣不可侵犯的
仁义礼呢？我们来看看礼在先秦所扮演的角色：

> 相鼠有体，人而无礼，人而无礼，胡不遄死？（《诗经·鄘
> 风·相鼠》）
> 失礼违命，宜其为禽也。（《左传·宣公二年》）
> 人之能自曲直以赴礼者，谓之成人。大，不亦宜乎？（《左
> 传·昭公二十五年》）
> 夫礼，天之经也，地之义也，民之行也。（《左传·昭公二
> 十五年》）
> 礼，经国家，定社稷，序民人，利后嗣者也。（《左传·隐
> 公十一年》）
> 夫礼，所以整民也。（《左传·庄公二十三年》）
> 礼，国之干也……礼不行则上下昏，何以长世？（《左传·
> 僖公十一年》）
> 礼、乐，德之则也。（《左传·僖公二十七年》）

---

①　老子并不反对孝慈，他慨叹的更是"大道废"、"六亲不和"、"国家昏乱"的社会状况，
顺带指出忠孝仁义等并不能解决根本问题，需要忠孝仁义来维持的社会已不是社会的
理想状态。再则，忠孝仁义容易滋生一些弊端。《文子》、《淮南子》也有很多类似言论。
《淮南子·俶真训》："是故道散而为德，德溢而为仁义，仁义立而道德废矣。"（《文子·
精诚》所述全同)《文子·上礼》："循性而行谓之道，得其天性谓之德。性失然后贵仁
义，仁义立而道德废，纯朴散而礼乐饰。"

儒家文化是中国传统文化的主干，而仁义礼乐是儒家文化的核心。古代中国礼乐文化非常发达，粗分为吉、凶、军、宾、嘉五礼，细分则有所谓"礼仪三百，威仪三千"，经典则有"三礼"（《周礼》、《仪礼》、《礼记》），总之是一个长长的"礼单"。据彭林总结，礼是人类自别于禽兽的标志，是文明与野蛮的分野，是国家典制和统治秩序，是一切社会活动的准则。① 上述材料足以说明，礼一开始就是作为社会的稳定机制而发展起来的。礼是成人之道，也是经国的大法、齐民的要术。它通过整民齐民，以获取一种上下均调、尊卑有序的社会秩序。礼教即是通过教化使人们主动地服膺于传统，从而不犯上作乱。儒家主流虽然主张人性本善，但又需要外化的礼来对人的行为加以约束。面对当时礼崩乐坏的局面，他们从天地那里为礼寻求依据，并致力于复兴传统的周礼以补救现实。

我们知道，道德本身也是维持社会安定的手段②，比如儒家强调的孝道。《论语·学而》："其为人也孝弟，而好犯上者，鲜矣；不好犯上，而好作乱者，未之有也。君子务本，本立而道生。孝弟也者，其为仁之本与！"孝悌被认为是"仁之本"（或"人之本"）。这一德目的根本要求是"弟子"对于父母兄长要"不违"，即服从"父之道"。往大处看，"父之道"也就是传统。③ 从中还可以看出，儒家强调孝悌，一个很重要的原因就是为了防止人们犯上作乱。中国古代社会的基本单元是家庭，家庭安定了，社会在很大程度上就安定了。儒家又将孝道往外推广到天下国家，并强调君乃民之父母，于是让忠君思想成为可能。

老子则认为，道德（道家意义上的）是本，仁义礼是末，仁义礼解决不了根本问题。《文子》发挥了这一思想。《符言》："治在道，不在圣。"《下德》："仁义礼乐者，所以救败也，非通治之道也……故知道德，然后知仁义不足行也；知仁义，然后知礼乐不足修也。"《上仁》："古之为君者，深行之谓之道德，浅行之谓之仁义，薄行之谓之礼智。"《上礼》："礼者，非能使人不欲也，而能止之……夫使天下畏刑而不敢盗窃，岂若使无有盗心哉！……故扬沸止沸，沸乃益甚。知其本者，去火而已。"更何

---

① 参见彭林：《中国古代礼仪文明》，北京，中华书局，2004，第3～8页。

② 人的行为约束机制，可以说来自三方面，从里到外依次为道德良心、社会舆论、国家法律。

③ 相对于父母是子，相对于兄长是弟。古代宗法制是父系家长制、长子继承制，孝相对于父母而言，悌相对于兄长而言。敬重兄长，就是敬重父亲的继承人，所谓"长子半个爹"是也。

况，外化的礼很容易蜕变为无德统治者粉饰门面、管制天下的工具，而这几乎是不可避免的。生活中的确存在这样的情况，真正有德的人不会满嘴仁义道德；满嘴仁义道德的人，往往很缺德。《文子·下德》："立仁义，修礼乐，即德迁而为伪矣。"《精诚》："是故圣人内修道术，而不外饰仁义。"道德不是做表面文章，容不得丝毫造作。在道家看来，执于制度化、知识化的仁义礼而不把握其真精神①，会产生诸多弊端。为了避免弊端，仁义礼就不能额外地加以提倡。郁建兴指出："儒家一旦经学化，成为一种社会秩序，这种本于仁的礼，就完全可能徒存形式、失却精神，成为一种戕害人性的东西。"②安乐哲也说："人为的制度化明显窒息了自然直接的情感感受，继而会反讽性地加深问题。"③道德不能政治化、制度化，中国古代立法之根据是纲常礼教，主要不是保护百姓的基本权利，而是课以不适当的义务。

我们先从否定的一面谈。人们大多执于字面，就像王弼《老子指略》所批评的那样："既知不圣为不圣，未知圣之不圣也；既知不仁为不仁，未知仁之为不仁也"，而不知道"绝仁非欲不仁也，为仁则伪成也"④。《韩非子·解老》说得很精当："礼为情貌者也，文为质饰者也。夫君子取情而去貌，好质而恶饰。夫恃貌而论情者，其情恶也；须饰而论质者，其质衰也……礼繁者，实心衰也……所谓处其厚不处其薄者，行情实而去礼貌也。"这里都是说老子批判的是作为"貌"、"饰"、"名"的仁义礼，但肯定"情"、"质"、"实"的伦理精神和道德情感。安乐哲说得好："行为规范越精细，越表明道德在滑坡，行为就会逐渐从自然、无意识的精神感召滑向自我意识到的理性行动。"⑤只有持守玄德，只有道德情感自然流露时，道德才有坚实基础。离开对道的真正把握与践履而侈谈仁义道德，鲜矣仁！可见，道家要超越儒者的仁义礼饰，主张充分信任并尊重道德情感的自发性。玄德与形式化的德实有自发的与人为的、发自内心的与外在强加的、自内而外的与自上而下的之分。郑开等人亦指出，玄

---

① 儒学在后世就被制度化了，其途径有二：一是教育制度的确立，二是官方人才选拔机制的确立。

② 郁建兴：《论中国思想中的自然主义》，《杭州大学学报》1991 年第 4 期。

③ 〔美〕安乐哲、郝大维：《道不远人——比较哲学视域中的〈老子〉》，何金俐译，北京，学苑出版社，2004，第 126 页。

④ （魏）王弼：《王弼集校释》上册，楼宇烈校释，北京，中华书局，1980，第 199 页。

⑤ 〔美〕安乐哲、郝大维：《道不远人——比较哲学视域中的〈老子〉》，何金俐译，北京，学苑出版社，2004，第 176 页。

德论不是反道德论，而是超道德论（super-moralism）；它对常规意义上的仁义道德做了一次"价值重估"，深化了人们对于道德的理解。

现在谈肯定的一面。仁义礼乐是儒家的成人之道，也是社会的稳定机制。社会的存在与发展需要秩序。老子（包括庄子）当然不希望混乱无序，他们也需要秩序。不过，他们需要的不是外在强加的秩序，而是内在的秩序、自然的秩序。刘笑敢指出："自然强调人类社会的自然的秩序，它所反对的包括冲突而无序的状态和被迫而有序的状态两种情况。"①老庄反对通过外在约束来压抑人的自然本性，造成人伦的紧张。他们的"自然"不仅与使然相对，也与同然相对。但问题是，在以个体为本位的前提下，如何维系一个秩序良好的社会？这个中介就是道之玄德。玄德是道家的成人之道，而成人同时就是全物，因为效法玄德的效果是根除自身的控制占有欲，同时不会临人以德、强人从己。只有这样，人伦才不至于紧张，社会也才能安定。

玄德显然与一般意义上的德相对立。玄德甚至拒绝我们将它作为德来看待，拒绝以德的名义被人追捧。就伦理领域而言，道家精神境界的"无"实即"大有"。"有"与"无"是"有"与"大有"的关系，而不是有道德与不道德的分别。有了"大有"，"有"就可有可无。这样一来，否定世俗意义上的道德就不是不道德，但也不是不善亦不恶即保持价值中立，而是非道德、超道德。仁义尚不可，遑论不仁不义！超道德指不需要善恶意识支配自己而又自然地合乎道德，用老庄自己的话来说就是，只要个体保有最高层次的道之玄德，就没有必要循守次一级的世俗意义上的德。上德（玄德或大道）已足，下德（仁义礼）可无。"我"不需要下德的规范，便自能合乎道德（道家意义上的）；②而"我"合乎道德，也不需要他人称扬"我"合乎下德，因为"我"本不由下德。"大道废，安（乃）有仁义"明确告诉我们，相对于大道而言，仁义只能是末。刘笑敢说得很中肯："'大道废'就是自然的价值被忽略，自然的秩序被破坏，……仁、义、孝、慈、忠臣等观念都是应对现实的不幸而出现的。所以，道德【仁义等】的出现，就其本身的功能作用来说，是一种进步，但就原有的自然秩序的

---

① 刘笑敢：《老子——年代新考与思想新诠》，台北，东大图书股份有限公司，1997，第99页。

② 《抱朴子》内篇《塞难》："何独重仲尼而轻老氏乎？是玩华藻于木末，而不识所生之有本也。"又《明本》认为道家乃"百家之君长、仁义之祖宗"："今苟知推崇儒术，而不知成之者由道……道德丧而儒墨重矣"，"仲尼有窃比之叹，未闻有疵毁之辞，而末世庸民，不得其门，修儒墨而毁道家，何异子孙而骂詈祖考哉？是不识其所自来，亦已甚矣。"

破坏来说，就人们不得不需要道德的调节作用来说，又可以说是一种
退步。"①

老庄也推崇善，然而这种善是超越通常的善恶对立之外的"上善"。
道家的道与德本身已是至善，故而不需要循守儒家式的仁义礼。道家持
守的是作为"质"的 A（玄德），而不是作为"文"的 a（世俗意义上的德）。在
他们看来，a 是 A 的蜕化形态，停留于 a 便是对 A 的背离。"礼者，忠信
之薄"，就是说烦琐虚伪的礼已经颓变成装点门面、管制天下的一个工
具，从而背离忠信的本义。老子否定的只是烦琐化、形式化、虚伪不真
的礼，反对把道德知识化、制度化来扼杀世人的活泼生气，反对把礼定
为条条框框、规规矩矩来拘限人的真实生命。推而言之，在伦理问题上，
道家根本用不着儒家来补足，而世人若都能复归于道，儒家的仁义礼也
就失去了存在的必要性。当然，想让世人都复归于道，几乎是一个无望
实现的理想，儒家的仁义道德在此处即可发挥其作用。但是，如果没有
道家的批判，被歪曲利用的仁义礼在历史上就会造成更恶劣的影响。也
就是说，善如果长时间地离开真，那么善必定会从根子上腐烂掉，变得
既不真也不善。因此，道家的批判可以说是做了一种澄清的工作，起到
了净化作用。所谓"儒道互补"，其实道家需要儒家来补足的地方极少，
而主要是道家给儒家补充营养，补充新鲜血液，好让其不至于成为伪饰
或僵死。

另外，从字面上看，"战胜以丧礼处之"（31 章）就体现了老子的仁者
胸怀。老子哪里将礼彻底否定掉了？其守柔、谦下又何尝不是礼的精神？
或者我们可以说，老子否定了礼的形式，但保留了礼的精神。刘笑敢指
出："老子批评的重点不在于礼本身，而在于礼仪盛行之中所反映的社会
问题。老子针对的是重礼之形式而轻德之实在的倾向。"②老子否定的是
虚华浮薄、华而无实，但强调敦厚朴实。"信言不美，美言不信"（81
章），否定的是"美"（即"华"、"薄"）而不是"信"（对应于"厚"、"实"）。

儒家同样反对"华"。上博简《民之父母》、《礼记·孔子闲居》都提到
"三无"：无声之乐、无体之礼、无服之丧。这实际上是将关注点由外在
的礼乐形式转到内在的"礼乐之原"，即礼乐的根本。从《礼记》的《礼器》、

①　刘笑敢：《老子——年代新考与思想新诠》，台北，东大图书股份有限公司，1997，第
　　176 页。

②　刘笑敢：《老子——年代新考与思想新诠》，台北，东大图书股份有限公司，1997，第
　　88 页。

《郊特牲》两篇来看，礼有时也以素、小、少、下为贵，并非一味地以文、大、多、高为贵。比如，"至敬无文"、"大圭不琢"、"大羹不和"，都是崇尚质朴。但礼乐因其仪式化，便极易使人误把形式化的东西认作本质，所以《经解》指出："《乐》之失，奢；……《礼》之失，烦。"而《仲尼燕居》记载了孔子对子张的一次开示："师！尔以为必铺几筵，升降酌献酬酢，然后谓之礼乎？尔以为必行缀兆，兴羽钥，作钟鼓，然后谓之乐乎？"这可以与《论语·阳货》"礼云礼云，玉帛云乎哉？乐云乐云，钟鼓云乎哉"相互诠释。丧礼重在哀，祭礼重在敬，孔子肯定礼不足而哀、敬有余（参《礼记·檀弓上》）。孔子当然主张克己复礼、非礼弗履，但他也看到了礼的流弊，所以再三再四地强调礼的精神，如"礼，与其奢也，宁俭"（《论语·八佾》）。西汉董仲舒也认为："礼之所重者，在其志……志为质，物为文……俱不能备而偏行之，宁有质而无文……然则《春秋》之序道也，先质而后文，右志而左物，……是故孔子立新王之道，明其贵志以反和，见其好诚以灭伪。"（《春秋繁露·玉杯》）《祭义》称，祭祀"不贪数而欲恭敬"，《度制》称过度"是大乱人伦而靡斯财用也，失文采所遂生之意矣"。

可见，儒家也讲伦理的真精神和自然的道德情感，就此而言，儒道两家并非对立；易言之，在注重"质"这一点上，两家有相通之处。但是，尽管孔门为了强调"质"，有时也批评"文"，他们最终要求的还是"文质彬彬"。而道家鉴于"文"容易蜕变，主张守住"质"就可以了，"文"并不是必不可缺的东西，甚至多一事不如少一事，因此两家还是很不一样的。无可否认的是，儒家伦理学说对外在形式往往强调过多，于是被人恶意利用，或者使学人误认外在形式为内在本质，从而成为祸害的根源。儒者梁漱溟也承认，儒家的德目，"后来社会上因其很合需要，就为人所奖励而传播发展，变为一种维持社会秩序的手段了。原初精神意义浸失，而落于机械化形式化，枯无趣味。同时复变得顽固强硬，在社会上几乎不许商量，不许怀疑，不许稍为触犯。触犯了，社会就予以严厉之压迫制裁。"①在善的掩护下求名求利甚至行恶，或者以善的名义来独断地齐同天下，这类现象在古今都比比皆是。这些行为本身已堕落为恶，同时还糟蹋了善。没有比善走了味更糟的事情了。此时，批判这种善就没什么不可，我们没必要紧张，因为这里针对的只是伪善和强制，是要把伦理的真精神和自然的道德情感凸显出来。熊十力在给友人的一封信中认为，

①　梁漱溟：《中国文化要义》，上海，上海人民出版社，2005，第252页。

老子此举只是要"矫伪之弊","将使人尽去一切可尚之迹,而反之天性,自然莫非仁也,自然莫非礼也,老庄用心盖亦如此。"①

综上所述,老子所说的"玄德"是天地自然之道及法道者所具备的德性。玄德与世俗之德主要还是真与伪、自然与机心、宰与不宰的对立。老子批判儒家式的仁义礼,并不等于老子不讲德。老子崇尚的是玄德,而玄德是绝对的德,不是用常规道德标准可以衡量的。之所以名之为"玄德",玄德之所以没有偏私、不知不宰,根本原因在于它首先是道的德性,而道不是什么精神实体,它没有意识。由于无意识,所以私、知、宰等带有精神属性色彩的字眼都与道无缘。无意识便能没有偏私,无目的便能不求,无意志便能不宰。

老子道论要给政治和人生立一个行动的理想标准,而这标准就是道之玄德。他认为,天地自然之道是人类的伟大典范,其哲学的根本目的就在于呼吁世人效法天地自然之道,将其玄德贯通到人间世,造就一个万类并生、各适其天的世界。有人认为道家只是躲在僻静处无所作为,缺乏奉献精神和社会责任感。从我们对"玄德"的分析来看,这本身是不负责任的说法。老子也有一颗利物济世之心,并不缺乏社会责任感。认为道家消极悲观、逃世遁世,实在是一种误解。在道家仁者胸怀普遍被误解的背景下,"道家式责任感"、道家无条件的"慷慨精神"等说法的提出,是非常有意义的。② 这并不是为老子做什么辩护,我们只是想把文本讲清楚。只要把文本讲清楚,许多误解和歪曲便可不攻自破,老子哲学的"美丽精神"便会显现出来。老庄劝勉世人复归于道,与道合一,我们与其强调道的开端义,不如强调它的归宿义,即效法道之玄德。老子呼吁君人者效法这种玄德,用来处理君民关系与邦国关系。但作为一种

---

① 　熊十力:《十力语要》,北京,中华书局,1996,第18页。
　　笔者以为,道家批评儒家,是就仁义礼被形式化、制度化、教条化或恶意利用的流弊而言的;儒家批评道家,是就仁义礼缺席的流弊而言的。无论对于儒家的仁义礼乐,还是对于老庄的这类"过激之论",贵在识其大体,不能拘泥于迹。识取其皮而不把握两家学说的真精神,都会孳生一些末流,如孔孟荀批评过的乡愿、腐儒、小人儒等,而魏晋部分名士放而不达,显然也是曲解了老庄学说。严格地说,末流与学说本身已经是两个不同的东西,我们不能把违背祖训的末流误认作本源,更不能因末流之弊而废弃本源。
　　在伦理问题上,判分儒道的标准应该是,主张不由仁义礼却持守真仁义的(道家意义上的道与德),属道家;提倡仁义礼并持守真仁义的(儒家意义上的),属儒家;大唱自然(如魏晋时期的元康放达派)或大唱名教(乡愿、腐儒、小人儒等)却没有真仁义的,什么都不是。
② 　参见刘笑敢《试论道家式责任感》,沈清松《论全球化与道家的慷慨精神》二文,见陈鼓应主编:《道家文化研究》第22辑,北京,生活·读书·新知三联书店,2007。

模型，它也完全适用于处理一般意义上的群己关系、人与自然的关系，故而理应成为我们处理现实中各种关系的重要思想资源。

四、自化自正

老子相信"无为而无不为"。有人把它解释成表面上无为而背地里无所不为，这是一种漫画式、阴谋化的解释。"无不为"是随"无为"自然而生的效果。"无为而无不为"是说，只要推行道治，就没有什么事情是做不成的。

（一）对"为"的否定与肯定

"无不为"之效果的取得，一方面在于君人者顺物自然而不妄为。老子批判的"有为"是不顾他者本性，凭借个人权威而对他者加以强制干涉（无论是恶意的还是善意的）。57 章通过对比，申述治理天下当清静无为："夫天下多忌讳，而民弥畔。"（此据简帛校订）①58 章："其政闷闷，其民淳淳；其政察察，其民缺缺。""忌讳"就是禁令。管得越多越死，天下就越乱。《左传·昭公六年》："国将亡，必多制。"28 章"守其雌"就是持守与自制。老子开出的虚静之道要由君人者来率先履行，而这实际上就在消解君人者的统治欲。

老子无为而治的思想对庄子学派、黄老学派、杂家甚至儒家都产生了很大影响，并被一些思想家概括为"因"。"因"就是顺乎物之自然的有为。无为而为，为而无为，关键就在于因。《老子》虽然没有一个"因"字，但"辅万物之自然而不敢为"就是因。54 章"以身观身，以家观家，以乡观乡，以邦观邦，以天下观天下"，这种以 A 观 A 而不是以非 A 观 A 的观念归结为一个字，也是"因"。因地制宜、因时制宜，才能取得较好的效果，否则很可能只是制造混乱。高亨曾引《管子·牧民》"以家为乡，乡不可为也；以乡为国，国不可为也；以国为天下，天下不可为也。以家为家，以乡为乡，以国为国，以天下为天下"，认为与老子所说大旨相同。② 这种理解是可信的。以 A 观 A，才能不斫伤 A，让 A 有一个自由的发展空间。

再来看后人的响应。《庄子·养生主》："依乎天理，……因其固然。"《黄帝四经·称经》："弗为而自成，因而建事。"《文子·道原》："执道以御民者，事来而循之，物动而因之。"《上德》称老子曰："学于常枞，见舌

---

① "畔"通"叛"，《论语·雍也》载孔子曰："君子博学于文，约之以礼，亦可以弗畔矣夫！"

② 高亨：《重订老子正诂》，上海，开明书店，1948，第 115 页。

而守柔，……观影而知持后，故圣人虚无因循，常后而不先。"《淮南子·原道训》："天下之事，不可为也，因其自然而推之。"从中我们可以抽绎出几点：其一，因与专相对。"专"是专于一己，专断独擅，将自己的意志强加他者。《文子·上义》："无为者，非谓其不动也，言其莫从己出也。"又《自然》："以道治天下，非易人性也，因其所有而条畅之。故因即大，作即小……能因则无敌于天下矣。"《慎子·因循》也将"因"解释为任人之自为，而不化而使之为我。《吕氏春秋》提出贵因论，《贵因》说："三代所宝莫如因，因则无敌"，"因则功，专则拙。"其二，因与作相对。"作"是不顾他人意愿，独以己意地妄为。因则能全，作则无功。《吕氏春秋·君守》说："作者忧，因者平。"《任数》："为则扰矣，因则静矣。"其三，因与逆相对。"逆"是逆时而动、逆物而动，"因"则后而不先。《管子·心术上》的"静因之道"是对"因"的很好总结："无为之道，因也。因也者，无益无损也……因也者，舍己而以物为法者也。感而后应，非所设也；缘理而动，非所取也。过在自用，罪在变化。自用则不虚，不虚则仵于物矣……君子之处也，若无知，言至虚也。其应物也，若偶之，言时适也。若影之象形，响之应声也。故物至则应，过则舍矣。舍矣者，言复所于虚也。""舍己而以物为法"便是《庄子》说的"以物为量"，其目的是虚而不自用，如此才能不伤物，也不为物所伤。《黄帝四经·十大经》说："万物群至，我无不能应。我不藏故，不挟陈。"

（二）百姓的自为

"无不为"效果的取得，根本原因在于万物能够自为；而且是只有在上者无为，在下者才能有所作为。老子提出无为的根据主要是两条：一是妄为有害（在损人的同时反弹到自身，结果人我两损），二是老子相信万物都能自为，无需杞人忧天。信任万物自身的生命潜能，是道家的一个基本信念。

> 侯王若能守之，万物将自宾……民莫之令而自均。（32章）
> 道恒无为也。侯王若能守之，万物将自化……知足以静，
> 万物将自定。（37章，据简帛校订）
> 我无为而民自化，我好静而民自正，我无事而民自富，我
> 无欲而民自朴。（57章）

以上言论都是说，君人者只要以道莅天下，就能够获得天下"自×"的效应。这些"自"有两层含义：一为不期然而然（naturally），一为通过

自己的力量(by oneself)。这种自然而然、水到渠成的效果最终得由百姓之自为来实现。前引57章四句其实就是一句：君无为而民自然。"四自"都是自然的体现。为什么君必须"无为"？就是为了让民得以"自然"。在上的统治者收敛他的权力欲，在下的百姓就可以发挥其自主性。统治者的无为换来百姓的自为，"无为而无不为"的局面也就形成了。《文子·上仁》："文子问：'仁义礼何以为薄于道德也?'老子曰：'……竭府库之财货，不足以赡万民。故知不如修道而行德，因天地之性，万物自正而天下赡。'"《九守》："知虚静之道，乃能终始……勿挠勿缨，万物将自清。勿惊勿骇，万物将自理。是谓天道也。"道家思想是一种讲究空间的哲学，因为事物要想存在，就需要一个它所要占据的空间；要想发挥潜能，就需要一个供它发挥潜能的余地。① 道家认为，只要给万物一个存在的空间而不加以塞绝，万物即能发挥自身的生命潜能，生生不息。所以问题的关键是要能放开，给万物一片成长的天地，比给什么都好。王邦雄说得好："天下万物之所以能存在，有他自己，表现它真实的生命，是由于'无为'的'无'……我让开一步，你就能走自己的路。所以道家以为真正的实现原理，不是由人的仁心德性去投入去担负，而是由人的虚静心去放下去让开。"② 这样一来，墨家式的热腹和儒家式的温情就变得多余，甚至是多事。或者我们也可以打这么一个比方，君的无为是刹车系统，民的自为是动力系统。有了动力系统和刹车系统，社会便能维持一个比较好的发展态势。

(三)教学两绝

百姓为什么能自正自化？其中一个原因是上行则下效。《诗经·小雅·大东》："君子所履，小人所视。"《小雅·节南山》斥责执政者师尹："赫赫师尹，民具尔瞻。"《左传·昭公六年》载叔向语："《书》曰：'圣作则。'……匹夫为善，民犹则之，况国君乎?"可见，在诸子百家兴起之前，君上行则民下效已经成为许多人的共识。

儒家主张德治，德治的根据就在上行则下效。孔、孟、荀以及郭店儒简都认同上行下效，没有这一条，德政就会被悬空，失去根基。道家

---

① 古希腊哲学家德谟克利特认为，世界的本原是原子和虚空。虚空为什么也是本原呢？因为没有虚空，则充实的东西不会彼此分开而成为众多的东西；同样，没有虚空，则充实的东西无法移动。既然事物的众多和运动是不可否认的事实，那么，虚空对于事物的存在和运动就是必不可少的。将虚空作为本原，就是为了解释事物的众多和运动可能性。

② 王邦雄：《谈儒道两家的"道"》，见东海大学哲学系主编：《中国文化论文集》三，台北，幼狮文化事业公司，1981，第98页。

与黄老学派也相信在上者的表率作用。老子这方面的言论已如前述。《黄帝四经·十大经·五正》：“黄帝问阘冉曰：‘吾欲布施五正，焉止焉始？’对曰：‘始在于身。中有正度，后及外人。’”《十大经·成法》：“罢（彼）必正人也，乃能操正以正奇。”《文子·道德》：“人主者，民之师也；上者，下之仪也。”老子开出的实际上是另一种形态的德政，即不像儒家那样拟出许多具体的德目，但须秉着玄德为政。圣人持守玄德，对天下人来说，就是一种教。但与儒家不同，世人效法圣人，实际上是效法天地自然之道，因为圣人与世人一样，都是道的效法者。在天地自然之道面前，圣人与世人是平等的。更确切地说，在道家看来，天地宇宙中唯一可以作则的，是道，而不是哪个君；甚至圣人行不言之教，也是在效法天道“不言而善应”（73 章）。

1. 不言之教

古者政教合一。古文尚书《泰誓》：“天佑下民，作之君，作之师。”我们不能光从教育学或伦理学层面来看待教化问题，教化其实就是一种治道。儒家关切人性的塑造，强调“以化齐民”。教化的途径主要是圣贤的身教与言教。儒家为了应社会治理及推行教化之需而主张“贤贤”、“尊贤”、“举贤才”，并敦促人们见贤思齐，见不贤而内自省。出身于儒家的墨子则明确将“尚贤”作为学派思想的一个重要组成部分。另外，儒家思存先王之道，然则古代贤圣人已作古，所幸他们的言保留了下来。于是，儒家的泛道德主义将古代经典皆视为教化的工具。《孔丛子·论书》载孔子语：“夫不读《诗》、《书》、《易》、《春秋》，则不知圣人之心。”“吾于《高宗肜日》见德有报之疾也……吾于《洪范》见君子之不忍言人之恶而质人之美也。”《记义》：“孔子读《诗》及《小雅》，喟然而叹曰：‘吾于《周南》、《召南》见周道之所以盛也，于《柏舟》见匹妇执志之不可易也，于《淇奥》见学之可以为君子也，于《考盘》见遁世之士而不闷也，于《木瓜》见苞苴之礼行也，于《缁衣》见好贤之心至也，于《鸡鸣》见古之君子不忘其敬也，于《伐檀》见贤者之先事后食也，于《蟋蟀》见陶唐俭德之大也，于《下泉》见乱世之思明君也，于《七月》见豳公之所以造周也，于《东山》见周公之先公而后私也，于《狼跋》见周公之远志所以为圣也，于《鹿鸣》见君臣之有礼也，于《彤弓》见有功之必报也，于《羔羊》见善政之有应也，于《节南山》见忠臣之忧世也。于《蓼莪》见孝子之思养也，于《楚茨》见孝子之思祭也，于《裳裳者华》见古之贤者世保其禄也，于《采菽》见古之明王所以敬诸侯也。’”可见，孔子不是把《诗经》当诗看的，而是当作道德的教科书。

儒道都相信身教的潜移默化的引导作用，但儒家同时重视言教，道家则强调不言之教；儒家设定许多具体德目要求世人来合，道家则认为身教即可，并不想当教师爷，强求世人完全合于玄德。老子对强势教化做出了否定，像《孟子·梁惠王上》"谨庠序之教，申之以孝悌之义"，在老子的小国寡民理想中是没有地位的。《史记》卷 63《老子韩非列传》称老子谓孔子："子所言者，其人与骨皆已朽矣，独其言在耳。"用庄子的术语来表述，即言（"迹"）不就是意（"所以迹"）。老子说的"道可道，非常道"也需要在双关的意义上来加以把握。常道处于"所以迹"的层面，可道之道处于"迹"的层面。"迹"既然不是"所以迹"，则可道之道非常道；既然可道之道非常道，拿它作为教化的工具，便失去了合法性。老庄提醒世人得意忘言，而不要僵执于言。《庄子·外物》篇末感慨道："言者所以在意，得意而忘言。吾安得夫忘言之人而与之言哉！"古今也有人往这个方向理解，如河上公称可道之道指"经术政教之道"。相比之下，元代苏敬静解说得最到位："老氏生衰周，盖见当时王道已衰，霸道将起，思以天道自然为治；见当时礼为忠信之薄而乱之首，若仁若义，若智若信，壹是纷纷，思以清静无为为化。故有非常道、非常名之言。"①

　　老子否定自上而下的外在教化，是为了强调自化自正。《文子·精诚》赞曰："圣人在上，怀道而不言，泽及万民。故不言之教，芒乎大哉！"此篇还推崇"神化"，其关键在于民之迁善"若出诸己"："太上神化，其次使不得为非，其下赏贤而罚暴"，"变易习俗，民化迁善，若出诸己，能以神化者也。"《淮南子·原道训》："口不设言，手不指麾，执玄德于心，而化驰若神。使舜无其志，虽口辩而户说之，不能化一人。是故不道之道，莽乎大哉！……未发号施令而移风易俗者，其唯心行者乎！法度刑罚，何足以致之也？""若出诸己"意味着百姓无需外在力量（如邦国的经式义度、儒家式的仁义礼等）的干预，便能化己正己，这是强调民众的主体地位。民众主动地、尽可能地回归自身的素朴之德，而不是被外力强迫着去合于仁义礼乐。

　　王博撰有《教化和自然的原则与结构》一文（未刊稿），文中指出，教化与自然代表着儒道两家的一个根本分野。教化是以普遍人性论为由来塑造和规范他人的生命。道家则以素朴之德、个体性为由，拒绝普遍性对个体性的抹杀。我们知道，教化都有标准，其目的是陶炼出合于这些标准、适于在一定文化圈中经营群体生活的分子。教化的结果一方面是民众为他所化，而非自正自化，这是"使然"；一方面是民众被塑造成一

---

① 《道藏》第 14 册，北京，文物出版社等，1988，第 121 页。

个模子，这是"同然"。"使然"、"同然"是"自然"的两个对立面。"使然"造成矛盾冲突，"同然"抹杀了个体性。老子关怀的则是个体的自由发展和整体的自然和谐。

社会治理自然需要贤能之人，老子为什么与常识唱反调，说"不尚贤，使民不争"（3 章）？老子强调"不欲见贤"，"尚贤"自然就更不应该了。但我们需要明确，不尚贤不是不用贤，也不是反过来尚不贤，而只是不需要刻意地把贤树为榜样。就本章而言，是为了对治争而提倡不争。在老子看来，正是对唯一价值的标榜和推崇，导致无穷的社会纷争。《庄子·庚桑楚》亦云："举贤则民相轧，任知则民相盗。之数物者，不足以厚民。"

"不尚贤"的思想与反对仁义礼也是一致的。《孟子·万章上》引伊尹语："天之生此民也，使先知觉后知，使先觉觉后觉也。予，天民之先觉者也。予将以斯道觉斯民也。非予觉之而谁也？"儒家也正是这样看待自己的，他们借"上智"、"生而知之"、"先知先觉"等说法，获得了塑造他人的权力。《老子》38 章则说："前识者，道之华也，而愚之首也。"何谓"前识"？古今多不得其解，其实它就指先知先觉。王弼注："前识者，前人而识也，即下德之伦也。"此注道出了实际，但意思尚欠明朗。蒋锡昌说得最直白："'前识者'犹言先知者，……凡以德为治，以仁为治，以义为治之君皆是也。"①可见，老子批评"前识"，仍是批评仁义礼。在他看来，"前识"只是道之虚华，是愚弄天下的工具。我们确实可以置疑，所谓的"先知先觉"果真是圣贤吗？我们拿什么来保证掌握话语权者是圣贤？儒家的教化本质上是一种爸爸式权力（Paternalism），它虽然不是专制，但很容易蜕变为专制，或者成为专制的帮凶。如果这种话语权被大盗窃取，则将带来什么样的恶果，可想而知。这就是庄子所批评的"诸侯之门而仁义存焉"，所以《胠箧》喊出："绝圣弃知，大盗乃止。"19 世纪英国自由主义理论家约翰·密尔（John Stuart Mill）说："当社会本身是暴君时，就是说，当社会作为集体而凌驾于构成它的各别个人时，它的肆虐手段并不限于通过其政治机构而做出的措施……因此，仅只防御官府的暴虐还不够；对于得势舆论和得势威想的暴虐，对于社会要借行政处罚以外的办法来把它自己的观念和行事当作行为准则来强加于所见不同的人，以束缚任何与它的方式不相协调的个性的发展，甚至，假如可能的话，

---

① 　詹剑峰："前识是卜筮、图谶、建除、堪舆、相人之术，统治者要进行欺骗，首先是利用这些宗教式的迷信以愚弄人民。"（詹剑峰：《老子其人其书及其道论》，武汉，湖北人民出版社，1982，第 461 页）这是一种脱离文本、想当然的解读。

阻止这种个性的形成，从而迫使一切人物都按照它自己的模型来剪裁他们自己的这种趋势——对于这些，也都需要加以防御。"①这段话值得我们记取。

儒家的道德教化，要预防人们沦为禽兽，防止恶的发生，这种愿望是好的。但这种预防性职能很容易被滥用，以致侵害个体的自由。它本质上是一种"介入"。神圣的道德信条若要强制推行，就会变成恶魔般的存在，两者实只有一线之隔。老子则不然。"百姓皆属其耳目焉，圣人皆孩之"；"善言无瑕谪"；"慈"；"无弃"都是主张对不善加以包容，而不要去攻伐乃至强行改变。曾昭旭在阐释老子思想时说："过多的关怀常只是干扰，强势的指导反而会打乱生命成长的节奏。我们一定要相信，每一个生命都自然会知道什么对他最适合。虽然在摸索的过程中不免会走偏或者犯错，但只要我们能够相信而忍住不去干扰，他其实自己会调整回来（我无为而民自化）。"②林安梧亦云："即使是错的，包容它，就可能长出对的；即使是对的，强调它，却可能变成错的。"③老子的这种思想也颇符合自由主义的精神。自由主义理论认为，在私人领域，个体是自己的最高主权者。个体只要不侵害他者，那么他的想法或行为纵然是愚蠢的、错误的，社会也不能强迫他不这么想、不这么做。

2. 绝学无忧

儒者恨民之不觉，道家叹人之难"愚"。老子否定"教"的同时，也否定了"学"。《老子》第 5 章："多闻数穷，不若守于中。"（此据简帛）此句传世本多作"多言……"，现在越来越多的证据表明我们宜取"多闻"。帛书两本、汉简本皆如所引。想尔注本作"多闻数穷，不如守中"，注曰："多知浮华，不知守道全身……"④《文子·道原》："多闻数穷，不如守中。绝学无忧……""多闻"即见多识广。孔子说跟三类人交友是有益的，"多闻"便是其一（《论语·季氏》）。《礼记·学记》："独学而无友，则孤陋而寡闻。""友多闻"则可使自己避免孤陋寡闻。但老子说"多闻数穷"，"多闻"很快会陷于困顿，走上穷途末路（"数"通"速"）。为什么呢？成玄英疏："多闻，博赡也……唯益世智，既不体道，理归于穷……庄子云：'文灭质，博溺心。'又阳朱云：邻人以多歧路，所以亡羊；学者以多方，

①　〔英〕约翰·密尔：《论自由》，许宝骙译，北京，商务印书馆，1959，第 5 页。
②　曾昭旭：《老子的生命智慧》，北京，中国广播电视出版社，2008，第 92 页。
③　林安梧：《道可道：〈老子〉译评》，北京，商务印书馆，2013，第 66 页。
④　饶宗颐：《老子想尔注校证》，上海，上海古籍出版社，1991，第 8 页。

所以丧道也。"①

《老子》14 章:"执古之道,以御今之有。能知古始,是谓道纪。"清代徐大椿释曰:"有可见者,古人之陈迹。但古人之所以有是法者,必有所以立法之故,此为古法之始。如能知之,则道之纪纲在是矣。"②"古始"处于"所以迹"的层面,它才是道之以一总万的端绪。但世人有几个知道"古始"呢?后世一些儒生皓首穷于章句之学,却不能明道,便是一例。《庄子·养生主》开篇慨叹道:"吾生也有涯,而知也无涯。以有涯随无涯,殆已!已而为知者,殆而已矣!""知"或许应该解释为德性之知,司马谈《论六家要旨》即指出:"夫儒者以六艺为法。六艺经传以千万数,累世不能通其学,当年不能究其礼,故曰'博而寡要,劳而少功'。"

老子否定"为学",是要召唤人们去"为道"。所要绝的"学"主要指世俗的政教礼乐之学,而不是现在意义上的经验知识、科学知识。南宋范应元在《老子道德经古本集注》中说:"然则老氏绝学之意,其使人反求诸己本然之善,不至逐外失真,流于伪也。君子学以致其道,后世徒学于外,不求诸内,以致文灭质,博溺心。圣人有忧之,故绝外学之伪。"明代德清也说:"然虽圣人绝学,不是蓍然无知,其实未尝不学也。但世俗以增长知见、日益智巧、驰骋物欲以为学,圣人以泯绝知见、忘情去智、远物离欲以为学耳。"③二说可取。

还有一点需要我们注意。52 章:"既得其母,以知其子;既知其子,复守其母。""母"与"子"是本与末的关系。在两者之间,老子显然更强调"母"(20 章"贵食母")。老子的真实主张是崇本举末,真体起用,并批评舍本逐末的做法。没有把握本,末就会偏离,这样的末是需要扫除的;反过来,未偏离本的末则可以拥有存在的空间,但仍应把重点放在对本的把握上。④

---

① 《道藏》第 13 册,北京,文物出版社等,1988,第 372 页。
② (清)徐大椿:《道德经注》卷上,《四库全书》本。
③ (明)憨山德清撰:《道德经解》,上海,华东师范大学出版社,2009,第 62 页。
④ 魏晋时期的名教与自然之争,最早可以溯源到老子对"下德"的批评、"母"与"子"的区分以及庄子对"所以迹"与"迹"的区分。学界通常认为王弼讲名教本于自然、郭象讲名教出于自然都是为现实名教做合理性论证。笔者以为,他们并未笼统地说名教即自然,而是强调名教应该自然;自然针对的是虚伪僵化的名教、作为统治秩序的名教,只有本于自然、出于自然的名教才具备存在的合理性,否则便可取消。王弼有两个貌似相互掎角的命题:"崇本息末"与"崇本举末"。其实,两者并不矛盾,原因在于"息末"之"末"特指偏离本的末(即非本于自然的名教),"举末"之"末"则指从本上起用的末。魏晋玄学的核心也是政治哲学。讨论两者关系时,我们首先必须明确:名教与自然的对立并非人文原则与自然原则的对立,因为这样的名教本质上是反人文,反倒是自然代表着人文。

第二节 以物为量

《庄子·天运》"涂郤守神，以物为量"，本来是说天乐充盈于天地之间。清初林云铭注较为准确："此言乐之盈满，无所不周也……涂，塞也，言塞于人之耳目而守于人之神明。以物为量，因物之大小，随其所受也。满谷满坑就地言，涂郤守神就人言，以物为量就物言。"①但黄帝张乐的故事并不是谈乐，而是别有寓意。郭象引《老子》语注曰："大制不割。"成玄英疏："大小修短，随物器量，终不制割而从己也。"这些解释未必切合文意，却能体现庄子思想。量本是一种标准工具（量器）。《尚书·舜典》："同律、度、量、衡"，《经典释文》："量，斗斛也。"引申为把某一事物作为标准来测定其他事物的轻重多少、长短深浅等性质。《墨子·天志中》称轮人、匠人以规矩来"量度"天下之方圆与否，随后顺水推舟地以天志定天下之是非。庄子提出"以物为量"而不是以"我"为量，其寓意是：每一个体都没有权利以自我为衡量万物的尺度，而要跳出自我，因万物之所然而然之。这体现了一种深刻的非控制欲、非占有欲。"名誉道家"李约瑟曾说："'我不愿为主教'（nolo episcopari），这在整个历史中已成为道家的口号。"②这个论断是极为精辟的。

在政治哲学意义上，反对以"我"为量就是反对"治"，从而让万物得以自在。《天地》云："治，乱之率也，北面之祸也，南面之贼也。"《在宥》开篇云："闻在宥天下，不闻治天下也。""在"意近因任。陈详道说得好："在则莫之扰，宥则莫之迫。"③李勉认为"在宥"二字本为"任宥"，因形近而误④，此说颇有义理。谭嗣同《仁学》甚至认为"在宥"二字"盖自由之转音"⑤。《在宥》："故君子不得已而临莅天下，莫若无为。无为也，而后安其性命之情"，"夫有土者，有大物也。有大物者，不可以物。物而不物，故能物物。明乎物物者之非物也，岂独治天下百姓而已哉！"从政治哲学层面看，"有土者"、"有大物者"就是有天下之君人者，"不物"意近不治。这句话的意思是说：有天下者，不可以治；不治，故能治物。另

---

① （清）林云铭撰：《庄子因》卷3，清白云精舍刻本。

② 〔英〕李约瑟：《中国科学技术史》第二卷，北京，科学出版社等，1990，第69~70页。

③ （南宋）褚伯秀：《南华真经义海纂微》卷30，《道藏》第115册，北京，文物出版社等，1988。

④ 参见陈鼓应注译：《庄子今注今译》，北京，中华书局，1983，第269页。

⑤ 《谭嗣同全集》，北京，生活·读书·新知三联书店，1954，第85页。

一种断句法"不可以物物，而不物故能物物"，意思同样是以不治治之。在此，我们主要就庄子学派与儒家的对立来讨论以物为量的问题。庄子对儒家做了重点批判，主要原因应该是，连儒家都未能达到极致，其他诸家就更不能上升为"经式义度"了。

一、批评仁义礼乐

孟子性善论把仁义礼智定为人性中本有，"仁义礼智，非由外铄我也，我固有之也，弗思耳矣"(《孟子·告子上》)。孟子所以强调这一点，动机之一在于否定成就仁义的过程是戕贼人之本性。在他看来，仁义是顺人之性，而不是戕害人性。《礼记·冠义》："凡人之所以为人者，礼义也。"这是把礼义规定为人的本质，是一种普遍人性论。儒家用仁义礼来对治人之喜怒哀惧爱恶欲七情，修五伦十义。《礼运》："人情者，圣王之田也。修礼以耕之，陈义以种之，讲学以耨之，本仁以聚之，播乐以安之。"《礼器》："礼之近人情者，非其至者也。"在儒家看来，人之七情并不具备先天的合法性，它们往往是乱之所由。这已近乎性善情恶论。因此，诸如"礼者，因人之情而为之节文，以为民坊者也"(《礼记·坊记》)，"礼因人之情而为之"(郭店楚简《语丛一》)，"缘人情而制礼，依人性而作仪"(《史记》卷23《礼书》)，并不是说礼顺乎人情，而是先武断地把礼作为当然之则规定为人性的本质，然后以性来统辖情(性其情)。这样一来，尽管儒家强调礼非由外至，而是发自深心的需求，但实际上它只是外在强加而已。

庄子则针锋相对。《齐物论》说："自我观之，仁义之端，是非之途，樊然殽乱，吾恶能知其辩！"在庄子看来，仁义礼乐都是外在强加的规范，用它们来规范世人的行为，将使人无以游夫遥荡恣睢转徙之途。《大宗师》还以"黥"、"劓"等表示刑罚的字眼来比况它们对人的戕害。外、杂篇承此余绪，更为激烈地否定彼之仁义，以保住此之真性。《马蹄》一语中的："夫埴木之性，岂欲中规矩钩绳哉！"不合规矩绳墨，难道就没有存在的合理性吗？天然本性就是可贵的，个体的存在与发展可以循着自己的天然本性。此篇还历数陶者、匠人、伯乐、圣人的罪过，认为他们削性侵德，犯了残朴之罪。《秋水》更是明确地提出，不可人为地泯灭万物的天性："牛马四足，是谓天；落马首，穿牛鼻，是谓人。故曰：无以人灭天，无以故灭命，无以得殉名。"

《骈拇》云："天下莫不奔命于仁义。"这应该是一种夸张的说法，儒家在当时的影响还没这么大。天下果若奔命于仁义，岂不是好事？庄子为什么强烈反对呢？也许，君人者的经式义度可以被认定为罗网，但儒家仁义礼乐的本意是用来成全人的，为什么也被庄子认定为拘限人的桎梏？庄子学派从多方面做了论证。

（一）仁义只具工具价值

首先，庄子学派敏锐地看到了仁义颓变成只具工具价值。一方面，道高一尺，魔高一丈，圣知之法本为禁盗，反为盗资，被大盗用来求其利护其身。《天运》载庄子语："虎狼，仁也。"从这里很容易引出《胠箧》盗亦有道的说法："彼窃钩者诛，窃国者为诸侯，诸侯之门而仁义存焉，则是非窃仁义圣知邪？"《盗跖》亦云："小盗者拘，大盗者为诸侯。诸侯之门，义士存焉。"《徐无鬼》更直白地指出仁义被"禽贪者"利用："夫仁义之行，唯且无诚，且假乎禽贪者器。是以一人之断制利天下，譬之犹一觇也。夫尧知贤人之利天下也，而不知其贼天下也。"《在宥》认为圣知仁义都是刑具，曾、史乃桀、跖之嚆矢："吾未知圣知之不为桁杨椄槢也，仁义之不为桎梏凿枘也，焉知曾、史之不为桀、跖嚆矢也！"《外物》"不忍一世之伤而骜万世之患"意同嚆矢说，也是说儒者图一时之治而遗患无穷。仁义圣知最多只能禁过，而不能使其无从生起。所以提倡仁义是短视。《胠箧》将天下大乱归罪于仁义，甚至愤激地喊出"圣人不死，大盗不止"。庄子学派认为，盗贼与圣人并兴并息；两绝之，则无事而生定。应该说，庄子学派确有先见之明。后世的专制政体，没有哪个真的愿意将儒家理念转变为现实政策的。儒家学说在更多时候只是被利用来粉饰门面，而儒家定于一尊的局面，又压制了成长的动力和多元化的发展。

另一方面，在庄子学派看来，天下虽然奔命于仁义，也只是儒名而俗行，把仁义当成博取名利的敲门砖而已。《骈拇》批评曾参、史鱼枝于仁以收名声，《天地》批评子贡博学以盖众，卖名声于天下。《列御寇》："其就义若渴者，其去义若热。"这就是《徐无鬼》批评的"无诚"，即许多儒者并非真的拳拳服膺于"义"。以上言论虽然出自外、杂篇，但与《人间世》的思想一致。《人间世》："古之至人，先存诸己而后存诸人。所存于己者未定，何暇至于暴人之所行！且若亦知夫德之所荡而知之所为出乎哉？德荡乎名，知出乎争。名也者，相轧也；知也者，争之器也。二者凶器，非所以尽行也……而强以仁义绳墨之言术【繁体为"術"，疑本字作"衒"，形近而误】暴人之前者，是以人恶育其美也，命之曰菑人……是以火救火，以水救水，名之曰益多。""荡"，宜解释为荡起，而不是毁损，这样才能与"知出乎争"相对应，并与后文"人游其樊而无感其名"相呼应。① 学界大多将此节理解为现在意义上的明哲保身，认为庄子是出于全生的考虑而劝阻参政。这种理解不能说有误，但需要说明的是，停留于此是不够的。"所存于己者未定"，其本义是指儒者自身修养并未到家，在此指的是为求名而擢德。

(二)仁义不足以济世而适足以乱性

《孟子·告子上》："今之为仁者，犹以一杯水，救一车薪之火也；不熄，则谓之水不胜火，此又与于不仁之甚者也。"这是说，尽管为仁的现实效果甚微，但仁义道德是解决社会问题的根本所在；如果借口为仁未能解决现实问题便否定为仁，那就是在鼓励不仁之举。《礼记·经解》也说："夫礼，禁乱之所由生，犹坊止水之所自来也。故以旧坊为无所用而坏之者，必有水败；以旧礼为无所用而去之者，必有乱患。"儒家认为，礼的禁乱功能是不容否定的。《祭统》："凡治人之道，莫急于礼。"礼坏乐崩的现实局面不是礼造成的，而是因为人们不循守礼。因此，要想重建秩序，就必须恢复旧礼、强化旧礼。但庄子学派反对仁义礼乐，并非是因噎废食之举。他们认为，仁义礼乐不足以济世，适足以乱性，理由如下。

1. 仁义是古人之糟粕

儒家思存先圣之业，《天运》则从"时"的角度来否定仁义礼乐等人为政治秩序的有效性。其核心观点是，礼义法度需要适时更易。儒家不是不讲时变，时中、经权也是其基本观念，他们也主张因时损益。但由于他们信师而是古，过分强调先王之道，就往往走向教条化，时中、经权等观念反而得不到突出。

庄子学派认为，对待仁义礼乐应该像对待刍狗一样，事过之后，便可弃置不顾，但人们"岂直过也而去之邪！乃齐(斋)戒以言之，跪坐以进之，鼓歌以儛之"(《在宥》)。《天运》对此理说得极为透彻："今而(尔)夫子，亦取先王已陈刍狗，聚弟子游居寝卧其下"，"仁义，先王之蘧庐也，止可以一宿而不可久处"，"夫《六经》，先王之陈迹也，岂其所以迹哉！今子之所言，犹迹也。夫迹，履之所出，而迹岂履哉！"六经只是先王之陈迹，而非"所以迹"。《大宗师》讥讽子贡"是恶知礼意"，即批评儒家只知"迹"而不知"所以迹"。"所以迹"与"迹"的关系是本与末、体与用、母

①　如于鬯认为："荡与出对。出犹生也，明此荡当训亡，言德之所以亡与知之所以生也。德之亡，亡于名；知之生，生于争。"(于鬯：《香草续校书》，北京，中华书局，1963，第264页)这是把"荡"与"出"的正对关系理解成了反对关系。

与子的关系。当"迹"被僵化、形式化乃至恶意利用时，就偏离了"所以迹"；易言之，僵执于圣人之道或先王之道反而会偏离道。仁人不应时而变，把古人当成偶像或权威以匡今，就如同里之丑人"知矉美，而不知矉之所以美"，其结果是蚊虻负山、推舟于陆，必不行矣。

《天道》篇末"世之所贵道者"一节就像庄子学派（B）与儒者（A）之间的论辩。

> A：世之所贵道者，书也。
>
> B：书不过语。
>
> A：语有贵也。语之所贵者，意也。
>
> B：意有所随。意之所随者，不可以言传也……

可以肯定，这里的"道"不是本体论哲学中的形上实体，"贵道"盖意为喜谈。庄子学派由书不过语和意不可以言传两点推出书不足贵的结论。紧接着的一节中，轮扁称桓公所读之书不过是"古人之糟粕"，而桓公所读之书记录的就是"圣人之言"。《田子方》里，鲁文侯听了田子方的一席话之后，自谓平生所学的"圣知之言、仁义之行"直是"土埂"。再结合《天运》，我们可以推知，庄子学派不是笼统地反对贵言传书，这里的"书"实际上特指儒家类著作。这几乎是形而下地诠释了"道可道，非常道"，提示我们不要把道家哲学看得玄之又玄而脱离现实。①

庄子学派认为，仁人把握到的只是"文"，而不是精神实质。《田子方》说："中国之民【尤指鲁人】，明乎礼义而陋乎知人心。"鲁哀公依"举鲁国而儒服"得出"鲁多儒士"的结论，而庄子则断言"鲁少儒"，并说："君子有其道者，未必为其服也；为其服者，未必知其道也。"②《渔父》："真

---

① 其他文献也可以证成这一点。《淮南子·道应训》转录了轮扁斫轮的故事，就引"道可道，非常道"做结论。《文子·道原》："夫事生者应变而动，变生于时，知时者无常之行。故道可道，非常道；名可名，非常名。"《精诚》："著于竹帛，镂于金石，可传于人者，皆其粗也……末世之学者，……取事之迹，跪坐而言之，虽博学多闻，不免于乱。"（《淮南子·本经训》略同）《上义》："诵先王之书，不若闻其言；闻其言，不若得其所以言。故道可道，非常道也；名可名，非常名也……故法制礼乐者，治之具也，非所以为治也。"这些都是说，法制礼乐应该应时权变；执守先王之法以应当世，是胶柱鼓瑟，方枘圆凿，所以《管子·白心》感慨"孰能法无法乎"，而《文子·道德》主张"不法其已成之法，而法其所以为法"。

② 成玄英已指出鲁哀公早于庄子100多年。郭沫若疑哀公系景公之误（郭沫若：《十批判书》，北京，东方出版社，1996，第202页注）。笔者以为，庄子经常非历史地运用历史人物，此则完全符合庄子的思想个性，是不是信史，我们可以不必计较。

者，精诚之至也。不精不诚，不能动人。故强哭者虽悲不哀，强怒者虽严不威，强亲者虽笑不和。真悲无声而哀，真怒未发而威，真亲未笑而和……事亲以适，不论所以矣；饮酒以乐，不选其具矣；处丧以哀，无问其礼矣。礼者，世俗之所为也；真者，所以受于天也，自然不可易也。故圣人法天贵真，不拘于俗。愚者反此。"庄子对表面工夫很不屑，他似乎不反对真儒，只是痛恨假儒徒得其表。

2. 儒家修养未臻于极境

《人间世》："若一志，无听之以耳而听之以心，无听之以心而听之以气。听止于耳，心止于符。气也者，虚而待物者也。唯道集虚。虚者，心斋也。"耳止于听，心止于思，庄子对心也非常警惕。"心斋"就是斋心、"刳心"（《天地》），换种说法，就是"无己"（《逍遥游》）、"丧我"（《齐物论》）。《山木》说得更明确："刳形去皮，洒心去欲。"庄子在此引入"气"的概念，就是用气的特性来描摹心的虚静状态。吐却聪明，剔去心智。到得此处，则"未始有回也"；成心化除，方能虚而待物。

在庄子看来，修养的最高境界是无己丧我。相对于此，儒家修身工夫并未臻于极境，因为他们未能做到"虚"。《天地》为圃者告诫子贡："汝方将忘汝神气，堕汝形骸，而庶几乎！而身之不能治，而何暇治天下乎！"《外物》老莱子诫孔子："去汝躬矜与汝容知，斯为君子矣。"（《史记》所载老子告诫孔子语盖本于此）何谓"矜"？《渔父》云："人同于己则可，不同于己，虽善不善，谓之矜。"可见，"矜"就是自是而不识异量之美，容忍不了他者的独特性和世界的多样性。所以渔父告诫孔子继续修身："谨修而身，慎守其真，还以物与人，则无所累矣。""还以物与人"意同"以物为量"，让事物该怎样就怎样，不要无谓地想着去改变它。《徐无鬼》称管仲向桓公举荐隰朋，因为隰朋"愧不若黄帝而哀不己若者"，而鲍叔牙则"其为人絜廉善士也，其于不己若者不比之，又一闻人之过，终身不忘。使之治国，上且钩乎君，下且逆乎民"。显然，这则故事影射的是一些儒者。其结论是："以贤临人，未有得人者也；以贤下人，未有不得人者也。"以上所引都出于外、杂篇，但内篇也提到过这一点。《人间世》末楚狂接舆在孔子面前歌道："已乎已乎，临人以德！殆乎殆乎，画地而趋！迷阳迷阳，无伤吾行！郤曲郤曲，无伤吾足！"这段话是对儒者的劝诫，而不是针对当时的人间世。"画地而趋"、"临人以德"针对一般儒者的自拘自是而又责人的行为。《田子方》"清而容物"也是批评这种现象。受道家影响，儒家也赞赏"虚"。《周易》咸卦大象传曰："君子以虚受人。"但历史地看，儒者更多的是"临人以德"，与道家"虚而待物"截然相反。

3. 仁义残害性命之情

更重要的是，儒者从多忧进而走向多扰。当他们推己及人时，会产生诸多问题。儒者往往以教师爷自居，把天下人看成自己的教化对象。他们心中时刻盘旋着明确的善恶意识，力图"以化齐民"，以"善"去"恶"，这就容易用一个外在标准来抹杀丰富多彩的个性。《在宥》点出："世俗之人，皆喜人之同乎己而恶人之异于己也。"同于己者就欣然接纳，异于己者就设法改造。明袁宏道《广庄·逍遥游》一针见血："拘儒小士，……以定法缚己，又以定法缚天下后世之人。"①墨子出身于儒家，他的"尚同"思想更是如此，就连《荀子·天论》也批评他"有见于齐，无见于畸"。其实，荀子又何尝不想齐呢？而庄子认为万物殊性，物物都是一个独一无二的自我，反对"以一人之断制利天下"，力图圆成万物自然之真性，保持一个多样性的世界。

人性是共性还是个性？仁义是人性的实现还是扭曲？庄子的回答无疑都是后者，与儒家针锋相对。陈少明指出："以人性共通为由，试图通过政治手段为每个人设计一样的幸福生活模式，那将是对人的个性的摧残。在庄子看来，人性表现为每个人的个性，除此之外不需要更多的规定了"，"儒家之所以成为其批判的对象，归根到底，就是其所设计的社会理想，以价值的普遍性为前提，对个人自由施加过多的限制。"②王博曾就内篇末尾混沌被凿死的寓言做过这样的解读："无论如何，'凿'代表的都是对于对象的'粗暴的'改变。而在这种改变的过程中，我们总免不了以己度人，以自己的标准来塑造他者。当他者成为自己或者自己的影子的时候，他者就消失了，剩下的只是一个单调而苍白的世界。"③仁义礼乐作为"规矩钩绳"，本有使万物整齐划一之弊，结果是好心办坏事。它无视一个社会基本事实，即人的需求和目标是多样的，这里不存在公度性。庄子学派不想被儒家启蒙开窍，拒绝被同一化。他们也不以己度人，而有超越自我之观感，坚持多元主义、个体主义。《庚桑楚》："性者，生之质也。"庄子学派立乎道德而退仁义、摈礼乐。《天道》中老聃质问孔子："仁义，人之性邪？"并说："夫子亦放德而行，循道而趋，已至矣；又何偈偈乎揭仁义，若击鼓而求亡子焉？意，夫子乱人之性也！"《天运》有一则与此雷同：

---

① 《袁宏道集笺校》，钱伯城笺校，上海，上海古籍出版社，1981，第796页。
② 陈少明：《〈齐物论〉及其影响》，北京，北京大学出版社，2004，第40、233页。
③ 王博：《庄子哲学》，北京，北京大学出版社，2004，第141页。

　　　　孔子见老聃而语仁义。老聃曰："夫播糠眯目，则天地四方
　　易位矣；蚊虻噆肤，则通昔不寐矣。夫仁义憯然乃愤吾心，乱
　　莫大焉。吾子使天下无失其朴，吾子亦放风而动，总德而立矣！
　　又奚杰杰然揭仁义，若负建鼓而求亡子者邪？夫鹄不日浴而白，
　　乌不日黔而黑。黑白之朴，不足以为辩。

　　"黑白之朴，不足以为辩"与后文"性不可易，命不可变"一样，是说
不要试图从外面去改变万物的本性。孔子听了这一席话后自叹道："不与
化为人，安能化人！"《列御寇》利用颜阖来评价孔子："仲尼方且饰羽而
画，从事华辞，以支为旨，忍性以视民而不知不信……今使民离实学伪，
非所以视民也。"《盗跖》借盗跖之口批评孔子"摇唇鼓舌，擅生是非，以迷
天下之主，使天下学士不反其本，妄作孝弟而徼幸于封侯富贵者也"，
"子之道狂狂汲汲，诈巧虚伪事也，非可以全真也，奚足论哉！"这种尖刻
的批评正代表了庄子后学的口气。《渔父》："擅饰礼乐，选人伦，以化齐
民，不泰多事乎？"《列御寇》记庄子语："知道易，勿言难。知而不言，所
以之天也。知而言之，所以之人也。古之人，天而不人。"这里谈的还不
是天人关系，而是要求不要将自己的一套强加于他人。①《缮性》："枭淳
散朴，离道以善，……文灭质，博溺心，然后民始惑乱，无以反其性情
而复其初。"这里实际上已经提出复性说，但这性又不是儒家性善之性。
此篇又云："礼乐遍行，则天下乱矣。彼正而蒙己德，德则不冒，冒则物
必失其性也。""蒙"意为敛藏，"冒"就是自我炫耀并以化齐民。在《应帝
王》中，庄子说有虞氏（舜）"藏仁以要人"，其弊病在于"未始出于非人"，
意为没有做到不非难人。儒者以仁义为天下之标准而强人就己，与此不
合就加以非议（《山木》"修身以明污"即此意）。庄子杜撰出另一种人格，
说泰氏"一以己为马，一以己为牛；其知情信，其德甚真，而未始入于非
人"。泰氏也是真人，"马"、"牛"云者，正是老子所说的"受邦之诟"而不
非议他人。《山木》："是故无责于人，人亦无责焉。"《史记》卷47《孔子世
家》载孔子临行，老子赠之以言："聪明深察而近于死者，好议人者也。
博辩广大危其身者，发人之恶者也。为人子者毋以有己，为人臣者毋以
有己。"

　　总之，庄子主张因应万物，常任自然，也就是"独与天地精神往来而

---

　　① 《老子》56章"知者不言，言者不知"，楚简本作"知之者弗言，言之者弗知"。这也不是
　　　　说某些复杂、微妙的事物难以用日常语言表达，而是说，知"道"的人是不必在人面前
　　　　时时念叨着"道"的，否则便是没有真正领会"道"。

不敖倪于万物，不谴是非以与世俗处"（《天下》）。"不谴是非"绝不是不反
对现实社会①，而是说无中心、无标准，不对世界指手画脚，而让万物
各正性命。在庄子学派眼中，儒者之说"外以乱人，内以伤身"（《渔父》）。
儒者奔走天下，上说下教，给自己揽事。②《天地》蒋闾葂一节说儒者那
一套犹如螳臂当车，将自己置于险境还不算，关键是解决不了问题，反
使天下大乱。《文子·道德》："以事生事，又以事止事，譬犹扬火而使无
焚也。"明代李贽深明此理：

> 一物各具一乾元，是性命之各正也，不可得而同也。（《九
> 正易因》卷上）

> 夫天下至大也，万民至众也，物之不齐，又物之情也。中
> 无定在，又孰能定其太过而损之，定其不及而益之也？若一一
> 而约束之，整齐之，非但日亦不给，依旧是走在政教上去矣。
> 彼政教之所以不能使民格心归化者，正以条约之密，无非使其
> 就吾之条理……是欲强天下使从己，驱天下使从礼……上焉者
> 又不肯强之使从我，只就其力之所能为与心之所欲为、势之所
> 必为者以听之，则千万其人者各得其千万人之心，千万其心者
> 各遂其千万人之欲，是谓物各付物。天地之所以因材而笃也，
> 所谓万物并育而不相害也……吁，礼之不讲，久矣！平天下曰
> 民之所好好之，民之所恶恶之，好恶从民之欲而不以己之欲，
> 是之谓礼。（《道古录》卷上）

这里都是在宣说老子"以百姓之心为心"及庄子的"以物为量"。又《藏
书》卷32《孟轲》在肯定孟子的同时，又批评他尽排众说，犹未免执定说
以骋己见，而欲以死语活人也。

（三）各正性命

反对动词的"治"并不意味着反对形容词的"治"，宇宙的大和谐同样
是庄子的理想。但是，在庄子看来，达到"治"的唯一途径是不治，舍此
之外别无他途。所谓"不治"，是达到"治"的总原则。在道家那里，不存

---

① 胡适认为："庄子因为能'达观'一切，所以不反对固有社会；所以要'不谴是非，以与
世俗处'"，并给庄子扣上"守旧党的祖师"的大帽子。（胡适：《中国哲学史大纲》上卷，
北京，商务印书馆，1947，第274页）

② 渔父又说到"八疵"、"四患"，其中两条是："非其事而事之，谓之摠；……好经大事，
变更易常，以挂功名，谓之叨。"

在具体的、固定不变的治理条目。假如非得将"不治治之"加以落实，那也只能是《刻意》说的"感而后应，迫而后动，不得已而后起。去知与故，循天之理"。这在黄老学派及《淮南子》等书中得到了充分的展开。王博对《应帝王》做过如下题解："应就是顺应，就是因……无藏才可以因，才不会把自己的想法或者意志强加于事物。于是你可以做到对事物无益无损，任其自然，这就是它说的静因之道。'应帝王'的意思是说，只有应，才可以成为帝王。因此对于庄子而言，成为帝王或者做世界的主宰并不意味着必须像霸那般让世界打上自己的烙印。"①

不治所以能达到治，根本原因在于庄子充分信任万物能够自化自正。《应帝王》："汝游心于淡，合气于漠，顺物自然而无容私焉，而天下治矣。"《在宥》鸿蒙告诉云将治之道："意！心养。汝徒处无为，而物自化。"道家主张各正性命。他们认为，天下人都应该自正，而且有能力自正，不需要用外在的仁义来正，否则便是削性侵德。②《骈拇》："天下有常然。常然者，曲者不以钩，直者不以绳，圆者不以规，方者不以矩，附离不以胶漆，约束不以纆索。"《马蹄》："同乎无知，其德不离；同乎无欲，是谓素朴；素朴而民性得矣。及至圣人，蹩躠为仁，踶跂为义，而天下始疑矣；澶漫为乐，摘僻为礼，而天下始分矣……夫残朴以为器，工匠之罪也；毁道德以为仁义，圣人之过也。"这些都是认为世人可以绕过儒家的仁义礼乐，直达素朴之性。此时，个体连自己是否合于仁义忠信都是不知的。《天地》言至德之世："端正而不知以为义，相爱而不知以为仁，实而不知以为忠，当而不知以为信，蠢动而相使不以为赐。是故行而无迹，事而无传。"《山木》又杜撰出建德之国："其民愚而朴，少私而寡欲；知作而不知藏，与而不求其报；不知义之所适，不知礼之所将，猖狂妄行，乃蹈乎大方。"

二、悲悯世人丧己之真性

庄子学派崇尚"采真之游"，"真"指个体本然的素朴之性、性命之情。《骈拇》："彼至正者，不失其性命之情"，"吾所谓臧者，非所谓仁义之谓也，任其性命之情而已矣。吾所谓聪者，非谓其闻彼也，自闻而已矣；吾所谓明者，非谓其见彼也，自见而已矣。夫不自见而见彼，不自得而得彼者，是得人之得而不自得其得者也，适人之适而不自适其适者也。"

---

① 王博：《庄子哲学》，北京，北京大学出版社，2004，第131页。
② 《文子·自然》："夫教道者，逆于德，害于物。"

在这里，我们可以看到老子"去彼取此"的影子。"彼"是与生命无关的声色欲求、仁义礼乐等，"此"是自己的性命之情；"彼"是外在的，"此"是本己的。"彼"是对"此"的威胁，保住"此"是个体自我价值与意义的实现。庄子学派认为个体自身的性命之情中即有"聪明"，个体完全可以自闻自见，自得自适，而不应该属其性于那些外在的东西。何谓聪明？《骈拇》说得比较含混，但突出了"自"与"彼"的对立。

> 擢乱六律，铄绝竽瑟，塞瞽旷之耳，而天下始人含其聪矣；灭文章，散五采，胶离朱之目，而天下始人含其明矣；……削曾、史之行，钳杨、墨之口，攘弃仁义，而天下之德始玄同矣……彼曾、史、杨、墨、师旷、工倕、离朱，皆外立其德而以熿乱天下者也，法之所无用也。（《胠箧》）

> 而（尔）且说（悦）明邪？是淫于色也；说聪邪？是淫于声也；说仁邪？是乱于德也；说义邪？是悖于理也；说礼邪？是相于技也；说乐邪？是相于淫也；说圣邪？是相于艺也；说知邪？是相于疵也。天下将安其性命之情，之八者，存可也，亡可也。（《在宥》）

> 聪也者，圣之藏于耳者也；【明也】者，智之藏于目者【也】。聪，圣之始也；明，智之始也。故曰不聪明则不圣智，圣智必由聪明。（帛书本《五行》）

> 未尝闻君子之道，【谓之不】聪……未尝见贤人，谓之不明……闻君子道而不知其君子道也，……谓人【二字当为衍文】谓之不圣……见贤人而不知其有德也，【谓】之不智。（帛书本《五行》）

聪、明分别与耳、目相关。《胠箧》条中的聪明与五音、五色之类的东西相对立，是属己的聪明；《在宥》条中的聪明指声色追逐，是属彼的聪明。庄子学派的"聪明"没有道德属性，儒家则赋予了道德属性，把聪明当作通往圣智的起点。没有圣智（不知君子之道，不知见贤思齐），便不聪也不明。

《在宥》："天下不淫其性，不迁其德，有治天下者哉！"庄子学派认为，不失性命之情才是天下之至正；人人安其性命之情，一有跂尚，则成大惑。这种跂尚，不仅是声色欲求，也包括仁义礼乐。它们是压抑个体性命之情的两个主要因素。在否定过分的声色欲求这一点上，庄子学派与儒家口径大体一致；但儒家强调通过仁义礼乐的规范来实现，庄子学派则认为大可不必。他们的行为中介不是仁义礼乐，而是道家意义上的道与德。在他们看来，仁义是外在强加的东西，非人情所本有。儒家用仁义礼乐来拔擢人们的德性，意图把每个人都塑造成"仁人"，代价是人之真性的丧失，这就叫"擢德塞性"。因此，仁义只是一个蛊惑世人、扰乱天下的东西。仁义道德可以是儒者自娱自乐的东西，但永远不能拿它来规范他者。前引《在宥》"而且说明邪"一节告诉我们，庄子学派为仁义礼乐、圣智聪明留出了一块儿地盘，但我们不能就此认为他们推崇"之八者"或主张循守"之八者"。他们是认为仁义礼乐等只要不越出自身以外，不乱离天下人性命之情，就可以有自己的一块儿存身之地。因为万有的性分既然各异，那么仁义就可以是仁人之本性。但仁人也必须对自己有一个反省，仁人自己可以任之，却不能把自己树为标准来"矫"天下。这就是不同性分之间的和谐共存。而儒者的真正过失不在"修身"、"进上"、"藏仁"、"清"，而在"明污"、"排下"、"要人"、"责人"、不"容物"。

前面提到，《缮性》已提出复性说。那么，如何复性呢？同篇开首云："缮性于俗，俗【当属衍文】学以求复其初；滑欲于俗，思以求致其明；谓之蔽蒙之民"，"丧己于物，失性于俗者，谓之倒置之民"。《德充符》："无丧，恶用德？"性无所丧，自然就用不着仁义道德。那么，有丧的"蔽蒙之民"、"倒置之民"是否就需要通过克己复礼式的工夫来达到无丧呢？答案也是否定的。《齐物论》："不喜求，不缘道；无谓有谓，有谓无谓，而游乎尘垢之外。"一般解释为不要有心攀缘道（道家意义上的道），笔者以为，这里的"道"当指其他诸家所阐扬的道，特别是儒家的仁义之道、先王之道。因为在庄子学派看来，仁义礼乐只是外加的桎梏，就仁人多忧多事言，是残他人之生；就世人器器以求而言，是伤自己之性。再则，若必待仁义礼乐的约束才能自律，那还不是真正的自律，本质上仍是他律。一方面，个体有赖于外在的仁义礼乐才能摆脱欲望的追逐，没有能够无依无凭就断除非分的欲望；另一方面，个体在摆脱欲望追逐的同时，却又被仁义礼乐所束缚。求合于细密繁缛的礼，有什么必要吗？李贽《藏书》卷32《孟轲》说得好："今之所谓师弟子，皆相循而欲践彼迹者也，可不大哀乎？唯是世间一种善人，自然吻合至善之初，生来便自不肯依人脚迹，作辕下之驹。"可见，庄子实则是希望世人能够自尊、自主、自立，既不"丧己于物"，也不作仁义礼乐的辕下之驹。这是彻底的自律和自作主宰。

附：老庄没有出世思想

古今常把道家人物当成隐士，或认为其思想属出世主义，或认为只是"为我"之学（保全个人生命）。但从本章的论述来看，老庄热心于伦理政治问题，他们哪里对社会事务不闻不问呢？怎么就缺乏公共关怀了呢？

人们总是将老庄与早期隐士相联系，并把"隐"理解为僻居山林，对社会不闻不问。其实就老子而言，除了史迁说老子"言道德之意五千余言而去，莫知其所终"及《列仙传》老子骑青牛出关的传说以外，别无任何根据。传说终究是传说，不是事实。而史迁说"老子，隐君子也"，"其学以自隐无名为务"，也不是说老子成了隐士。儒道两家都说"隐"，但含义有别。道家的"隐"是指敛藏自己的才德，不贪功名，不留给世人"亲而誉之"的机会；绝不是鼓励人们躲到林间僻壤当什么隐士。实际上，"功遂身退"（不一定实际退位）即是隐，"后其身"、"不自见"、"被褐怀玉"、"光而不耀"、"和其光，同其尘"等也都是隐。儒家说"无道则隐"，是将自己的身体与昏乱的朝政暂时隔绝开来；他们即使归隐，也还是半露半藏，时刻准备着重新出山。

我们再就庄子多说几句。胡适认为，"庄子的学说，只是一个'出世主义'……中国古代的出世派哲学至庄子始完全成立。"[①]《大宗师》有方内方外之说，此篇借孔子之口说："彼【孟子反、子琴张】，游方之外者也；而丘，游方之内者也。外内不相及……彼又恶能愦愦然为世俗之礼，以观众人之耳目哉！"人们容易将"方"理解为实际的物理空间或地理方位，并结合庄子的其他言论认定他有出世倾向。历史上，林希逸、陆长庚等人就明确地把方外等同于佛教的出世。今人杨柳桥将其释为人世之外，曹础基注很有代表性："方之内，六方之内，指现实世界，即所谓尘世。游方之内，即所谓入世。游方之外，超脱于现实世界，即所谓出世。"[②]而作为古今最重要的注庄著作，郭象《庄子注》虽然正确地指出庄子学说乃"涉俗盖世之谈"，但他把方内方外曲解成庙堂与山林、在朝与在野、入仕与不仕的对立，则是明显有问题的。[③] 有人甚至先认定庄子哲学是出世主义，然后以此判定诸篇的真伪，比如认为《人间世》有浓厚的淑世主义情怀，故应受到很大的怀疑；《天下》喜谈"外王"，故绝对不是

---

① 胡适：《中国哲学史大纲》上卷，北京，商务印书馆，1947，第 255 页。
② 曹础基：《庄子浅注》，北京，中华书局，2000，第 102 页。
③ 读者若有兴趣，可参看拙文《外内不相及与内外相冥》的分析。（汪韶军：《外内不相及与内外相冥》，《云梦学刊》2010 年第 2 期。）

庄学……

笔者以为，庄子对黑暗现实持强烈的批判态度，正体现出对社群的关切，这不是用"逃避"两字可以概括的。庄子确实不屑于方内的生活，而向往方外的生活。但是，向往方外绝非出世，因为"方"不是物理的空间，而是礼法。方内是礼法的世界，方内的生活特指受礼法束缚的生活。方外特指与世俗价值观的对立以及不由礼仪法度束缚的一种精神上的自由境界。历史上很多解庄者已指出过这一点，钟泰的分析最为明晰："两'方'字即指礼言……然则'游方之外'，谓游于礼法之外。'游方之内'，谓游于礼法之内。旧解以'方'为方域。至今方内方外，乃成为在家出家之称，实大误也。'外内不相及'，犹言道不同不相为谋。"①徐复观称庄子哲学是"逸的哲学"，诚为的论。庄子就是要逸出世俗的"方"而臻于"大方"。

庄子不愿过受礼法束缚的生活，不等于他要与人世相隔绝，不过一般的民众生活。事实上，他反对刻意伏于山林，主张与世俗生活保持一种不即不离的关系。人们所以认为庄子哲学是出世的哲学，原因有几条：把方外理解成世俗之外、人世之外；被貌似神仙方术思想的言论所迷惑；把不仕误解成出世。

庄子从未说过要伏于没有人烟的山林之中离群索居。恰恰相反，那种做法是他所不称许的。庄子保持着天与人、一与不一之间的平衡。《庄子·大宗师》："其一与天为徒，其不一与人为徒。天与人不相胜也，是之谓真人。"此篇所说的"撄宁"也就是在纷扰中保持宁定。《刻意》、《缮性》较多地谈了退隐问题。《刻意》明确地说："就薮泽，处闲旷，钓鱼闲处，无为而已矣。"奚侗认为当作"为无而已矣"②，当从。"为无"就是有心于"无"，因而是一种刻意而不自然的行为。庄子学派主张的是"不刻意而高"，"无江海而闲"，他们不需要水就能沉，此即《则阳》所谓"陆沉"。《缮性》："隐，故不自隐。古之所谓隐士者，非伏其身而弗见也，非闭其言而不出也，非藏其知而不发也，时命大谬也。当时命而大行乎天下，则反一无迹；不当时命而大穷乎天下，则深根宁极而待。"这里谈了隐士在两种不同情况下的立身处事。仔细体味便可发现：大行天下而返一无迹，亦称隐士；是不是隐士，问题不在于是否退处山林，而在于是否无己而不耀不冒。《外物》也说："夫流遁之志，决绝之行，噫，其非至知厚

---

① 钟泰：《庄子发微》，上海，上海古籍出版社，1988，第155页。
② 参见奚侗：《庄子补注》，台北，艺文印书馆，1974，第95～96页。

德之任与！""决绝之行"指伏于山林坚不肯出。北宋吕惠卿注可以参考："流遁之志，因俗而为卑；决绝之行，离世而为高。"①可见，庄子并不主张遗物离人，他没想当神仙，也没想飞到人世之外。

认为道家出世，很大程度上还缘于不自觉地把入世局限为儒家式的入仕，仿佛入世就必须入仕，只有入仕才算步入社会、投身社会。于是，不仕便被误解成了出世，对社会撒手不管，没有一点奉献精神和社会责任感。然而，不仕显然不是脱离人世。《列御寇》载庄子"处穷闾陋巷，困窘织屦"，难道这不是世俗生活？难道和光同尘、身居闾里过着平民百姓的生活就是出世？如果不仕属出世，那就会导出一个荒谬的结论，即古今中外绝大多数人便都成了出世者。

《秋水》载庄子拒聘而宁曳尾于涂中，《列御寇》篇末亦有类似记载，而他在《养生主》中也说过："泽雉十步一啄，百步一饮，不蕲畜乎樊中。神虽王，不善也。"庄子锐意于大道，遂绝意于仕途。他宁愿困穷而轻世肆志，也不愿降志辱节，为了一点庆赏爵禄而典却清狂卖却癫。庄子所以拒聘，是因为价值取向的根本不同，同时也是一种全生之道，以免被碾成齑粉。庄子不仕是对社会的抗议、对世俗价值观的否定以及对全生的需求。可他并未因此刻意伏于山林，而是秉着游世、超世的情怀生活在世俗中，即与天为徒而又与人为伍。庄子与民间保持着一种不即不离的关系。不即是因为他不认世俗价值，不离是因为他悲天悯人。对此，韦政通与王博等人的论述比较准确，文繁不引。② 苏轼曾自谓："吾非逃世之事，而逃世之机。"朱光潜《诗论》评陶潜："渊明所以异于一般隐士的正在不'避俗'，因为他不必避俗，所以真正地'达道'。所谓'不避俗'是说'不矫情'，本着人类所应有的至性深情去应世接物。"这些都可以拿来说明庄子对现实世界的态度。

庄子是一位孤独的思想者。身处当时的人间世，他选择了穷困一生、寂寞一生。在历史上，庄子哲学因为"不近人情"而沉寂了数百年之久。甚至两千多年后的今人也不能得意忘言，反而以词害意，对他产生诸多误解和歪曲，如此看来，庄子真可谓寂寞千古了。

---

① （南宋）褚伯秀：《南华真经义海纂微》卷 89 引，见《道藏》第 15 册，北京，文物出版社等，1988。

② 参见韦政通：《中国思想史》上，上海，上海书店出版社，2003，第 134～135 页；王博：《庄子哲学》，北京，北京大学出版社，2004，第 27、118、152 页。

第五章　各适其天——老庄哲学的终极目标

　　现代西方哲学非常关注自我与他者对话的必要性。其中，马丁·布伯的相遇哲学，胡塞尔、哈贝马斯的交互主体性概念，海德格尔与他人共在的思想，梅洛-庞蒂、列维纳斯、德勒兹、德里达等人的他者概念，是最重要的一些理论成果。伽达默尔哲学解释学也认为，理解应遵循一种问答逻辑，即理解的主体与被理解的对象是"我—你"关系，而不是认识论的主客关系。这类思想的内在精神都是多元与平等。这也是老庄哲学的根本精神。

　　受海德格尔去蔽说的启发，张世英指出："真理是人与万物一体的自由境界。"①这一判断有两个要点：其一，人与万物一体；其二，将真提到了境界论、本体论上来谈，真不是认识论上的符合，而是本体论上的去蔽。人与万物一体，人与万物皆自由，是世界的真相。

　　人与万物一体，关键在于人去除自身的占有欲。没有这一点，一体便无从谈起。人是人，人一旦由"我"达成吾，就在去蔽现真的同时获得了积极自由，这是"我"的"见"。但"见"不仅是成人之道，同时也是成物之道。丧我显吾就能让万物如其本然、自在兴作，这是他者的"见"（他者获得了消极自由）。人与万物一体的一个必要前提是：双方都是主体，其间不存在相互奴役的关系。"我"与他者组成一个"吾—吾"的双主体结构，双方一同归复到本真状态，两不相扰，各适其天。这就是道家自然主义所吁求的"见"的境界，亦即其自然和谐思想。

　　"各适其天"意为宇宙万物都各有自己的一片存身之地，各自的天性得到自由充分的展现。作为一个命题，它最早出现于元初诗人方景山《小演雅十首》之一："鲲鹏奋云霄，尺鹨栖野草。物各适其天，夫岂论大

---

　　① 张世英：《新哲学讲演录》，桂林，广西师范大学出版社，2004，第165页。

小!"①此诗完全从郭象《庄子注》中化出。比他稍后的刘诜《山中五咏》亦有"陶然共酣畅，亦各适其天"之语。②虽然"各适其天"作为一个命题出现得比较晚，但它实为中国古人长久以来的一个心愿、一种情结。《庄子·骈拇》反对"适人之适"，主张"自适其适"，可谓开其端。白居易《晏起》："彼此各自适，不知谁是非。"南宋杨万里《雪后领儿辈行散》："人物各自适，兹游定谁超!"文天祥《赠刘矮跛相士》："万物各自适，形色安足量!"③欧阳修《竹间亭》："啾啾竹间鸟，日夕相嘤鸣。悠悠水中鱼，出入藻与萍。水竹鱼鸟家，伊谁作斯亭？翁来无车马，非与弹戈并……忘尔荣与利，脱尔冠与缨。还来寻鱼鸟，傍此水竹行。鸟语弄苍翠，鱼游玩清澄。而翁乃何为，独醉还自醒。三者各自适，要归亦同情。翁乎知此乐，无厌来日登。"④这些诗句都点出了"各自适"，其中欧阳修还暗用了《列子·黄帝》沤鸟的典故。而陶潜诗"众鸟欣有托，吾亦爱吾庐"；杜甫诗"迟日江山丽，春风花草香。泥融飞燕子，沙暖睡鸳鸯"，实际传达的也是万物各适其天的图景。

第一节　放弃的智慧与无弃的胸怀

宗白华在谈到中国文化时曾况之以"美丽精神"，此论非常精到。这四个字同样可以用来形容老子哲学之精神。笔者以为，老子哲学的美丽精神可以概括为"放弃的智慧与无弃的胸怀"。放弃是损除自身的控制占有欲，提倡予而不争；无弃是不加人为分别地一概加以包容。只有放弃，才能无弃。两方面都是对道之玄德的效法，都是为了给宇宙生命腾出一个宽松的生存空间，其间透显着一种施不求报的慷慨精神和兼容并蓄的宽容精神。放弃的智慧是道家最深的智慧，学界多有论说，但有些误解依然根深蒂固；无弃的胸怀，学界言之甚少，提到者也多为误解，需要单独加以论述。

一、放弃的智慧

（一）共生共存

先秦时期，民众的生存处境是相当恶劣的。这在《诗经》中即有反映。

---

① （元)蒋易辑：《皇元风雅》卷29，元建阳张氏梅溪书院刻本。
② （元)刘诜撰：《桂隐诗集》卷1，《四库全书》本。
③ 《文天祥全集》卷1，北京，中国书店，1985，第6页。
④ 《欧阳修全集》，北京，中华书局，2001，第67页。

《魏风·伐檀》讽刺剥削者"素餐"(吃白食),《硕鼠》则称要"逝将去汝,适彼乐土",《唐风·鸨羽》反对无休止的徭役:"王事靡盬,不能蓺黍稷,父母何食?悠悠苍天,曷其有极?"有人看到问题的严重性,因而提出了一些进步思想。《国语·周语上》周大夫芮良夫(周厉王时人)主张"布利",反对"专利":"夫利,百物之所生也,天地之所载也,而或专之,其害多矣。天地百物,皆将取焉,胡可专也?"《左传·襄公十年》载子产语:"众怒难犯,专欲难成,合二难以安国,危之道也。"

老子吸取了这类思想。尽管他没有明说天下不是一人之天下,但从他的有关言论可以推出这个结论。① 13 章:"故贵为身于为天下,若可以托天下矣;爱以身为天下,若可以寄天下矣。"(此据帛书本校订)关于此二句,古今曾有利己主义与利他主义的争论。朱熹、严复、冯友兰等人皆作利己主义的解释,背离老子思想。"贵为身于为天下"是在做比较,其结构相当于英文 prefer … to … 句,谓重视为身甚于为天下。《庄子·让王》也有:"夫天下至重也,而不以害其生,又况他物乎?唯无以天下为者,可以托天下也。"《说苑·至公》:"去天下若遗躧。于天下犹然,况其细于天下乎?"这些都是在说,在"为身"与"为天下"之间,应该更加重视"为身"。② 而"为身"不是额外地去"益生";个体对自己做"无""损"的实践工夫(即"无身"),断除祸患的根源,便是"为身"。也就是说,贵身恰恰是通过"无身"、"不自贵"(对自我的节制)来实现的。72 章:"是以圣人自知不自见,自爱不自贵。""自爱"是贵身,"自贵"则是扩张自我的控制占有欲,这无疑是自取灭亡。个体若能"无身",即可获得积极自由。非仅此也,由于每一个体都是社会性的存在,当某一个体做到"无身"时,就不会成为他人的障碍,则他者由此获得消极自由。此理若就君民关系而言,则至为明白。一个贪欲膨胀的人执掌大权,只能是祸国殃民;而由一个连天下都不稀罕的人来治国,才能给社会带来和谐与安宁。因此,

---

① 这在后人那里得到了明确表述。《吕氏春秋·贵公》:"天下,非一人之天下也,天下之天下也。"《慎子》认为天下不可无君("失君必乱","多贤不可以多君,无贤不可以无君"),但同时也强调:"立天子以为天下,非立天下以为天子也;立国君以为国,非立国以为君也;立官长以为官,非立官以为长也。"《说苑·君道》:"夫天之生人也,盖非以为君也;天之立君也,盖非以为位也。夫为人君,行其私欲而不顾其人,是不承天意,忘其位之所以宜事也。"
再看君主是怎么想的。《史记·李斯列传》载秦二世胡亥语:"彼贤人之有天下也,专用天下适己而已矣,此所以贵于有天下也。"

② 很多人以为这类言论表明道家只知全生远害而没有公共关怀,误矣。顺带说明,《韩非子·显学》提到所谓的"轻物重生之士""不以天下大利易其胫一毛",或许只是贵身思想的一种极端说法,并非说不为利于天下,而是不以天下为利。

"贵为身"不仅对人君自己非常重要，即对天下人来说也至为关键。这里的逻辑是，贵为身而不以天下为意者，不至于据天下为己有，故可托付天下；或者说，有"吾"而无"我"故物全，如此则可托之以天下矣。这似乎是一个悖论，却是社会的真实。26 章老子感慨"若何万乘之王，而以身轻于天下"（此据帛书本），亦此意。"以身轻于天下"是人君为了一己私欲而去"打天下"，结果不仅自遗其咎，而且给天下制造了祸害。言外之意是，人君当节制自我，这样会于己有利，而于己有利的背后更是于天下有利。秉着贵身思想去理国，则国可治而身可全。重视个体生命与成全天下，在老子那里乃一事之两面。"爱以身为天下"则比"贵为身于为天下"更进一层，意为乐意将自己的身心投入"为天下"之中。盖"贵为身"者方能不为一己私欲盘算，如此则乐意将自己投身于公共事务中。总之，"贵为身"实际上是无掉自己，"爱以身为天下"则是成全天下。两句可以说是对统治者的一种资格审查。利己还是利他？不言而喻。

　　既然天下非一人之天下，则每个人都有权利尽其天年，统治者无权掠夺民众的生活资源乃至终结一个人的生命。老子（包括庄子）主张万物共生共存，反对一家独大而侵伐、压制他者。宗白华指出："共存学说是它的政治与人生哲学的基本观念。"①老子想要告诉君人者，只有建立在共享基础上的政治才是稳固的。共享观念表现在平时，就是不与民争利。72 章："毋狭其所居，毋厌其所生。夫唯弗厌，是以不厌。"（综合诸本校订）三个"厌"字，帛书本、傅奕本皆作"猒"，汉简本及其他传世本皆作"厭"。按，前两个"厭"字当为"壓（压）"之借字，句谓不要挤压民众的生存空间，不要压榨民众的生计；统治者只有不压榨，民众才不会厌弃他。75 章谈的也是非常实际的问题："人之饥也，以其上取食税之多也，是以饥。百姓之不治也，以其上之有以为也，是以不治。民之轻死也，以其上求生之厚也，是以轻死。"（综合诸本校订）老子说的知足知止、少私寡欲、去甚去奢去泰等，首先也都是针对君人者而言的。《庄子·天地》"不拘一世之利以为己私分"，《徐无鬼》"君独为万乘之主，以苦一国之民，以养耳目鼻口，夫神者不自许也"，可作注脚。老子不仅强调不与民争，更提倡损有余以补不足、功遂身退。77 章："天之道损有余而补不足，人之道则不然，损不足以奉有余。孰能有余以奉天下，唯有道者。"

---

① 宗白华：《中国哲学史提纲》，见《宗白华全集》第二卷，合肥，安徽教育出版社，1994，第 702 页。

（二）大者宜为下

61 章专门讨论邦国关系。老子的根本主张是，国无大小，都应该师法江海之守柔处下，以处下之道来处理邦国间的关系。其中，大国尤其不能自大，这样天下才能得以安宁。因为：其一，小国力量较弱，一般不会想着去挑起事端；而大国力量强大，事实上已经处上处前，很容易忘乎所以。元代吴澄解说得很精当："然小者素在人下，不患乎不能下；大者非在人下，或恐其不能下。故曰：大者宜为下。"①显然，这是对霸权主义的否定。其二，老子相信处上者的言行会起到一种表率作用，上行则下效，这在他看来是不成问题的，否则他的内圣外王之道将会失去一个重要支点。

春秋战国之际的战争主要是诸侯国之间的兼并战争，所以老子的反战思想也就是在谈邦国关系。在第 30、31、46、68、69 等章中，老子对尚武之风做了犀利的批判。他将"三宝"贯彻到对战争的态度中，认为兵事是"不祥之器"，是在迫不得已的情况下才选择的下策，而且应该事成即止，万不可骄矜夸示，以武力逞强天下。69 章"吾不敢为主而为客，不敢进寸而退尺"，亦此意，吴澄解释道："为主，肇兵端以伐人也。为客，不得已而应敌也。"②

46 章认为，战争的挑起可以说是欲望使然，所以消弭战争的方法是知足无欲。《史记》卷 25《律书》亦云："咎生穷武之不知足，甘得之心不息也。"由此即可发现，老子"小国寡民"的设想其实也是在反战，而不是什么退化史观。众所周知，疆土面积的大小、人口的多少是一个国家的重要资源③，可老子却提出"小国寡民"，其用意并不在于强调小其邦寡其民，而是告诫统治者就此满足，不要为了一己之贪欲而去侵略他国，同时也好让自己的百姓自由自在地在家园耕作。所谓"老死不相往来"，

---

① （元）吴澄：《道德真经注》卷 4，《粤雅堂丛书》本。
② （元）吴澄：《道德真经注》卷 4，《粤雅堂丛书》本。按，"武"从止从戈，象人持戈而行。《左传·宣公十二年》载楚子将其释为"止戈为武"，并称"武有七德"。此虽非"武"之本意，但这种误读错得很精彩，传达出一种不尚武力、以战止战的思想。《国语·周语上》："穆王将征犬戎，祭公谋父谏曰：'不可。先王耀德不观兵。夫兵戢而时动，动则威；观则玩，玩则无震……是先王非务武也，勤恤民隐而除其害也。'"这些都是老子之前的军事思想。
③ 春秋战国时期，各国君主莫不欲广土众民，他们梦寐以求的是一个"溥天之下，莫非王土；率土之滨，莫非王臣"的强大帝国。《孟子·尽心下》："诸侯之宝三：土地，人民，政事。"梁惠王就担心"邻国之民不加少，寡人之民不加多"（《孟子·梁惠王上》）。《越绝书》卷 1 记有一事，楚昭王为了将伍员召回楚国，特遣使向伍员佯称："我邦虽小，与子同有之；民虽少，与子同使之。"这也从反面告诉我们广土众民在当时侯王心目中的重要性，因为博地众民是成为霸主的一个必要条件。

意思是邦国之间不相侵伐，彼此和谐共处，类似于庄子所说的"相忘于江湖"。① 这种批判展现出老子博大的仁者胸怀，与弱肉强食的丛林法则针锋相对。"不相往来"、"相忘"似有更深的意涵，它们也是为了杜绝某些人以相为为幌子行相害之实。刘笑敢说得好："如果我们认为把好的东西强加于人是合理的，那么有谁会承认自己要强加于人的东西是不好的呢？""人类历史上的惨案，哪一次没有'利万物'之类的动人口号，如果没有自然的价值和柔弱不争的精神制约口号之战，漂亮就会变成血腥，神圣就会变成残忍。"②

（三）总破权谋说

对老子哲学的最大误解当数权谋说，大道被降格为小术。这始于法家，尤其是韩非。只有像韩非那样感觉整个世界不可信赖因而整天生活在恐惧感中的人，才会时时想着用心计、要权谋。儒家对老子的误解也极为普遍，现代一些大学者亦在所难免。我们不妨多罗列一些误读：

程颐："老氏之学，更挟些权诈……大意在愚其民而自智，然则秦之愚黔首，其术盖亦出于此。"③

朱熹："老氏之学最忍，它闲时似个虚无卑弱底人，莫教紧要处发出来，更教你支吾不住……可畏，可畏。""《老子》一书意思都是如此，它只要退步不与你争……老子心最毒。其所以不与人争者乃所以深争之也，其设心措意都是如此。闲时他只是如此柔伏，遇着那刚强底人，他便是如此待你。"④

王夫之："'后其身而身先，外其身而身存'，则是后之乃以先之，外之乃以存之，计不越乎寻尺之私，逆用其冲以利赖其所欲为。为此说者，不谓之小人而不能"，"'良贾深藏若虚'，贾而已矣；'盛德容貌若愚'，愚而已矣。"⑤

① 《庄子·齐物论》中，尧欲伐宗、脍、胥敖，舜则晓之以"十日并出，万物皆照"之理。《徐无鬼》："无以巧胜人，无以谋胜人，无以战胜人。夫杀人之士民，兼人之土地，以养吾私与吾神者，其战不知孰善？胜之恶乎在？"《文子·符言》："天下虽大，好用兵者亡；国虽安，好战者危。故小国寡民，虽有什伯之器而勿用。"鲍敬言对"小国寡民"体会得很到位，《抱朴子》外篇《诘鲍》载其语："川谷不通，则不相并兼；士众不聚，则不相攻伐……万物玄同，相忘于道。"
② 刘笑敢：《老子——年代新考与思想新诠》，台北，东大图书股份有限公司，1997，第100、225页。
③ （北宋）程颢、程颐：《二程集》上，王孝鱼点校，北京，中华书局，1981，第152页。
④ （宋）黎靖德编：《朱子语类》，北京，中华书局，1961，第2987、3266页。
⑤ （清）王夫之：《诗广传》卷4，见《船山全书》第三册，长沙，岳麓书社，1988，第450、465页。按，王夫之对《老子》一书并未深入研读，所作的《老子衍》多为不着边际之语。

　　钱穆认为庄子思想承自颜渊，"故庄周颇重个人修养，而老子转向处世权术，此又两家之异趋也"，"《老子》书中圣人之可怕，首在其存心之不仁，又在其窥破了天道，于是有圣人之权术。圣人者，凭其所窥破之天道，而善为运成以默成其不仁之私，而即此以为政于天下也。"①

　　钱锺书："然则圣人之无心长久，为求身之能长久，正亦有心长久。不为天下先，正欲后起占先……老子操术甚巧，立说则不能自圆也。"②

　　任继愈："这一章反映了老子的以退为进的思想的特点。他表现为不为自己，从而为自己得到更多的好处，以'无私'来达到自私的目的。"③

　　徐复观："老子的人生态度，实在由其祸福计较而来的计议之心太多，故尔后的流弊，演变成为阴柔权变之术。"④

　　孙叔平："这些说得好像是很谦卑、很柔和、很善良的，实际上还是为了一个很不谦卑、很不柔和、很不善良的目的：'故为天下贵'——爬到'万人之上'的高位去！"⑤

　　以上都是一些大儒或著名学者的解读。由于他们在社会上的影响力，国人容易拜倒在权威面前而不敢或懒于独立思考，再加上道家思想本身难以理解，古今盛行权谋说的解读，也就不足为怪了。

　　当然，古今一直都有人在反驳权谋说。以《老子》第 7 章为例："天长地久。天地所以能长且久者，以其不自生，故能长生。是以圣人后其身而身先，外其身而身存。非以其无私邪？故能成其私。"明代薛蕙起先也认同程颐之见，后来改说："夫圣人之无私，初非有欲成其私之心也。然而私以之成，此自然之道耳。"⑥这样理解还是不够的，因为他没有追究"私"的背后是什么。章太炎曾做过辩护："老聃所以言术，将以撏前王之隐慝，取之玉版，布之短书，使人人户知其术而术败。会前世简毕重滞，力不行远，故二三奸人得因自利。及今世有赫蹏雕镂之技，其书遍行，虽权数亦几无施矣。"⑦这种辩护方式比较迂曲。说到底，他还是认同权谋说，只不过"韩非们"秘不示人，将其藏为己用；老子则将其大白天下，从而使其尽人皆知而失去有效性。郭沫若曾对章氏之说做过批评⑧，但

　　①　钱穆：《庄老通辨》，北京，生活·读书·新知三联书店，2002，第 163、117 页。
　　②　钱锺书：《管锥编》第二册，北京，中华书局，1979，第 422 页。
　　③　任继愈译注：《老子新译》，上海，上海古籍出版社，1985，第 74 页。
　　④　徐复观：《中国艺术精神》，上海，华东师范大学出版社，2001，第 60 页。
　　⑤　孙叔平：《中国哲学史稿》上册，上海，上海人民出版社，1980，第 107 页。
　　⑥　（明）薛蕙：《老子集解》，《惜阴轩丛书》本。
　　⑦　章太炎：《国故论衡》，上海，上海古籍出版社，2003，第 108 页。
　　⑧　参见郭沫若：《十批判书》，北京，东方出版社，1996，第 190 页。

批评的力度不够。

应该承认，《老子》文本本身确实容易使我们产生误解，但只要我们不停留于片言只语而贯通着读，便可发现，权谋说是不能成立的。

其一，权术阴谋的适用场合主要是在君臣之间以及列国之间。在混乱的春秋战国之际，对君权造成直接威胁的是臣下和其他诸侯国，但老子(包括庄子)基本不谈君臣关系，而谈到邦国关系时，突出的是"大者宜为下"，他们主要谈的是带有根本性的君民关系。大谈君臣关系的是儒家、法家和黄老学派。儒家强调臣下尽忠，黄老学派谈君—臣—民三者之间的关系，重点在于通过臣的有为实现君的无为，而韩非式的法家才着重谈君臣间的权力斗争。韩非持极端的性恶论，在他眼中，似乎每个人都怀揣着狼子野心，没有谁值得信赖。《韩非子·备内》："夫以妻之近与子之亲而犹不可信，则其余无可信者矣。"[1]为了防止君权旁落从而对君主"独擅"造成威胁，韩非便大谈驾驭臣下之术。《主道》："道在不可见，……函掩其迹，匿有端，下不能原；去其智，绝其能，下不能意……谨执其柄而固握之。"这里所谓的"道"是韩非的术，即《难三》末尾所说"法莫如显，而术不欲见"。《老子》第36章也极易被误解："将欲歙之，必固张之；将欲弱之，必固强之；将欲废之，必固兴之；将欲夺之，必固与之，是谓微明。柔弱胜刚强。鱼不可脱于渊，国之利器不可以示人。""示"本义是夸示，韩非将它理解成出示，由此认为君王要表现得神秘莫测，俾使"群臣竦惧乎下"(《主道》)。这类阴气森森、杀气重重的言论在《韩非子》中俯拾即是。王弼注："将欲除强梁、去暴乱，当以此四者。"此注也偏离了老子本义。受其影响，张舜徽认为这几句"乃阐明促使事物转化之理"[2]，卢育三亦持此见："对待敌人，则促使事物发展到极端向对立方面转化。"[3]刘泽华评价道："这种深谋远虑，为一般人所不及，又为一般人所不为。"[4]其实，将歙先张的主语是道而不是人，老子只是点明天道人事之物极必反，理必如此，并不是创造条件使对方失败。严遵、吕惠卿、董思靖、范应元、释德清、高亨等人辨之甚明，比如高亨就说："或据此斥老子为阴谋家，非也。老子戒人勿以张为可久，勿以

---

[1]　可哂的是，韩非的性恶论并不是哲学高度上的论断，因为它不普适于他自己和君主。

[2]　张舜徽：《周秦道论发微》，北京，中华书局，1982，第196页。

[3]　卢育三：《老子释义》，天津，天津古籍出版社，1987，第164页。

[4]　刘泽华、葛荃主编：《中国古代政治思想史》，天津，南开大学出版社，2001，第121页。

强为可恃，勿以举为可喜，勿以与为可贪耳。故下文曰'柔弱胜刚强'也。"①另，阴谋论与老子对"真"的强调严重相违。老子批评机心和智巧伪诈，提倡个体之间真诚相待，坦诚而处。这样的个体就是里外透明的人，没有什么可以隐藏，也不畏惧、防备什么。葛瑞汉附和刘殿爵的说法，认为弥漫在《老子》中的主导情绪是恐惧，与庄子的大无畏迥然有别。② 这是一种误读。老子哲学可以说是一种大丈夫的哲学，有的只是忧患意识和崇敬之情，并没有恐惧情绪。

其二，春秋战国是一个列国兼并、大国争霸的时代。在以权力相争的现实生活中③，老子这一套在短时间内是不会有成效的，甚至是行不通的（没等到见效国家即已灭亡），这反而证明老子的有关言论并非阴谋，而是理想。常有人用滴水穿石来说明老子想以柔克刚，其实老子根本不想"克"谁。滴水固然可以穿石，但绝非一朝一夕之功；相反，我们能从经验生活中发现更多的反面例子，比如以卵击石。说老子愚民，倒不如说他愚王。当然，老子既没有愚民，也没有愚王，而是启示世人"用其光，复归其明"。

其三，批评老子谋私的人，只是看到"身先"、"成其私"就条件反射般地大肆批评，没有看到"私"的背后受益者首先是民。66 章可以为证："圣人之在民前也，以身后之；其在民上也，以言下之。其在民上也，民弗厚（重）也；其在民前也，民弗害也。"（此据楚简本）后身外身是进人而

---

① 高亨：《重订老子正诂》，上海，开明书店，1948，第 81 页。按，《战国策·魏策一》："将欲败之，必姑辅之；将欲取之，必姑与之。"此为公元前 455 年任章引周书语。《吕氏春秋·行论》引逸诗："将欲毁之，必重累之；将欲踣之，必高举之。"与老子所言毫无二致。如果两条材料所言可信，则老子之前就已经有这种智慧，但经老子一转述，就有人判定其为阴谋论，实在可叹！又《说苑·敬慎》记载，周朝太庙有一金人，背部的铭文提到："盗怨主人，民害其贵。君子知天下之不可盖也，故后之下之，使人慕之；执雌持下，莫能与之争者。"此《金人铭》又见于《孔子家语·观周》，文字略异。孔子看了铭文后颇为认同，并以之训诫弟子。应该说，铭文与老子思想相去不远。为什么老子一说，就变成阴谋了？
萧公权对道家与法家之不同有深刻的辨析（萧公权：《中国政治思想史》，沈阳，辽宁教育出版社，1998，第 236～238 页），刘笑敢则区分了智慧与阴谋（刘笑敢：《老子古今：五种对勘与析评引论》上卷，北京，中国社会科学出版社，2006，第 379～381 页），可参看。

② 参见〔英〕葛瑞汉：《论道者：中国古代哲学论辩》，张海晏译，北京，中国社会科学出版社，2003，第 254 页。

③ 《墨子·兼爱下》："然当今之时，天下之害孰为大？曰：若大国之攻小国也，大家之乱小家也，强之劫弱，众之暴寡，诈之谋愚，贵之敖贱，此天下之害也。"《明鬼下》："逮至昔三代圣王既没，天下失义，诸侯力正。"《韩非子·五蠹》："上古竞于道德，中世逐于智谋，当今争于气力。"

退己、厚人而薄己，身先身存是因为德尊而天下人乐推不厌。后身外身之"身"与身先身存之"身"字面相同，实则内涵有天壤之别。前者与私相连，后者则属公的范畴。同理，老子无私以成其私的"私"不是一般意义上的一己私利，而是百姓的安乐和邦国的稳固。首先是百姓受益，然后才是邦国的稳定。16章"公乃王，王乃天，天乃道，道乃久，没身不殆"，正此意。国泰民安不正是开明君主所梦寐以求的吗？从世俗角度看，这就是所谓的"成其私"。老子于此是站在世人的角度，说这是"成其私"，实质上却是大无私。易言之，私的不是自己，而是百姓或他者，是把百姓或他者放在首位，放权让利给他们。董京泉也看到："前一个'私'字是指个人的名利地位，后一个'私'字是指与个人相关的道德、理想和事业，而这种理想和事业是公众或国家、民族利益的体现。因此后一个'私'是貌私而实'公'。"①

其四，不成立的关键原因还是"反者道之动"。现在假设我们把它当成权术，用来争胜遂欲，而实际上也遂了愿，那么依照"反者道之动"，接下来就只有受害的份。这恰恰与人们的愿望背道而驰，故权谋说根本没把握住道家思想的内在逻辑。世人习惯从形式逻辑的同一律、矛盾律来看待道家言论，就会觉得它们不能成立或令人费解，于是对其加以阴谋诡计式的解读，实则形式逻辑原本就不适宜用来解读道家思想，我们应努力把握道家思想自身的辩证逻辑。

其五，老子本人的理想与世人追逐的目标截然不同，不可混淆。与权谋说相似的是曲线策略论（或可称殊途同归论）。很多人认为，老子不过是绕个弯儿，通过欲擒故纵、以退为进的迂回之术攫取与他人同样的希求目标。张岱年说："老子的无为，是损之以求益；其后身，乃所以先身；其外身，乃所以存身；其不贵生，乃所以全生；其守柔，乃所以胜刚。"②这种说法是不错的，但如果不进一步加以界定，就会引起误解。张松如认为，世人不知曲致之理，但求直遂，而老子教人以无争争、以无私私，恰如南辕北辙。唐君毅则明言："老子之所言之道之异于世人，即非必其'目标之道'之不同，而可说唯是'所以达同一目标'之'方法上之道'不同而已。"③我们仍以第7章为例，后身外身与身先身存之间是因果关系，而不是手段与目的的关系。王力指出："圣人后其身而身先者，亦

①　董京泉：《老子道德经新编》，北京，中国社会科学出版社，2008，第320页。
②　张岱年：《中国哲学大纲》，北京，中国社会科学出版社，1982，第291页。
③　唐君毅：《中国哲学原论·原道篇》卷一，台北，学生书局，1978，第304页。

自然之势，非圣人有先民之术也。不期然而然，谓之势；期然而然，谓之术。势之所至，乃自然之结果；术之所致，则人为之结果。天道不争而善胜，江海善下而为百谷王，皆势也，非术也。故知柔、静不涉权术。"①天下岂有成私之圣人乎？圣人并不是为了身先身存而去后身外身（如蠖之屈以求伸），而且他们事实上不需要身先身存的效果。这就不是以退为进，不是为了谋私而先装作无私。正如水性趋下一样，圣人之无私不是基于利害关系的冷静计算，而是他一贯的在世方式。如此看来，指责老子谋私、计议之心太多，完全是批错了对象。

特别需要注意的是，按老子的方法或常规方法行事，所获得的效果肯定是不同的。侯王假如按照老子的方法，到头来必定会发现结果并不是他原先汲汲追求的世俗目标。张松辉惋惜道："在社会生活中，有'后其身'就未必一定会有'身先'，要想把'后其身'转化为'身先'，是要有条件的。如果认为只要保持'后其身'，紧接着势必就会出现一个'身先'的局面，这无疑是幼稚的。可惜的是，老子不仅在本章，而且在其他各章谈到有关类似命题时，对于这种转化的条件论述得都很少。"②事实是，就圣人而言，他根本不希求身先身存，他不需要被众人推尊，反而强调"功遂身退"。这样一来，我们当然不能指望老子去谈什么转化条件了。其实，不谈转化条件非但不是老子的局限，恰好反过来证明老子不是什么阴谋论者、手段论者。显然，老子之所取，绝非世人之所争，所以"同一目标"的说法似是而非。

如果真按老子哲学行事的话，是没有那么多计议和盘算的。通过"反者道之动"，老子当然想让世人明白其中的利害关系，明白常规方式的弊病。老子无非是教人在成就他者中成就自己，并避免不必要的痛苦。就老子和他心目中的圣人而言，他们只是按非常规方式做了，至于这么做会获得什么样的好处，不在他们的考虑之中。在一系列对子中，老子似乎想从"反"走向"正"，但仔细辨析之下，他实认为"反"就是"正"。比如，见小就是大，守柔便是强，这叫"自胜者强"。这不是故作姿态，也不是通过见小守柔走向强大（尽管世人这么做时，会获得这样的效果）。"柔弱胜刚强"，也不是说柔能克刚、柔能战胜刚，而是说示弱的姿态胜过、优于逞强的态度。我们不能把它等同为《尚书·洪范》所说的"柔克"。老子

---

① 王力：《老子研究》，北京，商务印书馆，1928，第91页。

② 张松辉：《老子译注与解析》，长沙，岳麓书社，2008，第30页。

不求胜人，唯求自胜，没有丝毫的躁气和竞心，正如《庄子·天下》所评："人皆取先，己独取后，曰受天下之垢；人皆取实，己独取虚，无藏也故有余。其行身也，徐而不费，无为也而笑巧。"老子对"道常无名"、"功遂身退"、"功成而弗居"的再三强调，也证明他们随时可以退出，彻底地放弃不争。功遂身退，不可以保命哲学视之。"退"字值得玩味，因为它是效法天之道而来，所以是不变的操守，而不是有时为之，装装样子。无论事先事后，道家都强调"退"。未成，退其身，以便为万物腾出生长与发展的空间（人君不退，社会不进）；事成，退其身，不居功自傲，同时也是为了避免争端，因为很多不和谐因素是由争功而引起的。这是区别于常人行为的一个重要不同之处。老子多番强调"不争之德"，"夫唯不争，故无尤"（8章），"夫唯不争，故天下莫能与之争"（22章、66章）。我们知道，正是由各种欲望引发的争端导致了社会乱象与人我关系的紧张，而不争是维系社会整体和谐的有效机制。"不争"的根本原因在于，上善之人不持世俗的价值观，他甘居世人所厌恶的一面，并不想通过不争来争得世人所欲争。两种价值观南辕北辙，你要的我看不上，我要的你看不上，自然就没什么可争的了。这就如同《文子·自然》"能因则无敌于天下矣"之"无敌"，无敌不是说没有人敌得过，而是根本就不会产生敌人。

我们有必要将老子本人的行为与他对世人的劝勉区分开来。《老子》的绝大多数言论都是对世人的劝勉，并非在现身说法。世人总是"争先恐后"地趋利避害，那么，既然要对世人进言，老子就可以顺其势大提利害关系，令其欣然就道。"强梁者不得其死"（42章）；"甚爱必大费，多藏必厚亡"（44章），"持而盈之，不如其已。揣而锐之，不可长保"（9章）之类的劝诫，都是为了提醒世人"毋遗身殃"（52章）。既然"反者道之动"，那么"弱者道之用"。世人若不想"自遗其咎"，就得守柔处下。这种貌似功利主义的论证方式，其目的仍在于消弭争端，维持和谐的关系格局。老子不能也不会要求世人完全脱开利害计较，但他要求圣人之善行非但不能基于利害计较，甚至要达到不自知的境界。冯友兰认为："老子书中，有许多地方，都把合乎道德底行为，作为一种趋利避害的方法。"①冯氏之所以得出这样的结论，主要原因就在于没有做这种区分。另外，以吉凶利害来敦促人的道德修养，在《周易》那里体现得最为集中，冯氏

---

① 冯友兰：《贞元六书》，上海，华东师范大学出版社，1996，第596页。

却没有批评《周易》，难道他没见出这一点？①

如果我们非得说老子要"益"，也应该明确他要"益"什么。老子是先跳出世人固有的价值格局来拨转世人的价值取向，放弃自身的控制占有欲，放弃原来的营营，转而追求另一种意义上的"盈"、"大"、"强"。用他自己的术语来表示，就是超越"人之道"，去合"天之道"；从"人之道"退场，向"天之道"升进。

《史记》卷56《陈丞相世家》载陈平少好黄老，然陈平亦自谓："我多阴谋，是道家之所禁。"北宋晁迥说："道家所忌，忌乎有机而丧道。"②老庄哲学，还需要我们去细细揣摩。我们不能把后人对它的误解当成学说本身。老子的思维方式与言说方式出人意表，"这种超越常识俗见的思路，如果把握得不准确，也很容易误入歧途，变成权谋斗争的奇门利器。不但误用者自己玩火焚身，也害崇尚自然慈俭的老子蒙上始作俑者的不白之冤"③。

二、无弃的胸怀

(一)"无弃"的提出

从字面看，在老子之前，《诗经》中已有"无弃"的说法，如《魏风·陟岵》、《小雅·正月》、《大雅·民劳》、《大雅·云汉》，但它们的意思都是不要遗弃，没有什么深的意味。《左传·成公九年》也引过一首逸诗："《诗》曰：'虽有丝麻，无弃菅蒯；虽有姬姜，无弃蕉萃。'"这里引者是从"用"的角度立说，目的是为了有备无患而提倡片善亦取、片能亦用。后世常有人在此意义上谈"无弃"，如《吕氏春秋·用众》云："物固莫不有长，莫不有短。人亦然。故善学者，假人之长以补其短。故假人者遂有天下。无丑不能，无恶不知。丑不能，恶不知，病矣。不丑不能，不恶不知，尚矣。"东晋葛洪《抱朴子》外篇《务正》云："然剑戟不长于缝缉，锥钻不可以击断，牛马不能吠守，鸡犬不任驾乘。役其所长，则事无废功；

---

① 利益的博弈并不都是不道德行为、反道德行为，而只能说是非道德行为。比如，德国大哲学家康德是一个虔诚的基督徒，但他摧破了历史上种种有关上帝存在的证明，以至于海涅称他砍了上帝的头；康德砍了上帝的头，却又把上帝存在作为一条道德公设，因为在他看来，上帝虽然不是现实的存在，但上帝的观念可以使人们的道德努力获得动力，故而是必要的。

再则，政治哲学不能光谈道德，道德是政治的必要条件，但不是充分条件。好的政治在很多时候源于理性的利益博弈。应该承认，经由利益博弈达成的好的政治，也是大善，因为它的受惠面大，而个人道德的影响面相对要小很多。

② (北宋)晁迥：《法藏碎金录》卷9，明嘉靖晁氏宝文堂刻本。

③ 曾昭旭：《老子的生命智慧》，北京，中国广播电视出版社，2008，第1页。

避其所短，则世无弃材矣。"唐代道教理论家李筌注《孙子》："夫勇者可战，谨慎者可守，智者可说，无弃物也。"①《魏子》曰："录人，一善则无弃人；采材，一用则无弃材。"②从用的角度谈"无弃"，并没有什么哲学意义。相比之下，《老子》的"无弃"则是一个鲜明的哲学命题。

> 是以圣人恒善救人，而无弃人，物无弃材，是谓恍明。故善人，善人之师也；不善人，善人之资也。不贵其师，不爱其资，虽智乎大迷，是谓妙要。（27 章）③
>
> 圣人恒无心，以百姓之心为心。善者善之，不善者亦善之，德善也；信者信之，不信者亦信之，德信也。（49 章，此据帛书本）
>
> 人之不善，何弃之有？……古之所以贵此道者何？不曰：求以得，有罪以免邪？（62 章）

很明显，老子的"无弃"并不像学界通常解释的那样主张人尽其能，物尽其用。那么，老子通过"无弃"想传达什么观念呢？从浅层次讲，"无弃"是包容海涵，不计他人之过。《晏子春秋》卷 5："婴闻之，省行者不引其过，察实者不讥其辞，婴可以辞而无弃乎？婴诚革之。"④这里的"无弃"就是晏婴请求越石父原谅自己的过错，与老子所说无异。前引材料告诉我们，"无弃"的逻辑主语是道或法道者（如"圣人"），作用的对象是"不善"。"无弃"的字面意思就是不要遗弃"不善"，而要救之保之。《周礼》的地官系统设有司救一职，其职责之一是用礼来禁人之过失："司救掌万民之邪恶过失而诛让之，以礼防禁而救之。"与此不同，老子的主张不是以礼救之，而是以道救之；不是责而罚之，而是保而不弃。所谓以道救之，保而不弃，就是立乎道德（道家意义上的），覆之如天，载之如地，容纳"不善"。64 章："是以圣人欲不欲，不贵难得之货；学不学，复众人之所过，以辅万物之自然而不敢为。""学不学"当从楚简甲组作"教不教"，因为这里的行为主体应该都是圣人。"复"，一般释为补救，不确，当释

---

① （春秋）孙武撰，（三国）曹操等注：《十一家注孙子校理》，北京，中华书局，1993，第98 页。

② （唐）马总：《意林》卷 5 录，《四部丛刊》本。

③ 此据帛书本、汉简本校订。传世本皆作"故善人者，不善人之师也"，误。老子此处谈的是善人对天下人都应持"无弃"的态度，且道家从不好为人师，他们反对以善齐不善。

④ 吴则虞撰：《晏子春秋集释》下册，北京，中华书局，1982，第 353 页。

为盖覆。① 也就是说，以不教为教，包容百姓的一些小过错。王弼 27 章注："圣人不立形名以检于物，不造进向以殊弃不肖，辅万物之自然而不为始，故曰'无弃人'也。"说的正是这一点。此章"善言无瑕谪"或即庄子之"不谴是非"，它的侧重点不是是非不分，而是不责于人，因其所是而是之。老子反对强势的教化，他呼吁世人复归于道，同时也能容纳世人的小过错。这就是三宝中的"慈"，即宽容。故《庄子·天下》评曰："常宽容于物，不削于人，可谓至极。关尹、老聃乎，古之博大真人哉！"

从深层次言，"无弃"意味着不分，即不加人为分别地一概加以包容。在字面上看，老子似乎要区分出"善人"与"不善人"。但是，这种区分其实是从世俗意义上而言的，老子本人的用意恰恰是破除世人的这种分别。"善者"、"不善者"都一概"善之"，"信者"、"不信者"都一概"信之"，这样的德才是善的、信的。笔者在第二章讨论"美"之恶与"恶"之美时已说明老子主张"无知"，劝世人不要一门心思地做是非善恶美丑等判分。

(二)通过宽容来爱

如前所述，老子希望世人效法天地自然之道，无不覆载、无不包容。"无弃"突出的是一种宽容精神，它是"玄德"的包容一面。遗憾的是，老子的这种宽广胸怀也经常被误解。在此以王夫之为例来加以说明。他说："善用人者无弃人，善用物者无弃物，老氏之言，何其似《泂酌》之诗也！虽然，其用心之厚薄远矣。君子不忍弃人，故善用人；不忍弃物，故善用物。以功效劝天下于善之途，而不役天下以收其功效，故'岂弟'之德流焉，父母之道也。然后知彼之用人物者，权房之术也……以术言之，谓之不善用人物也奚辞？"《泂酌》是《诗经·大雅》中的一首诗，主要歌颂王侯有爱民之美德。王氏把无弃主张当成权谋之术，认为老子是奴用他人，而非劝善。只要对照文本，便可发现，老子根本就不是谈如何用人。王氏接着说："故老氏曰：'不善人，善人之资。'资失以得，资毁以誉，资败以兴，其用天下也犹仇敌然。"②这里是认为老子把自己的"得"、"誉"、"兴"建立在他人的"失"、"毁"、"败"之上，这完全是一种曲解。

通常认为道家没有儒家式的温情，也没有墨家式的火热，其实，老子通过宽容来爱。曾昭旭精辟地指出："老子不说爱而强调慈，是因为

① 51章"养之覆之"，"覆"，帛乙、汉简正作"复"。与帛书《老子》同时出土的《黄帝四经·经法·六分》亦有："参之于天地，而兼复载而无私也。""复"即"覆"。《新序·杂事第三》称燕惠王曰："覆人之邪者，厚之行也；救人之过者，仁之道也。"《说苑·政理》称孔子曰："扬人之恶者，是谓小人也。"(亦见《孔子家语·辩政》)

② (清)王夫之：《诗广传》卷 4《论泂酌》，《船山全书》第三册，长沙，岳麓书社，1988，第 455～456 页。

爱……还不免会带给人压力，还不免有用自己的标准去衡量别人之嫌。而慈则只是一份针对人的存在处境而付出的同情，因为没有批判，所以弥足感人。"①宽容是难的，《左传·昭公二十年》载子产语："唯有德者能以宽服民，其次莫如猛。夫火烈，民望而畏之，故鲜死焉；水懦弱，民狎而玩之，则多死焉，故宽难。"子产说的是民众容易在一个宽松的政治空间里忘乎所以，最终蹈于死地，所以宽容之政难为。老子说的是另一种意义上的难，即损掉自我的控制占有欲（宽容也是一种放弃），做到无心而"以百姓心之为心"。这是一种伟大的胸怀。没有这样的大心，便不可能宽容。我们只要把《老子》文本粗粗一览，便可知老子推崇"大"（41、45章有一连串的"大×"）。与此类似，老子还推崇"至×"、"上×"，如"至誉"、"至柔"、"上善"、"上德"。当然，这些说法并非都在谈主观心灵境界，但至少可以告诉我们，老子要做探底之论、究极之论，追求某种至高无上的东西。那么，什么是心灵境界的"大"？34章："道泛呵，其可左右也。成功遂事而弗名有也，爱利万物而弗为主，则恒无欲也，可名于小；万物归焉而弗为主，可名于大。是以圣人之能成大也，以其不为大也，故能成大。"道可名为"大"，又可名为"小"，原因在于小即大。"小"是"长而不宰"、"不为主"、"不自为大"、见小守柔。

我们还可以结合《庄子》。《天地》比较集中地谈了作为心灵境界的道："夫道，覆载万物者也，洋洋乎大哉！君子不可以不刳心焉。无为为之之谓天，无为言之之谓德，爱人利物之谓仁，不同同之之谓大，行不崖异之谓宽，有万不同之谓富……韬乎其事心之大也，沛乎其为万物逝也……不拘一世之利以为己私分，不以王天下为己处显。"这段话先用一句话点出道之玄德，随即过渡到人的主观修养工夫上。有人认为此处明显受了儒家的影响，事实并非如此。此中实有甚多精义。"德"明显指玄德，而不是儒家的德。道家也讲仁爱，但他们讲的是大仁，爱的方式也不同于儒家。道家的爱就体现为"宽"，而只有宽容才能"富"。"富"与财富多少无关，而指万类并生。那么，怎样才能做到宽容？同篇说："性修反德，德至同于初。同乃虚，虚乃大。"通过修养工夫将道之玄德内化为主观心灵境界（"同于初"），当个体达至道的境界时，他就虚掉了自我，不再自是而贱彼，如此则能涵容群有之不同（"不同同之"），成就一个丰富华严（"有万不同"）的世界。我们可以将其内在联系序列化为：修性→同于初→虚→宽→富。因此，"大"是心量的广大和境界的超越。《老子》

---

① 曾昭旭：《老子的生命智慧》，北京，中国广播电视出版社，2008，第43页。

25 章:"道大,天大,地大,王亦大。域中有四大,而王居一焉。"(此据简帛校订)前三者之所以"大",缘于它们无不覆载而又不自为大。王并非无条件地就"大",只有效法天地自然之道,才能成其为大;达到"天"的高度的人,才是圣。道家理想中的圣人就在这天人之际,人而天,天而人。

(三)现实问题如何解决?

"无弃"的提出,是老子哲学的逻辑必然。首先,老子主张效法于道,而道无所不包,这就从根本上决定了必须无弃。其次,老子道治的根本特点是不宰万物而使其自己。他反对树立标准,反对强势的教化,主张因物之自然,这就带出了一个多样性的世界。为了保住这一世界,他必须提出"无弃"。最后,人是关系性的存在,老子处理的虽然主要是君民关系和邦国关系,但从一些章节(如 3、20、37、49、64 章)可以看到,老子认为当时的百姓也存在着问题,所以也隐含着对群己关系的处理。而在他看来,处理所有这些关系的关键,在于人效法天地自然之道(这里又是人与天的关系),处理好人与自身的关系,懂得放弃和无弃。他一方面主张 A 对 B 的宽容,一方面呼吁 B 做必要的自制(每个个体都兼有双重身份,既是 A 又是 B)。缺少宽容,小事容易升级成大事;没有自化自正,无事会生出事。但在老子看来,两方面虽然相需为用,相比之下,宽容显得尤为重要。他之所以强调"圣人恒无心"、"大者宜为下",原因即在此。

老子依据"反者道之动"的规律,昭示世人返归于道。但很明显,想要每个人都归根复命,只是一个遥不可及的理想。事实上,总会有人"不守本分",从而伤及他者。那么,老子如何应对现实中的这个难题呢?我们可以看到,他一方面说"天地不仁"(一视同仁)、"天道无亲",一方面又说"常与善人";一方面否定天有意志,一方面又说"天之所恶,孰知其故? 天之道,……繟然而善谋"(73 章)。为什么会有这种貌似相反的言论呢? 原因很简单:合于道者,道亦合之;离于道者,道亦离之(参 23 章)。这里的道是律令意义上的道。所谓的天、道成了代表正义、主持正义的一个东西。[①] 老子以天道"常与善人"来劝勉世人。在他看来,如果不效法于道,那就是"自遗其咎"。而"不道早已";"天网恢恢,疏而不失"的原因就在于,行为的结果反作用于行为主体原是极自然的事,并不

---

① 可参看庞朴《原道》一文的分析。庞朴:《一分为三——中国传统思想考释》,深圳,海天出版社,1995,第 247 页。

表示天有情感与意志。①

　　当然，老子（包括庄子）并不是无原则地提倡无弃，他们容纳不了无道者，这与无弃的主张并不矛盾，因为无道者本身违反了无弃。如果有人确实大逆不道，危害他人的生存权利，老子并非视而不见，所以他在谈到用兵原则时说"果而不得已"（30章），"不得已而用之"（31章），"若使民常畏死，而为奇者，吾得执而杀之，孰敢"（74章）。

　　（四）无弃主张的影响

　　老子的"无弃"主张在先秦就产生了深远的影响。《国语·越语下》载范蠡语："惟地能包万物以为一，其事不失，生万物，容畜禽兽。""不失"意同不遗、无弃。《越绝书》卷13载其语："曲成万物，不名巧，故谓之道……圣人缘天心，助天喜，乐万物之长"，"知保人之身者，可以王天下；不知保人之身，失天下者也。"

　　再看《庄子》。《知北游》称老聃对孔子说"运量万物而不匮"。"匮"，陈碧虚《庄子阙误》载文如海本、刘得一本作"遗"②，当从。"不遗"就是"无弃"，这可以从《庄子》中找到内证。《天道》曰："夫道，于大不终，于小不遗，故万物备。广广乎其无不容也。""于小不遗"是说博大的道无物不容。在道的覆载兼怀之下，万物并育，生生不已。《徐无鬼》更明言无弃："天地之养也一"，"圣人并包天地，泽及天下，而不知其谁氏……夫大备矣，莫若天地；然奚求焉，而大备矣。知大备者，无求，无失，无弃，不以物易己也。"庄子对"丑"的关注，也与无弃主张有关。

　　管子学派也继承了这种思想。《管子·形势》："有无弃之言者，必参于天地也。"《形势解》释曰："天公平而无私，故美恶莫不覆。地公平而无私，故小大莫不载。无弃之言，公平而无私，故贤不肖莫不用。故无弃之言者，参伍于天地之无私也"，"道者，扶持众物，使得生育而各终其性命者也。"又《版法解》："天覆而无外也，其德无所不在；地载而无弃也，安固而不动，故莫不生殖。圣人法之，以覆载万民，故莫不得其职

---

①　在这里，我们也可以看到老子学说与之前思想界的连续性。《诗经·小雅·桑扈》"受天之祜"，《国语·周语中》"天道赏善而罚淫"，《晋语四》"天祚有德"，《晋语六》范文子语："吾闻之，'天道无亲，唯德是授。'"《左传·僖公五年》引《周书》："皇天无亲，惟德是辅。"

　　另，先秦思想家多已注意到行为与结果之间施报、往来的交互关系。《孟子·梁惠王下》载曾子语："戒之戒之！出乎尔者，反乎尔者也"，就是对此关系的一种概括。《黄帝四经》、《文子》、《管子》、《孟子》、郭店儒简、《墨子》等文献中都有许多这方面的具体论述，兹不一一列举。

②　参见《道藏》第15册，北京，文物出版社等，1988，第958页。

姓。得其职姓，则莫不为用。故曰：法天合德，象地无亲。日月之明无私，故莫不得光。圣人法之，以烛万民……"这些言论的上下文虽然掺杂了儒家、法家思想，但还可以看出"无弃"的影子，因为它也是从天地之公而不私、莫不覆载之玄德立说的。

儒家也受到了影响。《周易·系辞上》："范围天地之化而不过，曲成万物而不遗。""不过"意思当为不责过，而"不遗"明显就是无弃。孔颖达《正义》释后句曰："屈曲委细，成就万物，而不有遗弃细小而不成也。"再如，《礼记·经解》说："天子者，与天地参，故德配天地，兼利万物，与日月并明，而不遗微小。"

先秦以后，皇侃《论语义疏》中保存着9条郭象《论语》注，其中一条说："夫君子者不能索足，故修己者索己……百姓百品，万国殊风，以不治治之，乃得其极。若欲修己以治之，虽尧舜必病，况君子乎？今见【《知不足斋丛书》本无此字】尧舜非修之也，万物自无为而治，……故能夷畅条达，曲成不遗而无病也。"①"索足"可理解为求全责备。郭象强调"索己"而不主张"索足"，"夷畅条达"的效果就归功于"曲成不遗而无病"。

特别值得一提的是明末李贽。他在《复京中友朋》中写道："天【一本无此字，于义更长】下之人，本与仁者一般，圣人不曾高，众人不曾低，自不容有恶耳。"其《高洁说》开篇更有一大段："余性好高，好高则倨傲而不能下。然所不能下者，不能下彼一等倚势仗富之人耳；否则稍有片长寸善，虽隶卒人奴，无不拜也。余性好洁，好洁则狷隘而不能容，然所不能容者，不能容彼一等趋势谄富之人耳；否则果有片善寸长，纵身为大人王公，无不宾也。能下人，故其心虚；其心虚，故所取广；所取广，故其人愈高。然则言天下之能下人者，固言天下之极好高人者也。余之好高，不亦宜乎？能取人，必无遗人；无遗人，则无人不容；无人不容，则无不洁之行矣。然则言天下之能容人者，固言天下之极好洁人者也。余之好洁，不亦宜乎？"②这里把傲视与包容的关系说得很清楚，颇得老庄（特别是庄子）之精神，也已将中国古代士人的高洁性情抉发无遗。

综上所述，"无弃"的确是老子作为一个非常重要的哲学命题所提出的，是其广大谐和之道的有机组成部分。它讨论的不是用人之术（更非奴用他人），而是凸显宽容精神，由此可见老子的博大胸怀和他对宇宙全体生命的关切之情。尽管老子处理的主要是君民关系，但作为一条可以普

---

① 北京大学《儒藏》编纂中心：《儒藏》，北京，北京大学出版社，2007，第479页。

② （明）李贽：《焚书》卷3，北京，中华书局，1961，第98页。

遍化的原则，却完全可以用来处理现实中的群己关系，因而理应得到我们的重视。我们不能把误解再延续下去，而要让它作为一种重要的思想资源在当代社会中很好地发挥作用。

第二节　"为善无近名为恶无近刑"试解

《庄子·养生主》曰："为善无近名，为恶无近刑，缘督以为经，可以保身，可以全生，可以养亲，可以尽年。"其中，"为善无近名，为恶无近刑"一语（以下简称"为善为恶句"）令人困惑不已。历史上解者纷纷，却难觅一个比较理想的说法。这在一定程度上与古代注疏体例有关，要想用几句话把它说清，确实不太可能。遗憾的是，这种情况到现在还是没有得到根本改观。今人要么沿袭历史上的一些误解，要么含糊其词，要么认为庄子必不至于被误解，却又未能说清。徐复观认为它"只是落在现实生活上的无可奈何的说法，亦即是打了折扣的说法，而不是他【庄子】的究竟义的说法。精神落在现实上，总是要打折扣的"[①]。对此，笔者并不完全认同。有学者将其译作"作好事，并不一定取得现时的名誉；作坏事，并不一定遭到现时的惩罚"[②]，这等于说庄子鼓励世人为非作歹。曹础基译为："做了世人所谓的坏事，也无心触犯刑法。"[③]令人费解，也于理不通。

王叔岷撰有《庄子"为善无近名为恶无近刑"新解》一文，提出了自己的观点。然而，该文一半多篇幅都在驳斥定庄学为"为我之学"的观点，虽说与论题相关，但毕竟未能紧扣论题，也未就自己的观点展开充分的论证。另有雍繁星《"为善无近名，为恶无近刑"诸家注平议》一文分类择取历史上的多家注解并做了评议，可参考。本节试图在往哲与时贤的探讨基础上，为此句进一解。我们先从歧义相对较少的字眼说起，一步一步地逼近整句的本义。

---

① 徐复观：《中国人性论史》，上海，华东师范大学出版社，2005，第242～243页。
② 杨柳桥：《庄子译诂》，上海，上海古籍出版社，1991，第58页。魏鲁男（James Roland Ware）也犯了同样的错误，参见其书 *The Sayings of Chuang Chou*，New York：New American Library，1963。相比之下，冯友兰、林语堂、葛瑞汉、梅维恒（Victor H. Mair）、柏顿·华生（Burton Watson）等人的英译大体可以接受。
③ 曹础基：《庄子浅注》，北京，中华书局，2000，第42页。

一、"为"与"无近"

"为",一般解作"行"。明孙应鳌则认为"为"读去声①,大概是认为它用作"谓"。先秦文献中有这一用法,但如此理解时,庄子就难免具油滑之责,而这与事实不符,具体原因下文将论及。当代学者也提出过不同看法,如吴怡认为当作"对于"解:"'为恶无近刑'可以解作对于罪恶要小心,不要使自己因它而受到刑累。"②这种解释的实质也是要去除"为"的动词意味。虽然"为"用作"于"的现象在先秦古籍中偶尔可见,但用在这里似乎不确。又,周乾溁认为"为"作名词用,意为所做之事:"'为'名词,做事……事情做坏了,要避免受到惩罚。"③如此理解,庄子非但没有责任意识,反倒鼓励世人逃避罪责。这显然已偏离太远。又有实在解不通便改字者,如郭沫若断言"为"乃"象"之讹,并把"象善"、"象恶"解释为外象的美丑。④ 这种解释不可通,而且改字的做法本身也不可取。

"无"通"毋","无近"就是"毋近",这应该是没有问题的。⑤《文选》卷 23 嵇康《幽愤诗》李善注引作"为善莫近名,为恶莫近刑",意思无别。但也有人提出过异说,如李光地曾释"无"为"得无"⑥,清人张文虎亦云:"两无字皆转语辞,与无乃、将无、得无辞气相近。"⑦代换进去,原句便成了:为善无乃近名,为恶无乃近刑。此意即成玄英所云:"为善也无不近乎名誉,为恶也无不邻乎刑戮。"关锋袭用此说。⑧ 言外之意便是,为了避免名刑,最好善恶俱不为。元代李治说得很干脆:"毋为善以取名,毋为恶以取刑。"⑨张默生亦认为:"当解作'无为善近名,无为恶近刑'也。即言善恶皆不当为。"⑩可从句法上看,原句语气近似今天的祈使句,并没有委婉的反问意味;原句明明是说为善为恶,"无"否定的是近名近刑,而不是为善为恶。这种解释却恰好相反,故不可取。

---

① (明)孙应鳌:《庄义要删》卷 2,明万历八年刻本。
② 吴怡:《逍遥的庄子》,桂林,广西师范大学出版社,2006,第 106~107 页。
③ 周乾溁:《庄子探骊》,天津,天津古籍出版社,2004,第 41 页。
④ 参见郭沫若:《十批判书》,北京,东方出版社,1996,第 208 页。
⑤ "近",一般释为邻近、靠近。明朱得之《庄子通义》卷 2(明嘉靖四十四年浩然斋刻三子通义本)释为"取",于意无违。但也有偏差较大的,如前引杨柳桥的译法。出现那种偏差的一个原因是把作为动词的"近"误解成时间副词"近期"。
⑥ (清)李光地:《榕村语录》卷 20,北京,中华书局,1995,第 354 页。
⑦ 参见钱穆:《庄子纂笺》,台北,三民书局,1981,第 24 页。
⑧ 参见关锋:《庄子内篇译解和批判》,北京,中华书局,1961,第 148 页。
⑨ (元)李治:《敬斋古今黈》卷 10,北京,中华书局,1995,第 134 页。
⑩ 张默生:《庄子新释》,济南,齐鲁书社,1993,第 134 页。

行文至此，笔者还是肯定通常的读法：为善不要求名，为恶不要触刑。

二、"名"与"刑"

"名"指名利之名，这是没有疑义的。在庄子眼中，就其为桎梏而言，名与刑无异。我们已在第三章"吾丧我"一节讨论过庄子对名的否定。儒家不拒绝名，甚至倾向于立名。而在庄子看来，无论名是虚是实，无论它是否害事，都是一个必须规避的对象。《逍遥游》"圣人无名"，《人间世》"德荡乎名"，只要与名牵扯不清，德就变得不纯不粹。后世儒家反过来批评庄子，如朱子说："然其'为善无近名'者，语或似是而实不然。盖圣贤之道，但教人以力于为善之实，初不教人以求名，亦不教人以逃名也。盖为学而求名者，自非为己之学，盖不足道，若畏名之累己而不敢尽其为学之力，则其为心亦已不公而稍入于恶矣。"①明末关中理学家冯从吾也表达了类似的意见："善原当为也，又何论有名不有名。君子为善原不为名，而实大声宏名必随之，是为善之日即近名之日也，而曰'为善无近名'，令人避好名之嫌而不敢为善者，必斯言也，是误天下之君子也。"②这类批评的主旨是认为"为善无近名"一语将使人裹足不前，不敢为善。然笔者以为，说庄子"畏名之累己"是恰当的，说他从此不为善并告诫他人不为善，则有待商榷。理由详后。

"刑"，晋司马彪与明代陈深作"形"解会，清末吴汝纶也认为当作"形"。③ 这种说法不可通，做法亦不可取，不予深论。一般都把"刑"理解为法以及由触犯法令而遭受的刑罚杀戮，这固然不错，但同时也是比较狭隘的。《庄子》共提到三种"刑"："天之刑"、"外刑"、"内刑"。④ "天之刑"在《养生主》、《列御寇》中各出现 1 次，都作"遁天之刑"。《德充符》："天刑之，安可解！"从必然性层面讲，天之刑是一种"命"，它是无可逃的，"真人"亦在所不免，人应该安于它而不必遁天倍情。此即《大宗师》所说"阴阳之气有沴，其【子舆】心闲而无事"，"阴阳于人，不翅（啻）于父母。彼近吾死而我不听，我则悍矣，彼何罪焉？"可见，天之刑落实地说，就是一种"阴阳之患"（《人间世》）。天之刑既然是不可逃的，而"为

---

① （南宋）朱熹：《晦庵先生朱文公文集》卷 67，见《朱子全书》第 23 册，上海，上海古籍出版社等，2002，第 3284 页。
② （明）冯从吾：《少墟集》卷 11，《四库全书》本。
③ 参见雍繁星：《"为善无近名，为恶无近刑"诸家注平议》，见袁行霈主编：《国学研究》第 12 卷，北京，北京大学出版社，2003，第 264 页。
④ 《天道》还有"五刑"一说，学者大多认为那一大段乃后世伪羼之作，故不予考虑。

恶无近刑"之"刑"是可以避免的，所以我们可以撇开天之刑不谈。现在剩下外刑与内刑，庄子认为它们是可以避免的，而且应当避免。《列御寇》："为外刑者，金与木也；为内刑者，动与过也。宵人之离外刑者，金木讯之；离内刑者，阴阳食之。夫免乎外内之刑者，唯真人能之。""外刑"、"内刑"分别对应《人间世》所说的"人道之患"、"阴阳之患"，"无近刑"之"刑"乃统此两者而言。人道之患主要就是人世间的刑罚杀戮，它可以是自己招致的，也很可能来自外在强加。《德充符》叔山无趾被刖一足当属人道之患，他说："吾唯不知务而轻用吾身，吾是以亡足。今吾来也，犹有尊足者存，吾是以务全之也。"何谓阴阳之患？从上述引文可以看出，它分为两种：一指天之刑，一是人为造成的。庄子认为"通天下一气耳"，气聚则生，散则死。阴阳调和，则群生不夭；"阴阳错行，则天地大骇。"（《外物》）因此，"阴阳之患"就是阴阳之气不能和静而惹来的患害，"天之刑"以外的阴阳之患纯属自找，是因为自己不能复归性命之情而为外物所牵引。在庄子看来，心志的役用会早早招来阴阳之患；被功名利禄、喜怒哀乐、教条化的仁义道德等"外物"所牵引（只要不是生命的本真，就都可以划为外在之物），也是一种刑戮和桎梏。因此，我们不能将"刑"限于外刑，庄子侧重的可能更是内刑，这样就可以与《齐物论》"苶然疲役而不知其所归"等批评通连在一起。刘武曾发此意："然所谓恶者，非仅伤人之谓也，伤己之生，损己之性，即恶也。刑非仅官刑之谓也，伤生损性，即刑也。"①吴怡亦持此见。这种观点应该引起重视。

由此，为善为恶句可译为：行善而不要邀名图誉，作恶而不要近于内外之刑。言外之意是：非求名之善是应当为的，不犯刑之恶是可以为的。王治心注："为善本易近名，为恶本易近刑。不为求名之善，不作犯刑之恶。"②如果对"刑"作一宽泛理解，此注就大体不差了。

三、"善"与"恶"

要想深入理解为善为恶句，还必须说清其中的"善"、"恶"。古往今来有过许多不同说法，我们先从比较特别的说起。

其一，不作伦理上的善恶解。北宋陈景元说："夫自全之善，理无近名，谓守朴少变，汉阴丈人之徒是也。自损之恶，理无近刑，谓沉溺嗜

---

① 刘武编著：《庄子集解内篇补正》，北京，中华书局，1987，第75页。
② 王治心：《庄子研究及浅释》，上海，群学书社，1929，第102页。

好，公孙朝穆之徒是也。"①碧虚子是将"善"、"恶"解为自全、自弃，实质上是把为恶的受害对象由他人转变为自己，但这样一来就与养生主题相违，故不通。② 清初屈复说："此二语亦从无人会得，不详读其通篇而止就本句作解，遂云为善而第无求名，为恶而第无犯刑。夫南华不经，而实为百家之冠，断无公然教人为恶之理！……吾之境而为善与，此时易于有名，而吾无求名之心……吾之境而为恶与，此时难于免刑，而吾无致刑之道。"③屈氏对世人误解的批评是正确的，但他把"善"与"恶"解为顺境与逆境，为善为恶的逻辑主语本来是人，却变成了处境，不可取。王叔岷在《庄子校诠》中提出另一说："所谓善、恶，乃就养生言之。'为善'，谓'善养生'。'为恶'，谓'不善养生'。'为善无近名'，谓'善养生无近于浮虚'。益生、长寿之类，所谓浮虚也。'为恶无近刑'，谓'不善养生无近于伤残'。劳形、亏精之类，所谓伤残也。"④可以看出，王氏是将"为善"、"为恶"倒过来理解成"善为"与"不善为"，又从养生主题出发进一步把"为"理解成"养生"。这种新解过于迂曲，又有局限于肉体生命之嫌，而且把"名"解释成益生、长寿之虚无缥缈，显然都是不可取的。但他认为应该扣住养生来理解，并把劳形亏精之类纳入"刑"的范围，则是恰当的。

其二，作伦理上的善恶解会，并对"恶"做普泛化的理解。陈详道："所谓恶，非犯义也，特异于善而已。"⑤洪迈《容斋三笔》卷6："其所谓恶者，盖与善相对之辞，虽于德为愆义，非若小人以身试祸自速百殃之比也。"⑥王夫之说："声色之类，不可名之为善者，即恶也。"⑦清陆树芝注："凡天理上事即是善，人欲内事即是恶。恶字勿太说坏。"⑧清徐廷槐："此之谓恶，只当过字看。"⑨吴怡："此处的恶不只是指有罪的行为，而

---

① （南宋）褚伯秀：《南华真经义海纂微》卷5引，见《道藏》第15册，北京，文物出版社等，1988。

② 也有人将"为善"理解为对人，将"为恶"理解为对己，参见 *Chuang Tzu：Mystic, Moralist, and Social Reformer*, transl. by Herbert Allan Giles, London：Bernard Quaritch, 1889, p. 33.

③ （清）屈复：《南华通》卷3，青照堂丛书本。

④ 傅佩荣亦持此说。（傅佩荣：《傅佩荣解读庄子》，北京，线装书局，2006，第38页）

⑤ （南宋）褚伯秀：《南华真经义海纂微》卷5引，《道藏》第15册，北京，文物出版社等，1988。

⑥ （南宋）洪迈：《容斋随笔》上，北京，中华书局，2005，第496页。

⑦ （清）王夫之：《庄子解》，北京，中华书局，1964，第30页。

⑧ （清）陆树芝：《庄子雪》卷上，清嘉庆四年粤东儒雅堂刻本。

⑨ （清）徐廷槐：《南华经简钞》卷1，清乾隆六年刻本。

是泛指一般的欲望，和罪恶的引诱。"①南宋刘辰翁则认为"庄子本意只在
上句"。② 笔者已经论证了"刑"包含人道之患与阴阳之患。只要我们不把
"刑"狭隘地理解为刑罚杀戮，就势必对"恶"也做出一种扩大的理解；"物
于物"也是一种恶。上述说法中，吴怡之说较为稳妥。

其三，作伦理上的善恶解会，并结合"缘督以为经"，认为庄子善恶
俱不为，而是处中以守。这是最普遍的看法，郭象即持此观点。有人认
为，庄子善且不为，何况为恶！清陆树芝注："此二句即善亦懒为，何况
恶之意。"③进此一步，便是善恶不思，何况为之！如南宋赵以夫："恶固
不可为，善亦不必为，为则有心矣。"④明末陆长庚以禅解庄："善恶尚不
许思，况复为之而至于近名，犯之而至于近刑？"⑤沈一贯亦引禅宗以说：
"所贵在于不为，非谓恶可为也。善且不思不为，而况于恶乎！"⑥持善恶
俱不为观点的还可以报出一大串，如王雱、林疑独、褚伯秀、罗勉道、
钱澄之、刘凤苞、胡文英、陈寿昌、吴世尚、周拱辰、张岱年、王孝鱼
等人。他们或以佛解庄，或以儒解庄，顾及庄子特异之处的人并不多。
有人甚至将它与儒家的中庸之道混为一谈。⑦ 为什么善恶俱不为？有些
人的理由是，为善必有名随之，为恶必有刑随之；名刑之于善恶，如影
随形。因此，苟能善恶两忘，则名刑可以双遣。胡朴安语可以拿来作结：
"为善为恶，皆无所容心。缘督为经，不着两边，善恶浑忘，名刑
两远。"⑧

有些注解说得有点过，比如林希逸注："此数句正是其养生之学，庄
子所以自受用者。为善无近名者，谓若以为善，又无近名之事可称；为
恶无近刑者，谓若以为恶，又无近刑之事可指。"⑨再如宣颖注："以为
善？无迹可称。以为恶？又无迹可惩"，"不可指其为善，不可指其为恶。

---

① 吴怡：《逍遥的庄子》，桂林，广西师范大学出版社，2006，第 107 页。
② （南宋）刘辰翁：《庄子南华真经点校》，明刊刘须溪点校三子本。
③ （清）陆树芝：《庄子雪》卷上，清嘉庆四年粤东儒雅堂刻本。
④ （南宋）褚伯秀：《南华真经义海纂微》卷 5 引，《道藏》第 15 册，北京，文物出版社等，
  1988。
⑤ （明）陆西星：《南华真经副墨》卷 1，明万历六年初刻本。
⑥ （明）沈一贯：《庄子通》卷 2，明万历二十四年八闽书林郑氏光裕堂刻本。
⑦ 只有极少数人对"中"做出界定，如明罗勉道《南华真经循本》卷 4 曰："所谓中者，抱一
  守中之中，非谓夹善恶中间也。朱子书《皇极辩后》非之，未必是其本指。"（《道藏》第
  16 册，北京，文物出版社等，1988，第 40 页）罗氏的界定是有必要的。
⑧ 胡朴安：《庄子章义》，朴学斋丛书本。笔者以为，为善为恶与名刑之间虽有因果联系，
  但因果性不等于必然性。也就是说，为善者仍有可能湮没无闻，为恶者可能会成漏网
  之鱼。
⑨ （宋）林希逸：《庄子鬳斋口义校注》，周启成校注，北京，中华书局，1997，第 248 页。

善恶之迹俱无所倚，惟缘中道以为常也。"①这些注解很容易给人一种油滑的感觉。它们虽然澄清了庄子不至于行恶，但人们还可以抓住庄子不为善这一点，认为庄子缺乏社会责任感，甚至把庄子哲学当成保命哲学，说他依违两间、滑头混世。古往今来对庄子的许多批评正是就此而发的。试看：朱子批评庄子"揣摩精巧"，"专计利害"，其为害尤甚于《孟子·尽心上》所批评的执中无权之子莫："老庄之学，不论义理之当否，而但欲依阿于其间，以为全身避患之计，正程子所谓闪奸打讹者，故其意以为为善而近名者为善之过也，为恶而近刑者亦为恶之过也，唯能不大为善，不大为恶，而但循中以为常，则可以全身而尽年矣。今乃择其不至于犯刑者而窃为之，至于刑祸之所在，巧其途以避之而不敢犯，此其计私而害理，又有甚焉。"②应该说，朱子的批评是比较刻薄的，它对后世产生过很大影响，明代黄震、清代胡渭等人就附和此说。③ 相比之下，王应麟的批评算是缓和了许多。他将为善为恶句与《山木》"材与不材之间"混在一起，下了一个判断："此子莫之执中也。"④这种批评也是错误的，我们只需指出一点，庄子并未主张处于材与不材之间。⑤ 清人方宗诚更把庄子定为异端："庄子言'为善无近名'，然则惧近名，则不敢为善矣；'为恶无近刑'，然则不近刑，则可为恶矣。异端之言，非圣道也。"⑥但事实并非如此。庄子的生命哲学是为了开显精神生命的崇高意义，绝不限于肉体上的全生。将一种大丈夫的哲学曲解成畏首畏尾、投机取巧而缺乏社会责任感的保命哲学，本身是一种不负责任的做法；而不能见出异量之美，动辄把异类斥为异端，实非真儒所当为。

　　总结一下，把为善为恶句理解为善恶俱不为的观点有可取之处，即说明了庄子不至于行恶。但有很大缺陷：其一，误解庄子所说的自然无为，抽象地认为庄子不为善，没有把庄子不要为了求名而行善的主张包纳进去，从而使人产生种种误解；其二，与句法结构不合，这在本节的

① （清）宣颖：《南华经解》，清同治年间皖城藩署刊本。
② （南宋）朱熹：《晦庵先生朱文公文集》卷67，见《朱子全书》第23册，上海，上海古籍出版社，2002，第3284页。
③ 参见黄震：《黄氏日钞》卷35，《四库全书》本；胡渭：《大学翼真》卷4，《四库全书》本。
④ （南宋）王应麟：《困学纪闻》卷8，北京，商务印书馆，1935。
⑤ 木因不材得全，雁以不鸣遭烹，然则是否就应该立定于材与不材之间呢？庄子做了否定："材与不材之间，似之而非也，故未免乎累。若夫乘道德而浮游则不然。无誉无訾，一龙一蛇，与时俱化，而无肯专为。"（《山木》）庄子眼中的世界是不确定的、变化日新的，想在材与不材之间找一个确定的"中点"作为依止处，此路也不通。庄子的策略最终是"与时俱化，而无肯专为"。
⑥ （清）方宗诚：《柏堂读书笔记·陶诗真诠》，清光绪八年刻本。

第一部分即已指出。

四、谁"为"？

为什么不能解释成善恶俱不为呢？关键还在于，"为"主要说的不是庄子去为，而是针对世人而言的，是庄子对世人的一种劝诫。周绍贤《庄子要义》说："作恶营利，固为失性；为善沽名，亦为失性，故庄子教人'为善无近名，为恶无近刑。'"庄子期望世人"为善无近名"，这比较好理解；但也还需要做进一步的辨析。庄子告诫世人"为恶无近刑"，则很不好理解。现做出如下说明。

首先，庄子本人确如某些注所说，他"善"且不为，更不用说为恶。庄子"善"、恶俱不为，而持守自己的真性。吕惠卿、林希逸、朱得之、程以宁、吴世尚等人在注中都提到过《骈拇》篇末的"余愧乎道德，是以上不敢为仁义之操，而下不敢为淫僻之行也"。就庄子本人而言，善恶俱不为说在一定程度上又是可行的。

但我们必须对这里的"善"做出界定，而不能笼统、抽象地说庄子不为善，也不能说他不希望世人行善。笔者在分析道家"玄德"概念时曾指出，玄德的其中一个特性是化贷万物而不自知，这是一种超乎常规的善，我们可用道家的言说方式称之为"大善"。这里的关键是行为主体秉着何种精神去为善，或者说，行为对象需要什么样的善。如果是施舍性的、塑造性的，庄子则加以否弃，防止有人以善的名义侵害他者。

庄子不喜欢与名纠缠不清，他心目中的圣人应该拒绝被人歌功颂德，而常人大都喜欢被人亲而誉之，此为庄子所不取。更重要的是，庄子认为，一个人尤其不能自以为善而去指摘他人，而这正是世人（包括多数儒者）身上普遍存在的问题。何况，善恶判分本身是否具有合法性，很值得怀疑。我们凭什么判断善与不善？显然，有些人的判分标准是很主观的。他们只是以自我为标准，凡与自己不同的，便斥之为"不善"。那么，仁义礼等是否可以作为外在的客观标准供我们做一刀切的判分呢？我们来对比两则材料：

> 彼【孟子反、子琴张】，游方之外者也；而丘，游方之内者也。外内不相及，……彼又恶能愦愦然为世俗之礼，以观众人之耳目哉！（《庄子·大宗师》）
>
> 上于东阶，则先右足；上于西阶，则先左足。（《礼记·曲礼上》）

"方"本是用矩划定的一个方域，在此喻指世俗礼法等绳墨规矩或儒家制度化、知识化的仁义礼。方内是一个礼法的世界，相应地，方外就指超脱礼教、法度之束缚。① 方外又可以说是"大方"的世界。"大方"概念出自《老子》第 41 章，在《庄子》外、杂篇中也出现过多次。大方无方（或大方无隅）。无隅则不割，方则割人。这里的"割"主要取束缚意。"方"是非常细碎的轨则，这从《礼记》的左足右足论即可看出。荀子经常把礼比作绳墨规矩、权衡度量，认为它是正国正身的"经纬蹊径"。《庄子·山木》则说："不知义之所适，不知礼之所将，猖狂妄行，乃蹈乎大方。"这里的礼义指儒家礼义，而"大方"可以理解为至礼至义。至礼至义的特点在于，不讲究被形式化的礼义，却能保有真礼义。儒家主张视听言动一准于礼。在多数儒者眼里，不拘礼法是一种恶（《大宗师》借子贡说："修行无有，而外其形骸"，《论语·卫灵公》："动之不以礼，未善也"），但这果真是恶吗？有些行为本身就不适合纳入道德领域来加以判断。举个例子，前引《礼记·曲礼上》左足右足一说无论怎么解释，都看不出有什么理由必须这么做。对于这类没道理可讲的礼仪，不去遵守难道就是恶吗？礼到了如此烦琐、循规蹈矩的地步，显然已经悖离其原初精神而成为拘限生命的桎梏，能称其为善吗？有资格充当判分善恶的标准吗？所以《人间世》批评儒者"以人恶育（鬻）其美"，《渔父》则将"好言人之恶"视为八疵之一。实际上庄子认为，如果把某种价值（即使它再好）立为标准来要求一切、齐同天下，那就等于在宰割天下。在此意义上，所谓的善也就变成了恶。或者说，善不仅有善，亦有恶。

其次，庄子反对为大恶，这点没有谁不认同。不过，我们还有必要引入群己关系来看待这个问题。庄子力图保持一个多样性的世界，主张为万物的个体性虚出一个存在的空间，而个体性就意味着差异性，有差异就难免会有冲突。如果他不能为解决冲突提出一种可行的主张，那么他所期望的多样性世界便不可能达成。王博曾指出："对于强调个体性的道家来说，也许最大的挑战是如何在捍卫个体性的同时，保持个体之间处在一种和谐的关系之中。"② 笔者以为，"为恶无近刑"或许也是为了维持一种自然的秩序而提出的自律主张。因为，假如有人为大恶，一方面

---

① 古今多将方外误会成人世之外，也有人理解为体道境界，从"恶能愦愦然为世俗之礼"一语看，这些都是不可接受的。《荀子·礼论》："不法礼，不足礼，谓之无方之民；法礼足礼，谓之有方之士。"《礼记·经解》所论全同："是故隆礼由礼，谓之有方之士；不隆礼不由礼，谓之无方之民。"

② 王博：《道家人文精神的特质》，见陈鼓应主编：《道家文化研究》第 22 辑，北京，生活·读书·新知三联书店，2007，第 71 页。

自己会罹彼"外内之刑",这样便不能保身、全生、养亲、尽年;① 另一方面是他者受到侵害,而自然秩序遭到破坏后,必定会有外在的一些条令介入,这些都是庄子所不愿看到的。

最后,庄子反对为大恶,并不因此就鼓励世人避重就轻而行"小恶"。事实上,庄子明确否定行恶。《庚桑楚》云:"为不善乎显明之中者,人得而诛之;为不善乎幽间之中者,鬼得而诛之。"那么,到底应该如何理解"为恶无近刑"呢?我们已在前文论证了"刑"不限于人道之患,还包括阴阳之患。这样一来,"为恶"的空间事实上已经很小。此时个体之间若有一些小摩擦,但只要对人对己没有实质性的伤害,庄子认为都应该加以宽容。② 庄子当然希望每个个体都能"立乎道德"(不是常规意义上的伦理道德,而是道家所说的"道"与"德"),丧我显吾,但事实上他也清楚没有几个人能够或者愿意像他这么做。人们大多只知求取,不知放弃,所以我们经常会在《庄子》中读到悲天悯人的意味,如《齐物论》云:"人之生也,固若是芒乎?其我独芒,而人亦有不芒者乎?"《徐无鬼》尤为突出地表达了哲人的一种苍凉悲感:"嗟乎!我悲人之自丧者,吾又悲夫悲人者,吾又悲夫悲人之悲者。"悲悯又能怎么样呢?世人照旧迷而不反,甚至连自己身处迷执之中也体会不到。庄子深知世界并不是绕着自己转的,他也不想看到世界绕着哪一个人转。如果他强人从己,就势必与自己的哲学主张(齐物论)背道而驰。他只是开出一条超越的路径,至于世人愿不愿意这样做,则取决于他们自己的选择。由此看来,"为恶无近刑"在某种程度上又体现出庄子对世人价值观的照顾,其目的是要将相互之间的侵扰减至最低程度,同时辅之以宽容。只有这样,才有可能成就一个多样性的世界,才有可能保住一种自然的秩序与整体的和谐(因为少了侵扰,多了宽容)。

庄子不是不讲秩序,在这一点上他与儒家的区别只是:秩序是外在强加的还是内在自成的?郭店楚简《性自命出》:"未教而民恒,性善者也。"《荀子·性恶》:"直木不待檃栝而直者,其性直也。"《韩非子·显学》:"夫必恃自直之箭,百世无矢;恃自圜之木,千世无轮矣。自直之箭、自圜之木,百世无有一,然而世皆乘车射禽者何也?檃栝之道用也……不恃赏罚

---

① 王叔岷文认为"养亲"显得比较突兀,当作"养新"。笔者认为不必作此解会,因为不像儒家那样突出孝道并不意味着不养亲;如果认为庄子不该提"养亲",那就近乎说儒家文化圈之外的人都没有养亲的意识,而这显然是荒谬的。

② 与为善为恶句相比,《管子·白心》"为善乎,毋提提;为不善乎,将陷于刑"少了宽容"小恶"的一维。关于"小恶",本节第三部分所列众人对"恶"的泛化理解,可资参考。

而恃自善之民，明主弗贵也。何则？国法不可失，而所治非一人也。故有术之君，不随适然之善，而行必然之道。"这里是说，自善之民是极为少见的，是偶然的；要想达成良好的秩序，就不能依赖这种偶然性，而应做必要的引导。儒家礼乐的一大功能就是营造秩序与和谐。他们对秩序的营建，可谓内外兼治、双管齐下。儒家主流持性善论，但这只是说人性中本有善端，本有追求道德所必需的初始动力；在扩充善端的过程中①，还需要借助一些外在的东西。荀子持性恶论，虽然面临着善何以可能这一严峻挑战，却为外在约束和教化行为找到了更充足的合法性。儒家认为没有仁义礼的约束，社会必定趋于混乱无序。"不教无以理民性"（《荀子·大略》），鲜明地体现了这一点。庄子认为仁义礼容易流为伪饰，而且难保不被恶意利用。仁义礼在被恶意利用或其真精神遭阉割之后，就不仅仅是束缚人的问题了。外在强加的秩序是庄子截然反对的，但万有的共生共存有赖秩序，所以庄子就向内寻找秩序的根源，这就是丧我显吾，即通过"无"的工夫把"我"无掉。孔子的"绝四"是虚掉与仁义道德相违背的东西，而让仁义道德来充实自己；庄子的"虚己"是虚掉一切（包括仁义道德），因为道的一大特性是虚、无。道家一系从根底里似乎都认为，个体只要能将一切非属生命本真的外在之物勘破，便能消除自身的控制占有欲，便能不相害；而个体之间只要不相害，那么，每个个体不需要相为，也不需要仁义礼的辅佐，就可以有自主的发展，同时形成一种整体的和谐。在庄子看来，如果人人都能丧我显吾，几乎所有问题就无从生起，也就谈不上宽不宽容。但在这个愿望不可能成为现实的情况下，他就需要提出一种更为切实的主张，"为恶无近刑"起到的作用正是如此。易言之，为了保持世界的多样性，庄子必须突出宽容的主张。陶东风在《从超迈到随俗》中曾批评道，隐藏在庄子那套似乎是平等自由的言论背后的，是一种可怕的"宽容"，它的实质是做个老好人，它与"乡愿"哲学、滑头哲学没有本质的区别。对此，笔者想说的是，这不是什么可怕的宽容，而是心量广大的体现。

　　以上我们对为善为恶句作了逐字解析。为了对它有一个恰当的理解，我们必须追问：第一，为还是不为？从句法结构判断，庄子没有说不为。第二，"为"什么？近名之善不屑为，不近名之善则应当为；近刑之恶不可为，不近刑之恶则可以为。"刑"兼外内之刑而言，我们不要把它狭隘地理解为刑罚杀戮等人道之患。如果我们看到"刑"包含阴阳之患，则可

---

① 帛书本《五行》："舜有仁，我亦有仁，而不如舜之仁，不积也。"

明白，在庄子那里，"为恶"的空间事实上已经非常小。但要注意，庄子认为"小恶"可以为，并不等于鼓励人去为。庄子是说，如果有人行"小恶"，他人应该予以宽容，为其留出一个弹性的空间，而不要封死。更何况世俗眼中的一些"恶"并不真的就是恶。无论是践行"大善"还是秉着"十日并出，万物皆照"（《齐物论》）的包容精神去宽容"小恶"，都是玄德的体现。第三，谁"为"？为善为恶句主要是庄子对世人的一种劝诫，我们不能像林希逸那样，把它理解成庄子"自受用"的养生秘诀。"为善无近名"是劝勉世人追求"大善"，这是一种崇高的境界；"为恶无近刑"则是为世人开出行事处身的底线，是为了维持一种自然的秩序而提出的主张。整句有《老子》"善行无辙迹，善言无瑕谪"的痕迹。

历史上对为善为恶句的批评可以概括为两点：为了逃名而不行善；鼓励人们避重就轻，没有诫人不为"小恶"。从我们的分析可以看出，这些批评都不足为训。庄子否定求名，但他不是不为善，而是不为求名之善，转而崇尚为善而不知为善之"大善"。庄子明明诫人行恶，同时又主张宽容"小恶"。学界有种观点认为庄子主张善恶不分，这也需要做出具体分析。严格地说，庄子（包括老子）虽主张不分善恶、不谴是非，但并非善恶不分，否则他就用不着批判社会黑暗面和批评世俗价值观，也犯不着去"怒而飞"（超越）。庄子是针对他者而主张超于善恶，不分善恶地一概加以包容。我们只有在谈论庄子的包容精神时，才可以说他善恶不分。因此，笼统地说庄子善恶俱不为、善恶不分、避重就轻，都是过于简单化的做法，容易使人产生误解。与其这样，我们不如换个角度，具体地考察庄子能够接受什么样的善恶。这也是为善为恶句给我们的一点启示。

附：儒家宽容精神的渐次遗失

在原始儒家特别是孔子那里，还是颇有点宽容精神的。孔子说"宽则得众"，并认为它是达到仁的五个条件之一（《论语·阳货》）。《为政》："攻乎异端，斯害也已。""攻"训攻伐，"已"通"矣"，用法同《老子》"天下皆知美之为美，斯恶已"之"已"。"攻乎异端"正是"同而不和"的小人行径，非君子所应有，故孔子深戒焉。有人把"已"训为停止，意谓攻伐异端以使异端不再为害。这是对孔子这位宽厚仁者的严重误解。"已"通"矣"，孔子是说，不要去攻击异端，因为攻击异端这种行为本身是有害的。这类话语在《论语》中还可以找到很多，如"赦小过"（《子路》）；"躬自厚而薄责于人"（《卫灵公》）。其弟子子张强调"容众"（《子张》）；子夏说："大德不逾闲，小德出入可也。"（《子张》）子思说："若夫过行，是细人之所识也。"(《韩非子·难三》)马王堆帛书《五行》："有小罪而弗赦,不辨于道也。"《荀子·非相》："故君子之度己则以绳,接人则用枻。度己以绳,故足以为天下法则矣;接人用枻,故能宽容,因求以成天下之大事矣。故君子贤而能容罢,知而能容愚,博而能容浅,粹而能容杂,夫是之谓兼术。"如果将这种宽容精神贯彻落实下去,就有可能达成"万物并育而不相害,道并行而不悖"的多元并存局面。

然而,说归说、做归做。汉初大儒董仲舒也主张"详己而略人","宽制以容众"。《春秋繁露·天辨在人》："人无春气,何以博爱而容众?"《仁义法》："以仁安人,以义正我,……众人不察,乃反以仁自裕,而以义设人……仁之法在爱人,不在爱我;义之法在正我,不在正人……夫我无之而求诸人,我有之而诽诸人,人之所不能受也……小恶在外弗举,在我书而诽之……故自称其恶谓之情,称人之恶谓之贼;求诸己谓之厚,求诸人谓之薄;自责以备谓之明,责人以备谓之惑。"可恰恰是这么一个主张宽容的儒者,却提出了"罢黜百家,独尊儒术"。

那么,为什么原始儒家强调的宽容精神,在后世儒者那里基本上看不到呢?

首先,儒者把自己的那套仁义道德学说当成最高真理、终极真理,把礼乐制度视为天经地义。他们以正统自居,凡是不认同者,就斥为异端加以攻击,极不宽容。俗话说,真金不怕火炼。一种思想若有足够的理论自信,就应该无所畏惧地接受讨论和考验,可多数儒者却不是这样,他们自己不敢越雷池一步,也严禁他人质疑。

应该承认,儒学的主体是崇高光明的,但它也有不少盲点乃至自相矛盾处。也就是说,它只是部分真理,现在却要冒称全部真理,这是应当加以抵制的。李大钊说得好:"世间本来没有'天经地义'与'异端邪说'这样东西,就说是有,也要听人去自由知识,自由信仰。就是错知识了、错信仰了所谓邪说异端,只要他的知识与信仰,是本于他思想的自由、知念的真实,一则得了自信,二则免了欺人,都是有益于人生的,都比那无知的排斥、自欺的顺从远好得多。"[1]事实上,儒家辟这样那样的"异端",受害的不仅是那些"异端",也使自己的精神僵化而得不到发展。

自由的领域应该是多元性得以成长发展的领域。就思想文化领域而言,上至政府,下至每一个体,对一切事物都应保有多元论的看法,否

---

[1]　李大钊:《危险思想与言论自由》,见《李大钊全集》第 2 卷,北京,人民出版社,2006,第 345 页。

则将扼杀人们的生命力和创造性，其结果是形成一个死寂的世界。个体有权享有信息的选择性来源，即除了所谓的正统以外，还可以接触到其他各种思想。官方或社会应允许个体在众多思想之间依其性之所近择一而自处，而个体认定某一思想后，不能以自我为中心，也不应有消灭其他思想的企图。因为在很多时候，我们很难确定自己的思想就是绝对正确的，而其他思想都是错误的。退一步讲，一种思想即便是正确的，也不能因此而获得消灭其他思想的权力。李大钊曾言："思想本身没有丝毫危险的性质……只有禁止思想是顶危险的行为。"①我们必须承认，存在各式各样的不同思想是不可避免的，而对不同思想进行兼容并蓄则是能够做到的，也是应该做到的。

其次，由于儒者自封为真理的掌握者，他们就有了强烈的化成天下的使命感。他们把自己当成救世主，急于向世人推销仁义道德学说。我们知道，儒学从根本上说是一个教化体系（孔子便是古来第一个大教育家），尽管早期儒家对道德或修身的要求也许是针对统治者提出来的，但儒学很快就被政治化、制度化了。从汉代开始，它就被官方立为经学，要求全天下都来接受儒家的道德教化，做道德功课。

韦政通曾指出："一种思想系统，一旦和宗教性质使命感结合，它就不只是一种思想形态了，而会转变为价值评判的标准，攻击敌对者的武器。凡是不能接受这套思想的人，都被认为不对，甚至有罪。万一再与政治权力相结合，后果就不堪设想。"②道德是不能强迫的，社会不能强制性地提升个体的道德水准。诚如西方自由主义与民主政治理论创始人洛克（John Locke）所言："不管友善、仁爱和对拯救人的灵魂的关心等一类借口是何等的高尚，但是人们是不能在不顾其愿意与否的情况下，因强迫得救的。归根结底，一切的事情都还得留归人们自己的良心去决定。"③儒家无权以自我为标准来塑造天下，个体也没有义务去接受儒家的强势教化。

儒家忠恕之道（"己欲立而立人，己欲达而达人"；"己所不欲，勿施于人"）的预设是普遍人性论，但事实上，个体的秉赋是互异的，其需求也是多样的。此之性非彼之性，则此之宜非彼之宜。坏事不强加于人尚可，好事强加于人则不可，因为甲认为好的，乙不一定认为好，甚至可

----

① 李大钊：《危险思想与言论自由》，见《李大钊全集》第 2 卷，北京，人民出版社，2006，第 344 页。

② 韦政通：《儒家与现代中国》，上海，上海人民出版社，1990，第 197 页。

③ 〔英〕约翰·洛克：《论宗教宽容》，吴云贵译，北京，商务印书馆，1996，第 23 页。

能认为很坏。儒家在这里又出现了一个盲点，即把自认为好的强加于人。其教化顶戴着拔人于鸟兽之中的美丽光环，但对于那些不愿被塑造的个体而言，它终究是一种强制。道家就没有这个弊病，老子把"不敢为天下先"作为三宝之一，不把自己当领头人，不做主。"自然"不仅反对坏事强加于人，也反对把好事强加于人（己所欲，亦勿施于人）。在道家看来，儒家的仁义道德就如同金屑在眼，也是要不得的。更何况，历史上的统治者并非真的服膺于儒学，而只是想借儒学来粉饰门面或管制天下。儒学虽然得到官方的扶持，结果蜕变为管制天下的一个工具，这就是儒学在历史上的命运。刘笑敢批评道："儒家主张先民、导民，这主要出于他们的道德自信心和社会使命感。他们确信自家掌握和代表了最高的真理、体现了最好的道德原则，因此会有极大的道德勇气，不仅敢于为万民之先，而且勇于批判一切不赞成自家观点的人物和学说，而毫无顾忌或愧怍。他们又有极高的社会责任感和使命感，'先天下之忧而忧'……然而儒家思想也有自己的认识盲点，他们看不到过高的自信心可以转化为教条主义和独断论，过高的使命感可以强化一言堂、支持专制主义。"[1]

最后，多数儒者以有德者自居，于是走向"临人以德"，以道德专家、道德权威的角色来对他者指手画脚。易言之，他们对"善"的过分强调，使其宽容精神渐次遗失。

原始儒家也强调去除傲气。马王堆帛书《易传》有一特色，即对谦下之德的重视。如《缪和》载孔子语："圣君之道尊严睿知而弗以骄人，谦然比德而好后，故【天下归心焉】……天道毁盈而益谦，地道销【盈而】流谦，【鬼神害盈而福谦，人道】亚盈而好谦。谦者，一物而四益者也；盈者，一物而四损者也。"《二三子问》载孔子释谦卦："吉，嗛（谦）也；凶，桥（骄）也。天乱骄而成嗛，地僻骄而实嗛，鬼神祸福唳，人亚（恶）骄而好嗛……夫不伐德者，君子也。"王阳明《传习录》卷下："人生大病，只是一傲字……古先圣人许多好处，也只是无我而已。无我自能谦。谦者众善之基，傲者众恶之魁。"[2]但历史上的多数儒者往往觉得道义在身，便生出一种道德优越感，容不得一些小恶。这不仅为道家所批判，事实上也偏离了儒家的真精神。《庄子·田子方》"清而容物"的提出，正是针对清而不能容物的现象。究其原因，儒家虽然也强调"谦"、"虚"，但与道家相比还是太实，他们内有过多的仁义道德观念，外有过多的礼义规矩。

---

① 刘笑敢：《老子古今：五种对勘与析评引论》上卷，北京，中国社会科学出版社，2006，第 657 页。

② 陈荣捷：《王阳明传习录详注集评》，台北，学生书局，1983，第 383 页。

20 世纪五六十年代，西方政治哲学关注的焦点是一般自由权，现在重点已经转向基本自由权。基本自由权的一个特征是，个体拥有道德上做错事情的权利。人是人，人不是神，他是有可能出错的。在一个人做错事情但没有侵害到他者时，其他人要能容错，不能因为这个人可能会出错，就禁止他发挥自身的自主性。有论者正确指出："任何个体理智或理性力都是有限的和会出错的，……让每一个个体在至少是他的生活的某个亲私领域内自行决定其行为，这种制度性安排的根本理由并不在于他每次一定知道得最清楚什么才是他自己的真正利益或目的，而恰恰是没有人总是肯定地知道这些——或者更准确地说，无人知道谁知道得最清楚。因此，唯一不随意武断而又切实可行地处理这些不确定（对当事者本人）而又重要的问题的途径，就是让每一个行为主体自己去尝试去探索；在一种十分显然的意义上，每个主体至少是其行动的发射中心以及该行动之反馈信息的主要接收体。"①

现代新儒家贺麟指出："一个哲学家自命为有了定论，则他便会陷于独断而不虚怀求进益。一个社会或国家，认某一哲学家的体系为定论，定于一尊，而认违反此定论的学说为异端邪说，则那个社会或那个国家，就会陷于政治不民主、学术不进步和思想不自由的厄运。"②历史上的很多儒者以正统自居，以真理掌握者自居，以道德权威自居，导致原始儒家强调的宽容精神隐遁而去。所有这些问题都是与现代自由民主精神难以相容的。而这些问题的根源又在于他们总是以自我为中心，在他们眼里，他者是缺席的。他们不能像道家那样敞开自身"虚而待物"，虚心领纳异量之美。

第三节　《庄子》之逍遥义

学界通常以逍遥为庄子哲学的依归，这是适宜的。刘笑敢曾对《庄子》与先秦其他子书做过一番比对，发现其他子书没有出现过"逍遥"二字，"游"的出现频率也低得多，由此得出结论："游"与"逍遥"是《庄子》书中最有特色的词汇。③事实确乎如此吗？

---

① 郑宇健：《消极自由与理性的局限》，见赵敦华主编：《哲学门》总第十四辑，北京，北京大学出版社，2007，第93页。
② 贺麟：《论哲学纷无定论》，见《文化与人生》，北京，商务印书馆，1996，第275页。
③ 参见刘笑敢：《庄子哲学及其演变》，北京，中国社会科学出版社，1988，第18页。

还有许多学者分析过庄子哲学的结构，如关锋认为，庄子哲学的骨架是"有待→无己→无待"①；刘笑敢排出的是"安命论→齐物论与真知论→逍遥论"②；韩林合认为，庄子开出的人生处方是"心斋便可齐物，齐物便可安命，安命便可体道"③。体道境界是逍遥的、无待的。三种概括虽然说法不同，但有一个共同点，即都把体道境界当作庄子哲学的终点，而体道最终是为了什么，却多少被忽略掉了。而且三说给人的感觉是，庄子似乎只是谈自己的修养工夫，只是谈个人如何达至无待逍遥，而缺少公共关怀。王博有不同说法："和一般的哲人们把政治秩序作为其思考的中心不同，庄子思考的主要是生命在乱世中的安顿。"④笔者以为，对生命的关注诚然是庄子哲学的一个特色，但需要注意的是，庄子并非偏于他个人的全生，否则称之为保命哲学也不为过。

一、对"逍遥"的词源学考释

"逍遥"一词，非由庄子首创，其本义也不是自由。早年王仲镛曾言："逍遥，一作消摇，连词，在先秦旧籍中，每与翱翔、相羊、容与等词联用，本义为游。"⑤近年来，王凯、张松辉、邓联合等人结合《诗经》、《楚辞》、《礼记》做过研究。邓联合的结论是："逍遥"与"游"皆从"辵"，原都是动词，意近彷徨、徜徉、徘徊；"逍遥"本身不包含任何情感色彩，但后世常常把它当作形容词使用，于是，本来只是同义叠合的"逍遥游"便成了逍遥之游。邓氏的这一结论是可信的，笔者在其基础上再做一些探讨。

"逍遥"一词始见于《诗经》，在《郑风·清人》、《桧风·羔裘》、《小雅·白驹》三诗中分别出现一次。考虑到《诗经》曾被大幅删削（姑且不论删定者到底是谁），不然它的出现次数应该会更多。"逍遥"在《庄子》内篇中出现2次（篇题除外），外杂篇中出现4次。《楚辞》中"逍遥"的出现频率甚至比《庄子》还要高：屈原诗作中出现7次，宋玉《九辩》中出现2次，汉人作品且不计。

---

① 关锋：《庄子哲学批判》，见《哲学研究》编辑部编：《庄子哲学讨论集》，北京，中华书局，1962，第2页。
② 参见刘笑敢：《庄子哲学及其演变》，北京，中国社会科学出版社，1988，第197～199页。
③ 韩林合：《虚己以游世：〈庄子〉哲学研究》，北京，北京大学出版社，2006，第178页。
④ 王博：《庄子哲学》，北京，北京大学出版社，2004，第29页。
⑤ 王仲镛：《庄子〈逍遥游〉新探》，见中国哲学编辑部编：《中国哲学》第四辑，北京，生活·读书·新知三联书店，1980，第152页。

　　"逍遥"、"游"似乎不能说是《庄子》书中最有特色的词汇。实际上，先秦有许多词可以与"逍遥"同义互换。《逍遥游》篇末："彷徨乎无为其侧，逍遥乎寝卧其下。"《大宗师》："芒然彷徨乎尘垢之外，逍遥乎无为之业。"(《达生》亦有此语)两处的"逍遥"均与"彷徨"互文。陆德明《经典释文》："彷徨，犹翱翔也。崔本作方羊，简文同。"此说又带出了"翱翔"和"方羊"，《诗经》之《清人》、《羔裘》二诗中，"逍遥"就与"翱翔"互文。《郑风·清人》"河上乎翱翔……河上乎逍遥"，据《左传·闵公二年》所载，此诗盖讥刺高克所率军队军纪散漫，嬉戏闲逛。《离骚》："聊逍遥以相羊"，洪兴祖补注："逍遥，犹翱翔也。相羊，犹徘徊也。"三国魏张揖《广雅·释训》："逍遥，儴徉也。"儴徉即方羊，也就是彷徨和翱翔。翱翔的本义当指鸟飞，如《淮南子·览冥训》高诱注曰："翼一上一下曰翱，不摇曰翔。"但早在《诗经》时代，它就已经被用于人。《郑风·女曰鸡鸣》、《有女同车》中的"将翱将翔"皆意为外出游逛，而《齐风·载驱》中"翱翔"则与"游敖"互文。汉末刘熙《释名·释言语》："翱，敖也，言敖游也。"《广雅·释训》："翱翔，浮游也。"王念孙疏证："翔字古读若羊。"根据这些线索查阅先秦两汉有关文献、注解以及有关辞书，我们可以发现，古代与逍遥一词密切相关的词及其变体至少有(分七组列举，出现于先秦文献的标注出处)：

　　A. 消摇(《礼记·檀弓》)、招摇；

　　B. 相羊(《离骚》、《九章》)、相佯、翔佯(《庄子·山木》)、襄羊、儴佯、儴徉；

　　C. 方羊(《左传·哀公十七年》)、仿羊、仿佯(《楚辞·远游》)、彷徉(《楚辞·招魂》)；

　　D. 尚羊(《楚辞·惜誓》)、尚佯、倘佯、徜徉、常羊；

　　E. 方皇(《荀子·君道》及《礼论》)、仿偟、彷徨(《庄子》)、旁皇、房皇；

　　F. 俳佪、徘徊(《庄子·盗跖》、《荀子·礼论》、《楚辞·远游》)、裴回、儃佪(《楚辞·九章》)、盘桓(《周易·屯》初九爻辞)；

　　G. 游敖(《诗经·齐风·载驱》)、敖游(《诗经·邶风·柏舟》"以敖以游"、《庄子·列御寇》、《鹖冠子·王鈇》)、翱游(《楚辞·九歌》、《鹖冠子》)、优游(《诗经·小雅·白驹》、《大雅·卷阿》，《小雅·采菽》及《左传·襄公二十一年》"优哉游哉")。①

---

　　①　还可参见王力：《同源字典》，北京，商务印书馆，1982，第 221～222、207、408～409 页。

以上几乎全是叠韵连绵词。此外，逍遥还与翱翔（《诗经》、《庄子·逍遥游》、《楚辞》）、浮游（《庄子》、《离骚》）、翔回（《礼记·三年问》）同义。所有这些词辗转串连，构成一个"词族"。很多时候，它们之间不只是家族相似的关系，还可以同义互换。

"游"在《诗经》中出现21次，大多意为出游、游玩、闲逛。它在先秦子书中也时常出现。这样看来，"逍遥"与"游"在先秦应是比较常用的词汇，详见下表。

与"逍遥"相关的一些语词在先秦有关文献中的出现情况

	《诗经》	《庄子》	屈宋	其他
逍遥	3次。两次与"翱翔"互文。	内篇2次，外、杂篇4次。内篇中皆与"彷徨"互文。	屈原7次、宋玉2次	
翱翔	6次。含"将翱将翔"。	《逍遥游》1次	屈原2次、宋玉1次	《鹖冠子》3次
翱游			《九歌·云中君》1次	
敖游		《列御寇》2次		
游敖	1次			《鹖冠子》1次
优游	4次。含"优哉游哉"。		《九章·惜往日》1次	
浮游		外篇2次	2次	
翔佯		《山木》1次		
彷徨	内篇2次，外、杂篇4次。1次为神名。			
徘徊		《盗跖》1次	《远游》1次	
儃佪			《九章》3次	

"逍遥"是一个叠韵连绵词，不能拆开作解。历史上凡是拆开作解的，皆不可取。又有从"游"字入手来揭示"逍遥"的意蕴的，这种方法是可取的，因为就其本义而言，它们并没有本质区别。上述词语之间的相互诠释告诉我们，"逍遥"的本义大概就是两层：来来回回地走动、外出闲逛。

二、《庄子》之"逍遥"

"逍遥"的本义已明，现在需要问的是，《庄子》中的"逍遥"是否有什么特别的意味？为了便于分析，现把《庄子》中有关"逍遥"的字句条列如下：

> A. 彷徨乎无为其侧，逍遥乎寝卧其下。(《逍遥游》)
>
> B. 芒然彷徨乎尘垢之外，逍遥乎无为之业。(《大宗师》)①
>
> C. 古之至人，假道于仁，托宿于义，以游逍遥之虚，……逍遥，无为也。(《天运》)
>
> D. 日出而作，日入而息，逍遥于天地之间而心意自得。(《让王》)
>
> E. 风起北方，一西一东，有【一作"在"】上彷徨，孰嘘吸是？(《天运》)
>
> F. 吾已往来焉而不知其所终，彷徨乎冯闳……(《知北游》)
>
> G. 翱翔蓬蒿之间。(《逍遥游》)
>
> H. 巧者劳而知者忧，无能者无所求，饱食而敖游，泛若不系之舟，虚而敖游者也。(《列御寇》)
>
> I. 浮游不知所求，猖狂不知所往。(《在宥》)
>
> J. 若夫乘道德而浮游则不然。(《山木》)
>
> K. 徐行翔佯而归。(《山木》)
>
> L. 与道徘徊。(《盗跖》)

除去 C 条，其他诸条中的逍遥、彷徨、翱翔、敖游、浮游、翔佯、徘徊都可以解释成一般意义上的往来。L 条意同《鹖冠子·世兵》"与道翱翔"，翻译成现代汉语，就是据于道的境域。但是，A、B、H、I 条却染上了浓厚的庄子色彩。"敖游"、"浮游"时的心理状态是忘掉一切（礼法、功名、形躯乃至生死），进入一种茫然不知的昏昏闷闷状态，此时已没有任何目的性、功利性的考虑，因而能够一无所系，获得精神上的彻底自由。C 条已经把"逍遥"用作形容词，并径直等同为道家的无为主张。

做点比较，也许能让我们加深理解。《庄子》的"敖游"近似于《诗经》的"优游"，如《大雅·卷阿》"伴奂尔游矣，优游尔休矣"。另据《左传·襄公二十一年》载，叔向不愿介入各大家族的争斗，他引了一句逸诗"优哉

---

① 汉初韩婴《韩诗外传》卷 5："孔子抱圣人之心，彷徨乎道德之域，逍遥乎无形之乡。"显然带有《庄子》的烙印。

游哉，聊以卒岁"以自况。应该说，这也与庄子的处世态度有点接近。①
而屈原则是在看不到出路时才去"逍遥"、"浮游"，本质上是为了排忧，
与《诗经·邶风·泉水》、《卫风·竹竿》中的"驾言出游，以写我忧"相近
（《邶风·柏舟》又有"耿耿不寐，如有隐忧。微我无酒，以敖以游"的诗
句）。因此，庄、屈之逍遥，虽然都是往来于天地之间，但他们一出于主
动的欣赏，一出于被动的接受；一是长久的生活方式，一是暂时的无奈
之举。邓联合分析得很准确，在《"逍遥游"释论》中他提出："逍遥"原是
指普普通通的行走、漫步，所以它本身并不含有任何情感成分在内。从
另一个角度说，即使它关联着某种情感，"逍遥"者也不一定非得是"心意
自得"，因为人们在漫步中既可以是轻松自在的，也可以是迷惑、忧郁、
伤感的。换言之，"逍遥"的情感色彩取决于漫步者的个体自我感受。②
逍遥与游本指漫步这一行为，与行为主体的心情无关，我们也不能说它
们的本义是自由。但不同人笔下的"逍遥"可能会染有不同的情感色彩，
庄子的逍遥就已明显带有精神透脱自由的意味。

三、独自逍遥还是万物尽逍遥？

人们常说庄子关注自我生命，这我们不否认，但学界往往只强调这
一面，以至于认为庄子一意于自我精神之逍遥，从庄子哲学整体来看，
这种观点具有误导性，会使庄子哲学的其他重要层面隐而不彰。庄子的
确厌恶现实的政治社会，但这并不意味着他没有社会责任感，没有对现
实的关怀。最近有学者指出，这类观点实际上是把庄子思想出世化、个
人主义化，《庄子》的庄子则讲求内圣外王，具有公共政治关怀。③　笔者
以为，指出这一点极为必要。

（一）群己之道交亨

中国文化重和。本书开头就提到了史伯与晏子的和同论，而孔子提
出"君子和而不同"（《论语·子路》），则明确将和同论导入对人际关系的
处理中。和而不同，是相异而有个性的东西互不妨碍地和谐共存。此论

---

① 再如，《诗经·卫风·考槃》："考槃在涧，硕人之宽。独寐寤言，永矢弗谖"，"宽"是
心胸的通达宽广。《小雅·鹤鸣》："鹤鸣于九皋，声闻于野。鱼潜在渊，或在于渚。乐
彼之园，爰有树檀，其下维萚。它山之石，可以为错。"《陈风·衡门》："衡门之下，可
以栖迟。泌之洋洋，可以乐饥。岂其食鱼，必河之鲂？岂其取妻，必齐之姜？"这些诗
句，想必庄子也会非常欣赏。

② 王凯、张松辉也得出过大致相似的结论，参见王凯：《逍遥游——庄子美学的现代阐
释》，武汉，武汉大学出版社，2003，第18页；张松辉：《庄子疑义考辨》，北京，中
华书局，2007，第8页。

③ 陈赟：《逍遥境界的政治向度》，《学海》2009年第2期。

否定单一的世界，肯定多元而又协调的世界。重和思想的价值不仅在于强调和谐，更在于强调多元。只有这样，它才是"和"，而不是"同"。

　　道家也强调人类群体之间的和谐。认为道家强调的和谐没有群体关系的层面，实属误解。据陈鼓应的概括，庄子的和谐观体现在天和、人和、心和三个层面："庄子所谓'人和'较多地是为了'与世俗处'（《天下》）的需要，心和与天和才是他特别注意的方面，并且构成人和的基础。"①笔者的看法与此稍异，天和、心和诚然是人和的基础，但强调天和、人和的最终落脚点还是在人和。庄子期望着一种均调而不失个性的群己关系。严复认为庄学讲求"群己之道交亨"②，这一见解极为精辟。庄子不是"自了汉"，并不像王阳明所批评的"自私其身"，他对人与人之间的相互奴用怀着一种哲人式的悲悯。庄子反对被人控制，他昂首网罗外，骋心濠濮间。游鱼之乐也可解释为庄子激赏无官职之累、无礼法束缚的生活。但我们更应该看到，他也不想去控制他人。《山木》云："故有人者累，见有于人者忧。"役用他人是"累"，被人役用则"忧"，两者都不能让人得以自在，不如相忘，一无所系。③ 庄子没有脱离群己关系来抽象地谈自由，他的自由不只是一己之精神逍遥，更指向万物的整体生存状态，即期望群己皆自由。《大宗师》："泉涸，鱼相与处于陆，相呴以湿，相濡以沫，不如相忘于江湖。"在生命之水趋于枯竭的衰季乱世，人们之间的相为也只是使人多活一瞬。庄子则期盼着有一个浩渺的江海，可以让鱼儿自在地游弋，喻创设一个宽松的存在空间，让人们取足于身，尽其天年。庄子对宇宙全体生命的关怀，于此昭然若揭。

　　庄子认为，人们应该相与于无相与，相为于无相为（参《大宗师》）。他之所以强调相忘而自为，一是因为他相信万物都有自为的能力，二是担心人们以相为之名行相害之实。《天地》："机心存于胸中，则纯白不备。"《列御寇》："贼莫大乎德有心而心有睫【当依宋人作'眼'】。"④心有眼

---

① 陈鼓应：《道家的和谐观》，见陈鼓应主编：《道家文化研究》第 15 辑，北京，生活·读书·新知三联书店，1999，第 48 页。

② 王栻主编：《严复集》第四册，北京，中华书局，1986，第 1104 页。章太炎的得意之作《齐物论释》以唯识解庄，此举虽非正途，但他认为："两不相伤，乃为平等。"（《章太炎全集》第 6 册，上海，上海人民出版社，1982，第 6 页）就此而言，他的解读还是非常切合庄子精神的。

③ 《鬼谷子·谋篇》："事贵制人，而不贵见制于人。"与庄子思想大异其趣。

④ "睫"字在宋代几乎都作"眼"，如苏轼《苏氏易传》卷 7（《学津讨原》本），王雱《南华真经新传》（明正统《道藏》本），晁迥《法藏碎金录》卷 9（明嘉靖晁氏宝文堂刻本），章甫《自鸣集》卷 6（民国《豫章丛书》本），宋刻林希逸本，金高守元《冲虚至德真经四解》卷 6（明正统《道藏》本）引范应元注，焦竑《老子翼》卷 2、《庄子翼》卷 5 及卷 8（民国《金陵丛书》本）引吕惠卿注。《文子·下德》亦云："道有智则乱，德有心则险，心有眼则眩。"

就是有机心。机心是将自我的真实意图隐藏起来，在"我"与他者之间横设一道屏障，所以同篇说："凡人心险于山川，难于知天。天犹有春秋冬夏旦暮之期，人者厚貌深情。"相反，没有机心，就是一个里外透明的人。个体坦诚地向他者敞开，"莫逆于心"于此才有可能。更重要的是，机心是为了一己私利而把他者统统看作役用的对象。一有机心，他者就成了"我"的利用对象，只有工具价值，而"我"也随之降格。他者难道是"我"的利用对象吗？"我"难道必须从用的角度来看待他者吗？如果对此做出肯定回答，那就是对他者的不尊，也是对自我的贬低。顺便提一句，庄子并非真的主张人要一无所用，而是强调脱尽"用"的功利眼光，不役用人也不被役用。《庚桑楚》谈卫生之经："夫至人者，相与交食乎地而交乐乎天，不以人物利害相撄，不相与为怪，不相与为谋，不相与为事，翛然而往，侗然而来。"《徐无鬼》子綦亦有是言。这是对机心的全面拒绝。事实上，庄子反对的只是秉着机心（算计之心）来相为，若能灭除机心，不设机关，相为倒也无妨。《山木》："夫以利合者，迫穷祸患害相弃也；以天属者，迫穷祸患害相收也。夫相收之与相弃亦远矣。且君子之交淡若水，小人之交甘若醴。君子淡以亲，小人甘以绝。彼无故以合者，则无故以离。"从这里可以看出，庄子否定的是"以利合"，但肯定"以天属"。前者形不散而神散，后者形散而神不散。出于利才合到一块儿，那么无利可图时，自然就不必合了，甚至唯恐避之不及。以天相属，就不是出于利害盘算，也非出于道德动机，而纯是意气之相契，性情所不能已。《大宗师》末尾："子舆与子桑友。而霖雨十日，子舆曰：'子桑殆病矣！'裹饭而往食之。"子舆与子桑相友就是"以天属"的典范。

如果我们不想把《老子》"攫鸟猛兽不搏"、《庄子》"禽兽弗能贼"之类的言论理解成比喻性的说法（入火不热之类的说法，则只能是比喻），那么还有一种可能的解释，即至人充分信任周围的世界，对之没有丝毫戒备之心。他无心而苊然直往（借用郭象语），也就不会惊动周围的世界。《吕氏春秋·精谕》："圣人相谕不待言，有先言言者也。海上之人有好蜻者，每居海上，从蜻游，蜻之至者百数而不止，前后左右尽蜻也，终日玩之而不去。其父告之曰：'闻蜻皆从女居，取而来，吾将玩之。'明日之海上，而蜻无至者矣。"《列子·黄帝》也录有这则故事，只不过蜻蜓变成了沤鸟。其中的寓意是：一个人的内心世界，有时候不需要等他开口说话，就会由他的"容貌音声"、"行步气志"等方面流露出来；即不需要"言"，"精"就能"谕"。依此类推，一个人如果怀藏机心，是很难不被察觉的。他者一旦察觉，接着就会产生警觉、畏避乃至先发制人的心理。

《老子》60 章："以道莅天下，其鬼不神；非其鬼不神，其神不伤人；非其神不伤人，圣人亦不伤人。夫两不相伤，故德交归焉。"《庄子·知北游》："圣人处物不伤物。不伤物者，物亦不能伤也。唯无所伤者，为能与人相将迎……至言去言，至为去为。齐知之所知，则浅矣。"省略号之后的两句话恰好也出现在《列子》沤鸟则中。老庄似乎都认为，体道者没有机心，不伤害他者，他者也就不会起心来伤害他。可见，他们实则是期望万有能做到两不相伤、相与优游。我们不能说这种想法很幼稚，而只能说他们太良善，因为他们信任世界，尊重他者，实在不想把他者想象成虎狼来加以防范。戒备心理的存在，正说明尚存人己之隔，未能臻于物我一体的境界。

在庄子心目中，理想的群己关系是"吾—吾"的双主体关系，即双方都进入本真的存在状态，都自作主宰，不被控制占有欲所奴役，因而个体之间也就不存在奴役与被奴役的关系。海德格尔《存在与时间》中所说的本真的共在，与此相类。《庄子·则阳》"有主而不执"、"有正而不距"就是说在保持自我的同时亦不排斥他者。《外物》："唯至人乃能游于世而不僻，顺人而不失己。彼教不学，承意不彼。"陆长庚注："彼，所谓世教者，虽不屑屑焉学之，然亦承其意而不彼。彼者，外词；不彼，言不外之也。"①处于本真状态的个体既能自尊自主，也能尊重他者的自主性。庄子希望每个个体都有一副傲骨，同时又去除自身的傲气。无欲，不与物迁，便能锻出一身傲骨；无知，无成心，便能去除傲慢之气。《天下》称庄子"独与天地精神往来而不敖倪于万物，不谴是非，以与世俗处"，许多人不是把庄子理解为随波逐流的庸人、乡愿，就是认为庄子飘出了尘世之外，没有一点社会责任感，由此断言庄子哲学是有害的，当代社会不需要庄子哲学。其实，庄子傲的是权贵，随的是民众。②不谴是非是不预设是非善恶美丑的观念，以无态度来应接万物而不严辨是非善恶美丑，故而它强调的是一种包容精神，而不是无原则地无是无非。《缮性》："德无不容，仁也。"这里对仁做了重新定义。《天地》"德人者，居无思，行无虑，不藏是非美恶"，是为了让万物"复命"，"致命尽情"。庄子（包括老子）是强者的哲学、大丈夫的哲学。个体需要极高的修养和自我

---

① （明）陆西星：《南华真经副墨》卷 7，明万历六年初刻本。
② 道家有一种不摆姿态、不讲名分、平民化的精英意识，它的对立面不是平民精神，而是奴才意识。

节制能力，才能包容他者，顾及他者的正当权益。① 方东美曾从庄子超脱解放之道中抽绎出三大原理：个体化与价值原理、超越原理、自发性自由原理。这三大原理是一体的，只有通过精神生命的升越作用，才能曲成万物万殊之个性与价值，"我"与他者才能各适其天。牟宗三亦指出："当主观虚一而静的心境朗现出来，则大地平寂，万物各在其位、各适其性、各遂其生、各正其正……只有如此，万物才能保住自己，才是真正的存在。"②

在此需要对儒道二家做一点辨析。《论语·公冶长》："子贡曰：'我不欲人之加诸我也，吾亦欲无加诸人。'子曰：'赐也，非尔所及也。'"《孟子·公孙丑上》赞柳下惠"与之偕而不自失"。《礼记·表记》载孔子语："故君子之接如水，小人之接如醴；君子淡以成，小人甘以坏。"这与庄子的有关言论雷同。笔者不想讨论谁袭用了谁。它们至少表明，两家并非截然对立，他们的价值判断有重合之处。徐复观认为，庄子"透出一个以虚静为体的精神世界，以圆成自己，以圆成众生……他所欲构建的，和儒家是一样的'万物并育而不相害，道并行而不悖'（《中庸》）的自由平等的世界。只有在达到此一目的的途彻上，他与儒家才有其不同"③。途径如何不同，徐氏没有进一步说明。笔者在此尝试着用一句话加以概括，儒家是通过仁义礼乐的教化来实现，道家则以自然的方式来达成。徐氏以虚静来圆成众生的说法殊有精义，但将其与《中庸》相等同，则有问题。我们知道，儒家强调人与人、人与物之间的等级关系，"万物并育而不相害，道并行而不相悖"是一个建立在等级秩序基础上的世界。而庄子则认为物无贵贱，人与人、人与物都是平等的，并没有所谓的尊卑上下之分。另一方面，道家以个体为本位，强调在个体自由发展的基础上达成群体间的和谐；儒家以群体为本位，他们虽然不反对个性，但其角色意识容易反过来抹杀个性。和而不同只是儒家虚悬的理想，因为儒家思想有一元论的本质倾向，于是成为达成这一理想的障碍。因此，尽管儒道两家

---

① 郭象继承了这一思想。在他看来，没有绝对的中心，万物各自为中心。万物各适其性，既不愧作于他者而舍己效人，也不自我夸耀而强人从己。每一个体一方面应坚持自己的个体性，另一方面必须承认和肯定他人的个体性。也就是说，个体在任己适性的同时，必须顺物无对。每个个体都应该成为"万物之林薮"，虚出一个空间让"天下皆全其吾"，"万物各全我真"。由此，己与群、"我"与他者构成了一个双主体结构，双方都有各是其是的权利，但都没有强人从己的权利。《山木注》："各恣其本步，而人人自蹈其方，则万方得矣，不亦大乎！"这条注文再明白不过地表达了郭象对整体性和谐的期盼。

② 牟宗三：《中国哲学十九讲》，台北，学生书局，1983，第122页。

③ 徐复观：《中国人性论史》，上海，华东师范大学出版社，2005，第251页。

的一些言论在字面上似乎没什么两样，但仔细辨认之下，儒自儒，道自道，两家的内在精神还是有着重大差别。

（二）天放

将群己之道贯彻到人与自然的关系上，就是崇尚"天放"。庄子能化无情尽有情。《养生主》："泽雉十步一啄，百步一饮，不蕲畜乎樊中。神虽王，不善也。"《至乐》区分了"以己养养鸟"与"以鸟养养鸟"："夫以鸟养养鸟者，宜栖之深林，游之坛陆，浮之江湖，食之鳅鲦，随行列而止，委蛇而处。"这个命题的核心意涵是顺物自然，让万物各得其所，而不要逞一己之私欲，即便是观赏欲。《山木》，庄子还从"庄子→鹊→螳螂→蝉"的链条中悟出"物固相累"，最后"捐弹而反走"，这是反对生灵的杀虐。《则阳》："故圣人，……其于物也，与之为娱矣；其于人也，乐物之通而保己焉。"万物是相与为友、相与为娱的对象，并不是供我们宰制役用的对象。《人间世》提出"乘物以游心"的命题，《淮南子·原道训》、《文子·道原》"神与化游"，《列子·黄帝》张湛注"乘理而无心者，则常与万物并游"，都是对这一思想的继承。《抱朴子》外篇《诘鲍》："群生以得意为欢。故削桂刻漆，非木之愿；拔鹖裂翠，非鸟所欲；促辔衔镳，非马之性；荷轭运重，非牛之乐。诈巧之萌，任力违真。伐生之根以饰无用，捕飞禽以供华玩。穿本完之鼻，绊天放之脚，盖非万物并生之意。"鲍敬言的无君论完全操持着《庄子》的口气。

《庄子》的这类言论对后世产生了极大影响。陶潜《读山海经》之一："孟夏草木长，绕屋树扶疏。众鸟欣有托，吾亦爱吾庐。"即是物我各得其所。郑板桥在一封家书中写道："平生最不喜笼中养鸟，我图娱悦，彼在囚牢，何情何理，而必屈物之性以适吾性乎！……所云不得笼中养鸟，而予又未尝不爱鸟，但养之有道耳。欲养鸟莫如多种树，使绕屋数百株，扶疏茂密，为鸟国鸟家……大率平生乐处，欲以天地为囿，江汉为池，各适其天，斯为大快。比之盆鱼笼鸟，其巨细仁忍何如也！"[①]显然，这是对"以鸟养养鸟"的发挥。笼中养鸟本质上是一种强人从己的做法（"屈物之性以适吾性"），鸟生来并不是为了被关在笼中而成为人类玩赏对象的。真正爱鸟，就应该以天地为室庐、园林为鸟笼。给鸟儿一片生存的空间，我们将获得更大的愉悦感。或许，这也算是"既以为人己愈有，既以与人己愈多"吧（《老子》81章）。龚自珍则特辟病梅馆，声称要穷毕生

---

① （清）郑板桥：《潍县署中与舍弟墨第二书》，见《郑板桥集》，上海，上海古籍出版社，1979，第16～17页。

之力以疗梅："予购三百盆，皆病者，无一完者。既泣之三日，乃誓疗之。纵之顺之，毁其盆，悉埋于地，解其棕缚。以五年为期，必复之全之……呜呼！安得使予多暇日，又多闲田，以广贮江宁、杭州、苏州之病梅，穷予生之光阴以疗梅也哉！"①人不能随顺万物的自然本性而以人灭天，就会致使万物"无一完者"。1962年，丰子恺在上海第二次文代会上护卫"双百"方针时大胆地说："最好让它自己生长，不要'帮'它生长，不要干涉它。曾见有些盆景，人们把花枝弯转来，用绳扎住，使它生长得奇形怪状，半身不遂。这种矫揉造作，难看极了。种冬青作篱笆，本来是很好的。株株冬青，或高或矮，原是它们的自然姿态，很好看的，但有人用一把大剪刀，把冬青剪齐，仿佛砍头，弄得株株冬青一样高低，千篇一律，有什么好看呢！倘使这些花和冬青会说话，会畅所欲言，我想它们一定会提出抗议。"丰氏说的正是顺物自然，反对用一条外在的标准抹杀事物的个性乃至生命。同理，他认为把蝌蚪养在脸盆中观赏是"苦闷的象征"，鸟儿在笼中的啼叫是"囚徒之歌"，插花艺术、盆栽是"残废的美"。黑格尔曾说，审美带有令人解放的性质。我们想补充的是，审美不仅令人解放，同时也应该让物得到解放。而丰氏"共存共荣，不相侵犯"的理想也是对庄子思想的响应。另外，在道家思想的影响下，中国古典美学一向认为美在自然，成复旺评道："只有独特的自然本性才是真正的美，任何对于这种自然本性的加工修饰都是对于美的损害。任其自然，让事物的内在生命力获得自由的、充分的、蓬勃的发展，个性在其中，真在其中，美亦在其中。"②

战国时代的社会情形大概如《黄帝四经·十大经·姓争》所说："天地【已】成，黔首乃生。莫循天德，谋相复（覆）顷（倾）"，或者如《庄子·齐物论》所批判的"日以心斗"。庄子则认为，万物同源，宇宙一体。在道的响育覆载之下，万物受气于阴阳而托寄于天地之间（参《至乐》鼓盆而歌一节），万物生来并不是为了作对，本可以相安无事地并立而不对立。《吕氏春秋·观表》"凡居于天地之间、六合之内者，其务为相安利也"，就是这种理想的表述。这是一种万类并生、各适其天的生命太和之境，也就是道家自然和谐思想的终极目标。《马蹄》想象了一幅至德之世的"天放"图景："当是时也，山无蹊隧，泽无舟梁；万物群生，连属其乡；禽兽成群，草木遂长。

---

① （清）龚自珍：《病梅馆记》，见《龚自珍全集》，上海，上海人民出版社，1975，第186～187页。

② 成复旺：《中国古代的人学与美学》，北京，中国人民大学出版社，1992，第470～471页。

是故禽兽可系羁而游，鸟鹊之巢可攀援而窥。夫至德之世，同与禽兽居，族与万物并，恶乎知君子小人哉！"丰子恺《护生画集》第 1 集中的《雀巢可俯而窥》、《游山》直接取材于此。有论者如此评价：这一幅幅画面，显然是尚未脱离与禽兽共居之生活状态的原始人群。他【庄子】要求仅仅保留人之纯生物学上的本性。这不仅是将言语坐实，而且未能体会庄学精神，可谓两失。其实它的意思无非是："我"不再居高临下，而是走出自我与世界相遇，让在者之在敞开，让一切在者如其所是地在。"我"与他者共徜徉嬉戏于太和之宇，等级界限消失了，人与人、人与自然融为一体，完成一次生命的共舞。这是一个大美的世界。这种人与世界通而为一的感受含有道德体认，同时也是审美体验。它改变了人对他者的看法，改变了"我"与世界之间的关系。用马丁·布伯的话来说，就是"我—它"的对立结构被改造成了"我—你"的并立结构："不可思议的，我们栖居于万有相互玉成的浩渺人生中。"①弘一法师题画诗《冬日的同乐》"何分物与我，大地一家春"，也深刻地点明了这一层。人欲的膨胀造成人我关系、人与自然关系的紧张和冲突，此时充斥的是严冬时节的杀伐之气，因而与春的精神相左。很可惜，庄子这种人与人、人与自然相亲和的生命大世界思想，常遭误解。比如，很多人认为庄子反对"落（络）马首，穿牛鼻"是否认人的能动性，事实恰恰相反，庄子本质上是批评人类"太能动"，太能折腾。这类说法还是为了传达"天放"主张。②

四、对庄子式自由的再检讨

什么是自由？以赛亚·伯林（Isaiah Berlin）曾说："人类历史上的几乎所有道德家都称赞自由。同幸福与善、自然与实在一样，自由是一个意义漏洞百出以至于没有任何解释能够站得住脚的词。"③在西方政治哲学中，有积极自由（positive freedom）与消极自由（negative freedom）的区分。这一区分可以上溯到康德的道德形上学，而伯林 1958 年的就职演说《两种自由概念》对此做了最为深入的讨论。

---

① 〔德〕马丁·布伯：《我与你》，陈维纲译，北京，生活·读书·新知三联书店，2002，第 14 页。

② 《庄子》没有现成的生态哲学，但由于它主张非人与人的平等及相通，强调让万物依其自然本性地存在及发展，故有利于人们摆脱人类中心论，树立生态整体观。这类思想极富现代意蕴，宜引起今人的高度重视。生态问题不只是资源利用问题、可持续发展的问题，更需承认所有生物具有同等的存在与发展的权利。真正的生态哲学需要破除不平等观念和控制占有欲的泛滥，只有这样，才能彻底摆脱人类中心论，人与万物才能真正融为一体，打成一片。

③ 〔英〕以赛亚·伯林：《自由论》，胡传胜译，南京，译林出版社，2003，第 189 页。

　　康德说："有意选择行为的自由，在于它不受感官冲动或刺激的决定。这就形成自由意志的消极方面的概念。自由的积极方面的概念，则来自这样的事实：这种意志是纯粹理性实现自己的能力。"①这里的积极、消极之分，实际上是一事的两面，说的都是纯粹实践理性而非经验因素支配行为主体。康德认为，道德实践的基础应该是纯粹理性，而不是感觉或情感。"自由即是理性在任何时候都不为感觉世界的原因所决定。自律概念和自由概念不可分离地联系着，道德的普遍规律总是伴随着自律概念。"②如果理性不受经验因素的约束，那么它就是纯粹的。如果道德实践是以善良自身为意志（善良意志），而不是基于感觉或情感，没有任何外在目的，那么行为主体就是自律的（Autonomie）、自由的。可见，康德主要是就行为主体与自身的关系来谈自由，他者尚未出场。其自由观的要点是主体摆脱经验因素的束缚，而遵照心中的道德律，即纯粹实践理性颁布给自身的禁止做或必须做的绝对命令（categorical imparative）。

　　伯林对自由的讨论则多了一个维度："我"与他者的关系。所谓消极自由，指不受他者干涉，自主地是其所是，于是就有必要约束外来的强制干涉。积极自由，指"较高自我"（"自律的"自我）决定"较低自我"（"他律"自我），实质上是让自我的纯粹理性支配自身。个体凭自身的理性做自我导向工作，成为一个理性存在者，做自己的主人。消极自由是就人我关系而言的，这很明显。积极自由初看起来只是谈行为主体与自身的关系，其实也谈了人我关系。因为伯林观察到，康德坚持自我导向的能力属于所有人，强调每一个体的自律。但现实生活中总有人不那么"开化"，甚或干脆是"聋子"，他们不善于倾听或倾听不到自我内在理性的呼声，于是就有道德专家出来强制这部分人发现自己的"内在之光"，迫使他们从"他律生活"中走出。就这样，本来需要的是个体的自律，逐渐蜕变成打着促使部分人发现理性、"对他本人好"旗号的极权。③伯林说："如果受强制者更开化一些，他们

----

① 〔德〕康德：《法的形而上学原理》，沈叔平译，北京，商务印书馆，1991，第13页。康德之前，卢梭也说过："唯有道德的自由才使人类真正成为自己的主人；因为仅只有嗜欲的冲动便是奴隶状态，而唯有服从人们自己为自己所规定的法律【即道德律令】，才是自由。"

② 〔德〕康德：《道德形而上学原理》，苗力田译，上海，上海人民出版社，1986，第107页。

③ 康德的"绝对命令"只是没有具体内容的规则。舍勒认为它抽象空泛，不切实际，不能付诸行动。苗力田也认为康德的德性论空洞无实际内容，"宛如一束断了线的气球，高入云端，五彩斑烂，熠煌耀眼，但永远落不到实处。它对一切时代有效，对任何一个时代都无效；对一切人有效，对任何一个人都无效。"（〔德〕康德：《道德形而上学原理》，苗力田译，上海，上海人民出版社，1986，第31页）这种批评有一定道理，但如果把道德具体条目化，会产生一些流弊，这是不能不警惕的。道家对儒家仁义礼的批评，原因与此相通。

自己就会主动追求，而他们没有追求，是因为他们盲目、无知或者腐败。这很容易使我自己相信，我对别人的强制是为了他们自己，是出于他们的而不是我的利益。于是我就宣称我比他们自己更知道他们真正需要什么……当我采取这种观点的时候，我就处在这样一种立场：无视个人或社会的实际愿望，以他们的'真实'自我之名并代表这种自我来威逼、压迫与拷打他们"，"在'消极'自由观念的拥护者眼中，正是这种'积极'自由的概念——不是'免于……'的自由，而是'去做……'的自由——导致一种规定好了的生活，并常常成为残酷暴政的华丽伪装。"①

伯林的积极自由概念屡遭误解。② 为便于说明问题，笔者将其区分为原本形态与蜕化形态。原本的积极自由，就是个体的自律，是 A 自己去做；蜕化的积极自由，是 B 强制 A 去做，其实质是 B 以自我为中心为标准，来介入、塑造 A，从而使 A 的消极自由无法实现。以伯林的自由学说为理论背景反观庄子的自由观，在消极自由、原本的积极自由、蜕化的积极自由三者之间，庄子显然提倡前两者，并极力抨击蜕化的积极自由与暴君的专制。

（一）力争消极自由

学界多认为，庄子的逍遥只是在精神上，如刘笑敢认为，庄子的逍遥只是"一种得道的神秘体验"，"庄子的自由是纯精神的自我安慰，是空虚的遐想，是逃避现实的结果"，"庄子哲学所提出的中心问题是如何全生保身，他对这一问题的最根本的回答便是追求超脱于现实的精神自由。"③ 把庄子的自由限于精神层面，并认定它只是一种虚幻的自由，是有问题的。试问，如果只是虚幻的精神自由，它果真能起到全生保身的效应吗？20 年后，刘氏也还是认为："庄子的逍遥只是少数个人的精神享受，与现实社会和人生毫不相干，对一般人毫无意义，对社会秩序的维系毫无贡献"，"无论是庄子和郭象所讲的逍遥都不是真正的自由，至多只能算是一种逃避的、消极的自由。他们的逍遥都不是自由意志的体现，都不是对现实的改造，也不是现实的愿望的实现，而只是对现实的顺应、接受或逃避。"④ 笔者以为，将逍遥局限于精神生活领域，是不妥当的。精神自由诚然是庄子式自由的突出特点，但逍遥不仅是精神上的

---

① 〔英〕以赛亚·伯林：《自由论》，胡传胜译，南京，译林出版社，2003，第 202、199～200 页。

② 参见李石：《自由概念：一种还是两种？》，《哲学研究》2008 年第 7 期。

③ 刘笑敢：《庄子哲学及其演变》，北京，中国社会科学出版社，1988，第 329、163 页、前言 5 页。

④ 刘笑敢：《两种逍遥与两种自由》，《华中师范大学学报》人文社会科学版 2007 年第 6 期。

自由，还是个体不受他者侵扰而得以自在自适的生存状态。没有一个宽松的政治环境或广义上的生存环境，作为生存状态的逍遥也就得不到保障。想实现个体的逍遥，也需要一个合适的政治环境和生存环境。庄子哲学的全生主题正是在恶劣的政治环境和生存环境的挤压下绽出的。庄子并非追求所谓玄想的自由、虚幻的自由，而是在追求实实在在的生存权利、精神自由、思想自由和人格独立。刘氏之所以那么说，是因为他坚持庄子的无为不同于道家其他流派的无为，庄子的无为是没有任何现实目的的绝对无为（一无作为），等同于安命论。① 但是，把庄子的无为与老子的无为区分开来，是无效的。庄子哲学的自然无为原则，其实还是为万有（包括他本人）争取各自的存在空间。这难道不是实实在在的消极自由？难道不是想改变恶劣的人间世？难道与现实社会毫不相干？

（二）倡导原本形态的积极自由

前面已说过，积极自由原指个体凭自身的理性，将自己从他律生活中超拔出来，不做物欲、激情的奴隶。庄子丧我显吾的那套工夫，显然与此有相通之处。有论者认为，庄子去掉了"我"，去掉了"自"，哪还有自由可言呢？这一质疑似乎很有道理，其实是没有看到丧掉了"我"这个假我、小我，却得到了一个"吾"这个真我、大我。试想，如果停留在"我"的层次上，个体能够自由吗？庄子的无己丧我并非取消主体性，而主体性又不是使世界打上自己的烙印。无己丧我说的是作自己生命的主人，同时给他者腾出存身的空间。顺便说明，庄子并不认为达到逍遥境界有多么难，事实上，只要个体愿意"忘"、"外"，懂得放弃，便可臻于或接近逍遥境界（可看参《逍遥游》末尾庄子对惠施的建议）。我们之所以认为庄子式的逍遥极难达到，问题不在于庄子学说本身，而在于我们提不起又放不下（割舍不了世间利益，放不下才会提不起）。说到底，这是价值取向上的不同，是愿不愿意的问题，而不是难不难、能不能的问题。

有人认为庄子安命论否认人的能动性（甚至直接将安命等同于无为、不作为），从而在根本上否定了自由。"融'自由'于'自然'，实即消解了'自由'"，"'无为'与'自由'在现实中是相对立的。"② 这里面的误解是很多的。论者理解的自由只是知识性的、主奴式的、改造世界的自由，也没有理解"自然无为"的真正意含，把无为错当成不作为。笔者在第三章

---

① 参见刘笑敢：《庄子哲学及其演变》，北京，中国社会科学出版社，1988，第151～153页。

② 徐克谦：《庄子哲学新探：道·言·自由与美》，北京，中华书局，2005，第160、164页。

已分析过，庄子的命是由某些不能确指的外在客观因素造成、个体无法抗拒的必然性。这种必然性涉及自然领域和人事领域。严格地说，只有在本来可做什么、可成为什么，但由于某些人为因素的介入，导致做不成、成不了，才谈得上自不自由。在本非人力所能控、个体纯粹没有能力达到的领域，我们不能说此个体缺少自由。比如，人不能像鸟那样翱翔，不能像豹那样飞奔，并不说明人不自由。再如，每个生命都有生老病死，这也不能说不自由。自然规律是不可违逆的，试图违逆自然规律，反而会不自由。只有因顺外在规律的为，才有可能获得自由，而庄子恰恰肯定这种为（可参看庖丁解牛之类的"技巧章节"）。刘笑敢指出："在人类认识史上，庄子是第一个在承认必然性的同时追求自由的。"①庄子从未否定人的能动性，在他看来，人可上可下，具有高度的能动性，所以提出无为来对治强行妄为。也许还会有人坚持认为，庄子逃避社会责任，没有正面去直接改造社会，所以不是自由。笔者以为，庄子首先是哲学家、思想家，我们要求他当一个行动者，也许是合理的，但是不是有点过分？② 再则，庄子未必没有一颗济世之心。《至乐》："烈士为天下见善矣，未足以活身。吾未知善之诚善邪？诚不善邪？若以为善矣，不足活身；以为不善矣，足以活人。"《庚桑楚》："不仁则害人，仁则反愁我身；不义则伤彼，义则反愁我己。我安逃此而可？"没有济世之心的人，是不会有这类困惑的。到底要不要"见善"？此时，庄子主张"入则鸣，不入则止"（《人间世》），"忠谏不听，蹲循勿争"（《至乐》），不要搭上自己的性命。"鸣"说明庄子并不缺乏公共关怀，而他坚持的自然无为原则也是对宇宙全体生命的关怀。庄子对时世的观察是非常深刻的，他的头脑也非常清醒。他深知，世界并不是绕着"我"转的，所以《人间世》告诫不要螳臂当车，《外物》首云："外物不可必，……人主莫不欲其臣之忠，而忠未

---

① 刘笑敢：《庄子哲学及其演变》，北京，中国社会科学出版社，1988，第 336 页。

② 李大钊在其《政论家与政治家（二）》中言："政论家宜高揭其理想，政治家宜近据乎事实；政论家主于言，政治家主于行。政论家之权威，在以理之力摧法之力，而以辟新机；政治家之权威，在以法之力融理之力，而以善其现状。政论家之眼光，多注于将来；政治家之眼光，多注于现在。政论家之主义，多重乎进步；政治家之主义，多重乎秩序。政论家之责任，在常于现代之国民思想，悬一高远之理想，而即本之以指导其国民，使政治之空气，息息流通于崭新理想之域，以排除其沉滞之质；政治家之责任，在常准现代之政治实况，立一适切之政策，而即因之以实施于政治，使国民之理想，渐渐显著于实际政象之中，以顺应其活泼之机。故为政论家者，虽标旨树义超乎事实不为过；而为政治家者，则非准情察实酌乎学理莫为功。世有厚责政论家以驰于渺远之理想，空倡难行之玄论，而曲谅政治家以制于一时之政象难施久远之长图者，殆两失之矣。"（《李大钊全集》第 1 卷，北京，人民出版社，2006，第 305 页）李氏对政论家与政治家的辨析颇精。老庄是政论家，我们不能要求他们成为重实行的政治家。

必信。"庄子从政治社会中游离出来，有诸方面的原因：第一，在他看来，现实政治偏离得太远，个人力量已经无力扭转局面。他的抽离是对现实政治失望至极的表现。第二，尽天年的全生要求和不愿降节辱身的人格操守。① 第三，他之所以恶闻"治天下"，主要不是因为他想游离出来以寻求一己之逍遥，而是由于他那不治治之的主张——他认为各种各样具体的治都不足以济世而适足以乱性。

再说蜕化的积极自由。庄子对仁义礼乐的批判，就是批判儒者以自我为标准来塑造天下。与此相反，庄子从不强人从己。他对自己的言论时时有一反省，有时还不忘调侃自己几句。他那套修养工夫只是开出生活的另一种可能性，却从未强求世人遵从。《庄子·让王》载：

> 中山公子牟谓瞻子曰："身在江海之上，心居乎魏阙之下，奈何？"
> 瞻子曰："重生。重生则利轻。"
> 中山公子牟曰："虽知之，未能自胜也。"
> 瞻子曰："不能自胜则从，神无恶乎！不能自胜而强不从者，此之谓重伤。重伤之人，无寿类矣！"
> 魏牟，万乘之公子也，其隐岩穴也，难为于布衣之士。虽未至乎道，可谓有其意矣！

魏牟虽然知道利欲熏心是祸害，但他就是战胜不了自己的欲望。从"虽未至乎道，可谓有其意矣"的评价看来，瞻子"不能自胜则从"的劝告，很能代表庄子学派的看法。② 这也是他们不强人从己的一个典型案例。

一说起"自"，逻辑上就包含"他"。我们必须扣住群己关系来谈自由，因为个体的自由诚然有赖于较为理想的政治环境（在老庄那里是圣人的无为政治），但社会关系显然不只是政府与民众的关系（在老庄那里是君民关系），个体之间也存在着相互侵扰。换句话说，即使圣人行无为政治，但个体由于受到其他个体的侵扰，也还是不能自由。再退一步，个体即使不受任何外在侵扰，但假如他被自身的物欲所淹没，也还是不能自由。由此我们可以得出两条结论：不能只就君民关系谈自由，而要拓展到一

---

① 墨家把"忠"解释成，为了百姓之利而在人君之前落低。《墨子·经上》："忠，以为利而强低也。"这有一种自我牺牲精神。

② 几乎无人将这段材料当作庄子学派的思想资料而加以引述，原因在于未能透彻地理解庄学精神，因而错误地认定《让王》乃伪作。

般意义上的群己关系来谈；个体想达到自由，都需要双管齐下，不干涉他者也不受他者的外在干涉。

自由不可能是没有限度的，为所欲为并非自由。所谓的绝对自由，只是一个空泛的语词，甚至是一个灼人的东西，因为它必将导致混乱无序，从而连最基本的自由都得不到保证。

> 任性却不是自由的本身，而首先只是一种形式的自由，……因此也可看成只是一种主观假想的自由。①

> 非社会的自由是一个人只顾自己愿望或利益而行使其权力的权利……这样的自由是生活在相互交往条件下的众人不可能实现的……任何时代的社会自由都以限制为基础。它是一种全体社会成员都能享有的自由，也是一种从那些不伤害他人的活动中进行选择的自由……限制侵犯者就是给受害者自由，只有对人们相互伤害的行为施加限制，他们作为一个整体才能在一切不会造成社会不和谐的行为中获得自由。②

> 我的权利是什么？从表面看，它是我所要求的某样东西。但是单单要求是没有意思的。我可能样样东西都要。如果我要求权利，那是因为在一个公正的观察者看来，这种权利是合理的，有充分根据的。但是一个公正的观察者不会光考虑我一个人的要求。他同样会考虑其他人的相反的要求。③

> 一个人或一个民族在多大程度上有如其所愿地选择自己生活的自由，必须与其他多种价值的要求放在一起进行衡量；……对一个人的自由的尊重，逻辑地蕴含着对其他人与他一样的自由的尊重……我们不可能拥有一切，这是个必然的而不是偶然的真理。④

个体的自由必须有一个界限，这界限就是不侵害他者，不使自己成为他者的障碍。自由在于有权做任何不损害他者之事，这一点几乎无需加以论证。所谓主宰世界的自由，其实是不自由，因为它植根于自身的控制占有欲。摆脱不了控制占有欲，一方面是自己未能自作主宰，像奴

---

① 〔德〕黑格尔：《小逻辑》，贺麟译，北京，商务印书馆，1980，第302页。
② 〔英〕霍布豪斯：《自由主义》，朱曾汶译，北京，商务印书馆，1996，第44～45页。
③ 〔英〕霍布豪斯：《自由主义》，朱曾汶译，北京，商务印书馆，1996，第63页。
④ 〔英〕以赛亚·伯林：《自由论》，胡传胜译，南京，译林出版社，2003，第243页。

隶服从主子一样服从贪欲，这哪能有积极自由？另一方面就不能顺物之自然，不能顺物之自然，就没有理由奢望他者会顺己之自然。它对他者的消极自由构成了现实威胁，这种威胁最终必将反弹到自身。因此，它是一种臆想的自由观，于义理不通，于实践可憎，应该加以摒弃。庄子哲学则在人我关系上达到了极好的平衡。在他那里，每一个体都是一个独特的、独立的存在者。万物各得其所，各适其天，相互之间绝不凌越。徐复观指出："庄子所要成就的个性，不是向外无限制伸展的个性；因为若是如此，便会人我发生冲突，反而使人我皆失其性。"①自律本身是一种积极自由，而且是获取消极自由的必要条件。

伯林说："自由就是自我主导，是清除阻碍我的意志的障碍，不管这些障碍是什么——来自自然、我的未被控制的激情、非理性的制度、其他人的对立的意志或行为等的抵抗。"②此论就涉及"我"与他者两个方面，包含了消极自由与积极自由。庄子的自由是自作主宰，乃合由自与自律两方面而言。由自说的是不受外在束缚，自律说的是不侵害他者。或者更简单地说，自由是由自（"自"是"吾丧我"的"吾"，而不是"我"），自己的命运由自己掌控，不受他者主宰，也不受自身的控制占有欲所牵制。这样一个自由的我，才是真实的自我。也只有这种真实的自我，才可以说真正获得了自由。显然，庄子的自由观是平等的自由观，而不是主奴式的自由观。这种自由是建立在自律基础上的，是以不侵害他者为前提条件的。然而，自律又不是通过仁义礼乐来达成的。在他看来，仁义礼乐只是外加的桎梏，再则若必待仁义礼乐的约束才能自律，那还不是真正的自律。

如果以上分析可信，那么可以说，庄子已经触及西方哲学自由理论的主要方面。这并没有将庄子哲学过于现代化。萧公权指出："庄子'在宥'乃最彻底之自由思想，实亦最纯粹之自由思想。"③现代新儒家牟宗三也承认，道家思想很合乎自由主义的精神，"道家背后的基本精神是要求高级的自由自在，他那个自由不是放肆……"④这一判断是符合事实的。刘笑敢认为伯林讨论的自由完全不包括庄子式的自由，所以庄子的自由

①　徐复观：《中国人性论史》，上海，华东师范大学出版社，2005，第249页。
②　〔英〕以赛亚·伯林：《自由论》，胡传胜译，南京，译林出版社，2003，第217页。
③　萧公权：《中国政治思想史》，沈阳，辽宁教育出版社，1998，第176页。
④　牟宗三：《中国哲学十九讲》，台北，学生书局，1983，第51页。

理论可以弥补西方自由理论之不足。① 这一说法并不可靠，原因在于他把庄子的自由局限为精神上的虚幻自由。庄子自由观与西方自由理论的关系不应是互补的，而应是相通又有各自的特色的。

以上对庄子式自由的分析也显示，庄子哲学是贴着大地的哲学，庄子并没有义无反顾地从这个世间飞出去，成为与大地隔绝的仙人。他开出的那套修养工夫，既是为了成就自己之精神生命，也是为了成全宇宙全体生命。把体道解释得神神秘秘、恍恍惚惚，并认定它是庄子哲学的终点，也许是把庄子列子化、出世化乃至仙化的结果。

五、老庄思想合乎自由民主精神

梁启超曾言："美林肯之言政治也，标三介词以檃括之曰：Of the people，by the people，and For the people……我国学说，于 Of，for 之义，盖详哉言之，独于 By 义则概乎未之有闻……惟一切政治当由人民施行，则我先民非惟未尝研究其方法，抑似并未承认此理论，夫徒言民为邦本，政在养民，而政之所从出，其权力乃在人民以外。此种无参政权的民本主义，为效几何？我国政治论之最大缺点，毋乃在是……要之我国有力之政治思想，乃欲在君主统治之下，行民本主义之精神。"②梁任公的这个判断可谓精准。萧公权、韦政通、劳思光等人在讨论儒家民本思想之得失时，也对民治观念阙如感到惋惜。

儒家虽有可贵的民本思想，但其思想也就停留于民本，而很难与现代民主精神相接轨。其一，在民主视野中，主权在民，政府是受民众委托而治理国家的代理机构，政府的权力来自民众的赋予；而儒家认为君主是受"天"的委托来管理、教育民众的。当然，儒家也认为君不君时，就应该被替换掉。《孟子·梁惠王下》："闻诛一夫纣矣，未闻弑君也。"《万章下》："君有大过则谏，反复之而不听，则易位。"孟子的大胆言论多次让齐宣王感到难堪，但他说的政权转移也只限于贵族内部的转移。其二，在民主视野中，主权在民；但在儒家那里，民众纯是一个被动的角色，而没有任何治权。《孟子·滕文公上》："或劳心，或劳力；劳心者治人，劳力者治于人；治于人者食人，治人者食于人：天下之通义也。"③也就是说，治权专操于"劳心者"手中，"劳力者"只能是治于人。民众没

---

①　刘笑敢：《两种逍遥与两种自由》，《华中师范大学学报》人文社会科学版 2007 年第 6 期。
②　梁启超：《先秦政治思想史》，北京，东方出版社，1996，第 5 页。
③　《左传·襄公九年》载知武子语："君子劳心，小人劳力，先王之制也。"

有治权，也就只能寄希望于圣君贤相的恩泽。然而圣君贤相不世出，所以儒家的民本主义多数时候都会落空，更不用说民本思想还经常被忠君思想所抵消。

再来考察道家。首先看权力的来源。之前我们曾对《老子》13 章做过分析，现在让我们重新审视如下一语："故贵为身于为天下，若可以托天下矣；爱以身为天下，若可以寄天下矣。"在此，我们赫然看到了"托"、"寄"二字。受谁的委托呢？66 章说圣人只有居后处下，"是以天下乐推而不厌"。可见，由内圣达到外王，是受天下民众的推戴和委托，而不是由"天"派来管教和监护民众的。民国时期杨增新认为，此可知天下之主体在民，天下之主权亦在民，圣人不过受天下之寄托以治天下耳，非以天下为己私有而任一人专横于上也。笔者以为，这并不是在有意拔高道家。

其次看政府的职能。老子认为，一个连天下都不稀罕的人，自然不会去扩张控制占有欲，如此才能秉着公心投身于公共事务中，才能被委以治理天下的大任。道家这种消解自我的政治智慧主张社会治理者无掉自己以成全天下，实际上是要求他们甘当民众的公仆。启蒙思想家卢梭在《社会契约论》中曾说，在一切真正的民主制之下，行政职位并不是一种便宜，而是一种沉重的负担。老子本人也是这么说的，78 章："受邦之诟，是谓社稷之主；受邦之不祥，是谓天下之王。"（此据简帛）《庄子·则阳》亦曰："古之君人者，以得为在民，以失为在己；以正为在民，以枉为在己；故一形有失其形者，退而自责。今则不然。"①道家心目中的君主是没有权力欲的，尽管这只是君主本人通过道德自律来达成的，而不是通过法律来加以限制的。不过，在自然无为原则、不侵害民众之自然这一大前提的限制下，其实际权力是极为有限的。由虚君组成的政府，扮演的是一个协调管理、服务天下的角色，简单地说，就是以从旁协助代替自上而下地领导（"辅万物之自然而不敢为"）。这样的政府，套用当代西方政治哲学的术语来说，或可称为"有限政府"、"最小政府"。②

---

① 当然，这种思想并非老庄首倡，他们之前的一些进步思想家即已有之，如《左传·宣公十五年》："川泽纳污，山薮藏疾，瑾瑜匿瑕，国君含垢，天之道也。"

② 有人把道治当成无政府主义，如胡适《中国哲学史大纲》称老子是提倡无政府主义的老祖宗。当然，道治的本质是不治治之，但不治是指不像当时的侯王那样去治，并非根本取消政府。道家否定的是特定形态的政府，而不是反对所有形态的政府。事实上，讨论治道的预设便是承认政府的存在。他们需要一个由圣人主持的政府来实现无为之治，为自己所主张的自然秩序和生活方式提供保证。

　　再看民众有何权利。儒家的父式权力把民众视为有待管教的小孩，道家则不然，他们把民众视为具备自主自立能力的个体。道家虽然像儒家一样，从未提过民众参政（庄子本人则自觉地选择了不参政），但他们强调民众有不受侵扰而自正自化的权利。徐复观指出："自然的意义，用在政治上，实等于今日之所谓'自治'"，"只有没有支配欲的人，才能顺物的自然；即是由物自己如此，即是由物的自己治理自己的'自治'。"①李约瑟、王中江、商原李刚等人也曾提及老子政治的自治维度。这种自治虽然还不是民主制的民治观念，但起码在精神上是相通的。

　　现在回过头看梁任公之论，又会发现它多少有点偏颇。其实，我国古代较为特出的政治思想并非只有民本主义，还有更为可贵的老庄自然和谐思想。如实说，老庄思想代表了中国思想史中最高的民主精神，最适于接引现代开放社会所强调的自由民主思想，他们缺乏的只是对制度的具体构想（没有将其理念通过明确的外在制度或社会规则确定下来），以及没有注意民众直接参政。当然，这已经是超越时代的要求了，在当时的历史条件下，人们根本不可能往这边想。

_____

　　①　徐复观：《中国人性论史》，上海，华东师范大学出版社，2005，第214、251页。

结　语

从本书的考察可以发现，老庄认为每一个体有着自身独特的、无需分出高下的价值与意义，都有一种深刻的平等精神，都强调通过无为无求来达到真，都向往万类并生、互不相碍、各适其天的自然和谐境界。老子主要谈君民、邦国之间的关系，但作为一种哲学思想，就必定有一定的普适性。在老子哲学中所蕴含的一般意义上的群己关系，在庄子哲学中已开始明朗化了。

评价某种文明，一个重要指标是看它塑造了什么样的人，这就离不开哲学。哲学的一大功用，是让人成其为人，为社会和文明指引光明的通途。张世英认为哲学"应是提高人的精神境界之学，应是以进入人与世界融为一体的高远境界为任务和目标之学"，"哲学基本问题应是人对世界的关系问题，人对世界的态度问题，是人生在世的'在世结构'问题。"[1]本书讨论的老庄自然和谐思想正是这样一种态度之学。在其影响下，中国历史上形成了一种艺术的在世方式和观照态度，而看待世界方式的改变在某种意义上也意味着世界的改变。

"执古之道，以御今之有。"老庄自然和谐思想对时下的生活、文明的进步都能提供许多有益的启示。它虽然是古代思想，但具有极强的现实品格，并必将在邈远的未来依然发挥着它应有的作用。很多学者都指出过，道家思想是一种生活艺术，可以让人获得内心的平和与闲适，因而对焦躁不安、精神困顿的当代人来说，无疑是一支清热解毒剂。但本书想突出的是，老庄哲学的功用不仅在于安顿心灵、抚慰心灵，它更有一种深沉的公共关怀和现实关怀，而这一层面往往被今人轻轻放过。"畸于人而侔于天"的道家哲学是否真的就"不近人情"？是否真的像惠施所批评的那样"大而无用"？从本书分析的自然和谐思想来看，表面的"不近人

---

[1]　张世英：《新哲学讲演录》，桂林，广西师范大学出版社，2004，第11、37页。

情"实际透显着一种吁求各适其天的温情，诚如张祥龙所说："道家的基本思路中已含有大慈大悲的菩萨行的睿智。"①

我们无法否认，个体之间的差异性、多样性是一个直接现实，而每一个体都是关系性的存在，都是联系网中的一个节点，这也不证自明。如何在不泯灭多元、个体的基础上达成整体的和谐？这是人类永远面临的一个课题。西方当代思潮将他者纳入视野，以取代笛卡儿以来征服性的主体概念。互为主体性问题成为哲学讨论的一个热点。以此为参照系，我们看到了老庄自然和谐思想的现代价值，从而使重估道家哲学之价值成为必要。② 在开放、民主、平等、自由、和谐等成为普遍价值的当今社会，在民族矛盾、宗教冲突、文明冲突大范围存在的今天，老庄自然和谐思想由于能唤醒个体的自我意识、自尊自律意识，同时又强调多元价值的和谐共存与共同发展，故理应成为现代开放社会的重要思想资源。儒家虽然崇尚"万物并育而不相害，道并行而不悖"，但因其学说有一元论、独断论、封闭性等根本特征，结果妨碍了"和而不同"的真正达成。比如，他们突出颐养的道德功课，但"临人以德"的做法容易导致宽容精神的缺失。再如，其等级观念有违平等精神，强势教化与多元性相左，角色意识会抹杀对个性的承认，忠君思想盖过民本思想，信师是古往往导致有经无权。这些都可以说是儒家学说的内在矛盾，在历史上也往往是前者吞噬后者。墨家主张"尚同"，自然违背了"和"的精神。法家更不允许多元的存在，他们要营造强制的秩序。只有道家强调以个体为本位，在个体自由发展的基础上达成群体的和谐。社会不希望混乱无序，也拒绝强制的秩序。相对而言，循着老庄哲学，最易在人间世开出自然的秩序和自然的和谐。刘笑敢认为，道家"自然的价值却不大容易和其他价值

---

① 张祥龙：《海德格尔思想与中国天道》，北京，生活・读书・新知三联书店，1996，第331页。

② 老庄自然和谐思想使中国古代哲学与现代西方哲学多了一种对话的可能。比如，只要不流于简单比附，用现象学等方法来透视道家哲学就很有意义，更何况现象学与存在主义的思想灵感之一就是老庄哲学。笔者在导论中已提到庄子思想给了马丁・布伯很多灵感。而20世纪30年代以后，海德格尔的思想转向也与老庄思想的影响有关。张祥龙曾指出："海德格尔深受布伯这本庄子选集译本及其后记的影响。"（《从现象学到孔夫子》，北京，商务印书馆，2001，第275页）关于这一点，还可参考其《中华古学与现象学》中的有关文章。钟华《从逍遥游到林中路——海德格尔与庄子诗学思想比较》（北京，中国社会科学出版社等，2004）的前两章也分别考察了海德格尔有关思想与道家思想之间的事实联系和学理联系。在西方，早有学者探讨过海德格尔思想对东亚有关思想的资取，如莱因哈特・梅依（Reinhard May）于1989年发表了 *Ex oriente lux：Heideggers Werk unter ostasiatischem Einfluss* 一书。（中译本《海德格尔与东亚思想》，张志强译，北京，中国社会科学出版社，2003）

发生冲突，相反，自然的原则可以帮助不同的价值原则和平相处，因为自然的原则反对任何人把自己的价值、目的、意志强加于人，从而有利于避免或缓解冲突"①。一个社会或某种文明，它的发展水平当以民众享有的"自然"程度为重要标准。

老庄思想透着一股清新的美丽精神，但它却是中国思想史上最受曲解的哲学。此非立说者之过，乃学人不察之失。种种曲解将会永远存在，我们无法彻底防止，也不可能一劳永逸地将其消除，因为这里不存在一个累进的问题。我们每个人必须亲自经历长期的研读过程，才有可能贴近他们的内心世界。在没有反复涵咏和省思道家文本的情况下，诸多误会的产生竟是自然而然、不可避免的。而笔者虽然力图借会通原始材料、领会思想的内在逻辑来加以避免，然终因个人学力有限，误解与曲解或许亦在所难免。希方家与细心的读者有以教之！

① 刘笑敢：《老子——年代新考与思想新诠》，台北，东大图书股份有限公司，1997，第102页。

主要参考文献

[1]（西汉）司马迁撰：《史记》，北京，中华书局，1959。

[2]（东汉）许慎撰，（清）段玉裁注：《说文解字注》，上海，上海古籍出版社，1981。

[3]（东汉）袁康、吴平辑录：《越绝书》，上海，上海古籍出版社，1985。

[4]（汉）韩婴撰：《韩诗外传校释》，北京，中华书局，1980。

[5]（汉）刘向撰：《说苑校证》，北京，中华书局，1987。

[6]（汉）严遵：《老子指归》，北京，中华书局，1994。

[7]（梁）萧统编、（唐）李善注：《文选》，上海，上海古籍出版社，1986。

[8]（唐）陆德明撰：《经典释文·老子音义》，北京，中华书局，1983。

[9]（北宋）陈景元造：《庄子阙误》，见《道藏》第 15 册第 955～959 页。

[10]（北宋）吕惠卿撰：《庄子义集校》，北京，中华书局，2009。

[11]（北宋）苏轼撰：《东坡志林》，北京，中华书局，1981。

[12]（北宋）王安石著，容肇祖辑：《王安石老子注辑本》，北京，中华书局，1979。

[13]（南宋）朱熹撰：《四书章句集注》，北京，中华书局，1983。

[14]（宋）黎靖德编：《朱子语类》，北京，中华书局，1961。

[15]（宋）林希逸：《庄子鬳斋口义校注》，北京，中华书局，1997。

[16]（元）吴澄撰：《道德真经注》，《粤雅堂丛书》本。

[17]（明）憨山德清注：《庄子内篇注》，上海，华东师范大学出版社，2009。

[18]（明）憨山德清撰：《道德经解》，上海，华东师范大学出版

社，2009。

[19]（明）焦竑撰：《老子翼》，上海，华东师范大学出版社，2011。

[20]（明）李贽撰：《焚书》，北京，中华书局，1961。

[21]（明）陆西星撰：《南华真经副墨》，明万历六年初刻本。

[22]（明）沈一贯撰：《老子通》，明万历十五年刻本。

[23]（明）王樵撰：《老子解》，见《方麓集》卷13，《四库全书》本。

[24]（明）薛蕙集解：《老子集解》，明嘉靖十五年刊本。

[25]（明）朱得之撰：《老子通义》，明嘉靖四十四年朱氏浩然斋刊三子通义本。

[26]（清）毕沅辑：《老子道德经考异》，北京，中华书局，1985。

[27]（清）陈士珂辑：《孔子家语疏证》，北京，商务印书馆，1940。

[28]（清）戴震撰：《孟子字义疏证》，北京，中华书局，1962。

[29]（清）郭庆藩撰：《庄子集释》，北京，中华书局，1961。（所引《庄子》文本、向郭注、成疏据此）

[30]（清）胡文英评释：《庄子独见》，上海，华东师范大学出版社，2011。

[31]（清）林云铭撰：《庄子因》，清白云精舍刻本。

[32]（清）孙希旦撰：《礼记集解》，北京，中华书局，1989。

[33]（清）孙诒让撰：《墨子闲诂》，北京，中华书局，2001。

[34]（清）孙诒让撰：《札迻》，济南，齐鲁书社，1989。

[35]（清）王夫之：《船山全书》第二、三册，长沙，岳麓书社，1988。

[36]（清）王夫之：《庄子解》，北京，中华书局，1964。

[37]（清）王念孙撰：《读书杂志·余编上》，北京，中国书店，1985。

[38]（清）王文诰辑注：《苏轼诗集》，北京，中华书局，1982。

[39]（清）王先谦集解、刘武编著：《庄子集解　庄子集解内篇补正》，北京，中华书局，2008。

[40]（清）王先谦撰：《韩非子集解》，北京，中华书局，1998。

[41]（清）王引之撰：《经传释词》，北京，中华书局，1956。

[42]（清）魏源撰：《老子本义》，上海，华东师范大学出版社，2010。

[43]（清）宣颖：《南华经解》，清同治年间皖城藩署刊本。

[44]（清）严可均辑：《全上古三代秦汉三国六朝文》，北京，中华书局，1958。

[45]（清）于鬯：《香草续校书》，北京，中华书局，1963。

[46]（清）俞樾：《诸子平议》，北京，中华书局，1954。

[47]《大正新修大藏经》，台北，财团法人佛陀教育基金会出版部，1990。

[48]《道藏》第12～16册，北京，文物出版社等，1988。

[49]《老子道德经河上公章句》，北京，中华书局，1993。

[50]《卍续藏经》，台北，新文丰出版公司，1993。

[51]《宗白华全集》第二、三卷，合肥，安徽教育出版社，1994。

[52]北京大学出土文献研究所编：《北京大学藏西汉竹书》[贰]，上海，上海古籍出版社，2012。（内为汉简本《老子》）

[53]陈鼓应、白奚：《老子评传》，南京，南京大学出版社，2001。

[54]陈鼓应：《老庄新论》，上海，上海古籍出版社，1992。

[55]陈鼓应：《庄子浅说》，北京，生活·读书·新知三联书店，1998。

[56]陈鼓应主编：《道家文化研究》第1、2、5、6、8、10辑，上海，上海古籍出版社，1992—1996。

[57]陈鼓应主编：《道家文化研究》第14、15、17、19、22辑，北京，生活·读书·新知三联书店，1998—2007。

[58]陈鼓应注译：《老子今注今译》，北京，商务印书馆，2003。

[59]陈鼓应注译：《庄子今注今译》，北京，中华书局，1983。

[60]陈来：《古代思想文化的世界——春秋时代的宗教、伦理与社会思想》，北京，生活·读书·新知三联书店，2002。

[61]陈来：《竹帛〈五行〉与简帛研究》，北京，生活·读书·新知三联书店，2009。

[62]陈少明：《〈齐物论〉及其影响》，北京，北京大学出版社，2004。

[63]陈伟：《郭店竹书别释》，武汉，湖北教育出版社，2003。

[64]陈柱编：《老子集训》，北京，商务印书馆，1928。

[65]成复旺：《神与物游——论中国传统审美方式》，北京，中国人民大学出版社，1989。

[66]成复旺：《中国古代的人学与美学》，北京，中国人民大学出版社，1992。

[67]程俊英、蒋见元：《诗经注析》，北京，中华书局，1991。

[68]程树德撰：《论语集释》，北京，中华书局，1990。

[69]崔大华：《庄学研究》，北京，人民出版社，1992。

[70]崔大华：《庄子歧解》，郑州，中州古籍出版社，1988。

[71]崔仁义：《荆门郭店楚简〈老子〉研究》，北京，科学出版

社，1998。

[72]邓立光：《老子新诠——无为之治及其形上理则》，上海，上海古籍出版社，2007。

[73]丁四新：《郭店楚竹书〈老子〉校注》，武汉，武汉大学出版社，2010。

[74]东海大学哲学系主编：《中国文化论文集》三、四，台北，幼狮文化事业公司，1981—1986。

[75]董京泉：《老子道德经新编》，北京，中国社会科学出版社，2008。

[76]费孝通：《乡土中国》，北京，北京出版社，2005。

[77]冯友兰：《贞元六书》，上海，华东师范大学出版社，1996。

[78]冯友兰：《中国哲学史》上册，上海，华东师范大学出版社，2000。

[79]冯振撰：《老子通证》，上海，华东师范大学出版社，2012。

[80]傅伟勋：《从西方哲学到禅佛教》，北京，生活·读书·新知三联书店，1989。

[81]傅亚庶撰：《孔丛子校释》，北京，中华书局，2011。

[82]高亨：《重订老子正诂》，上海，开明书店，1948。

[83]高明撰：《帛书老子校注》，北京，中华书局，1996。

[84]葛兆光：《中国思想史·导论：思想史的写法》，上海，复旦大学出版社，2001。

[85]古棣、周英：《老子通·上部·老子校诂》，长春，吉林人民出版社，1991。

[86]谷斌、郑开注译：《黄帝四经今译》，北京，中国社会科学出版社，1996。

[87]郭沫若：《十批判书》，北京，东方出版社，1996。

[88]郭沂：《郭店竹简与先秦学术思想》，上海，上海教育出版社，2001。

[89]国家文物局古文献研究室编：《马王堆汉墓帛书》一，北京，文物出版社，1980。（所引《黄帝四经》据此）

[90]韩林合：《虚己以游世：〈庄子〉哲学研究》，北京，北京大学出版社，2006。

[91]侯外庐等：《中国思想通史》一卷，北京，人民出版社，1992。

[92]胡适：《中国哲学史大纲》上卷，北京，商务印书馆，1947。

[93]黄怀信撰：《鹖冠子汇校集注》，北京，中华书局，2004。

[94]黄晖撰：《论衡校释》，北京，中华书局，1990。

[95]黄锦鋐：《庄子及其文学》，台北，东大图书有限公司，1977。

[96]黄寿祺、张善文撰：《周易译注》，上海，上海古籍出版社，2004。

[97]黄钊：《帛书老子校注析》，台北，台湾学生书局，1991。

[98]蒋锡昌：《老子校诂》，北京，商务印书馆，1937。

[99]蒋锡昌：《庄子哲学》，北京，商务印书馆，1937。

[100]荆门市博物馆编：《郭店楚墓竹简》，北京，文物出版社，1998。

[101]兰喜并：《老子解读》，北京，中华书局，2005。

[102]劳思光：《新编中国哲学史》一、二卷，桂林，广西师范大学出版社，2005。

[103]黎翔凤撰：《管子校注》，北京，中华书局，2004。

[104]李存山注译：《智慧之门·老子》，郑州，中州古籍出版社，2004。

[105]李大钊：《李大钊全集》第1、2卷，北京，人民出版社，2006。

[106]李零：《郭店楚简校读记》，北京，中国人民大学出版社，2007。

[107]李零：《人往低处走：〈老子〉天下第一》，北京，生活·读书·新知三联书店，2008。

[108]李民、王健撰：《尚书译注》，上海，上海古籍出版社，2004。

[109]李泽厚：《中国古代思想史论》，北京，人民出版社，1985。

[110]梁启超：《先秦政治思想史》，北京，东方出版社，1996。

[111]廖名春：《郭店楚简老子校释》，北京，清华大学出版社，2003。

[112]刘坤生：《老子解读》，上海，上海古籍出版社，2004。

[113]刘文典撰：《淮南鸿烈集解》，合肥，安徽大学出版社等，1998。

[114]刘笑敢：《老子古今：五种对勘与析评引论》上下，北京，中国社会科学出版社，2006。

[115]刘笑敢：《老子——年代新考与思想新诠》，台北，东大图书股份有限公司，1997。

[116]刘笑敢：《诠释与定向——中国哲学研究方法之探究》，北京，

商务印书馆，2009。

[117]刘笑敢：《庄子哲学及其演变》，北京，中国社会科学出版社，1988。

[118]刘泽华、葛荃主编：《中国古代政治思想史》（修订本），天津，南开大学出版社，2001。

[119]刘钊：《郭店楚简校释》，福州，福建人民出版社，2005。

[120]楼宇烈校释：《王弼集校释》，北京，中华书局，1980。（所引王弼《老子注》据此）

[121]卢育三：《老子释义》，天津，天津古籍出版社，1987。

[122]罗安宪：《虚静与逍遥——道家心性论研究》，北京，人民出版社，2005。

[123]罗义俊撰：《老子译注》，上海，上海古籍出版社，2012。

[124]马承源主编：《上海博物馆藏战国楚竹书》三，上海，上海古籍出版社，2003。

[125]马叙伦：《老子校诂》，北京，中华书局，1974。

[126]缪文远：《战国策新校注》，成都，巴蜀书社，1987。

[127]牟钟鉴：《老子新说》，北京，金城出版社，2009。

[128]牟宗三：《中国哲学的特质》，上海，上海古籍出版社，1997。

[129]牟宗三：《中国哲学十九讲》，台北，学生书局，1983。

[130]聂中庆：《郭店楚简〈老子〉研究》，北京，中华书局，2004。

[131]庞朴：《一分为三——中国传统思想考释》，深圳，海天出版社，1995。

[132]彭浩校编：《郭店楚简〈老子〉校读》，武汉，湖北人民出版社，2000。

[133]彭林：《中国古代礼仪文明》，北京，中华书局，2004。

[134]彭裕商、吴毅强：《郭店楚简老子集释》，成都，巴蜀书社，2011。

[135]钱穆：《庄老通辨》，北京，生活·读书·新知三联书店，2002。

[136]钱穆：《庄子纂笺》，台北，三民书局，1981。

[137]钱锺书：《管锥编》第一、二册，北京，中华书局，1979。

[138]饶宗颐：《老子想尔注校证》，上海，上海古籍出版社，1991。

[139]苏舆撰：《春秋繁露义证》，北京，中华书局，1992。

[140]孙以楷：《老子通论》，合肥，安徽大学出版社，2004。

[141]唐君毅：《中国哲学原论·导论篇》，北京，中国社会科学出版社，2005。

[142]唐君毅：《中国哲学原论·原道篇》卷一，台北，学生书局，1978。

[143]陶鸿庆：《读诸子札记》，北京，中华书局，1959。

[144]王邦雄：《老子〈道德经〉的现代解读》，长春，吉林出版集团有限责任公司，2011。

[145]王博：《庄子哲学》，北京，北京大学出版社，2004。

[146]王博编著：《奠基与经典：先秦的精神文明》，北京，北京大学出版社，2009。

[147]王淮注释：《老子探义》，台北，台湾商务印书馆，1977。

[148]王力：《老子研究》，北京，商务印书馆，1928。

[149]王利器撰：《文子疏义》，北京，中华书局，2000。

[150]王强：《道德经通释》，北京，昆仑出版社，2006。

[151]王栻主编：《严复集》第四册，北京，中华书局，1986。

[152]王叔岷：《先秦道法思想讲稿》，北京，中华书局，2007。

[153]王叔岷：《庄学管窥》，北京，中华书局，2007。

[154]王叔岷：《庄子校诠》上中下，台北，"中央研究院"历史语言研究所，1999。

[155]韦政通：《中国思想史》上，上海，上海书店出版社，2003。

[156]吴光明：《庄子》，台北，东大图书股份有限公司，1992。

[157]吴怡：《逍遥的庄子》，桂林，广西师范大学出版社，2006。

[158]吴怡：《新译老子精义》，台北，三民书局，2008。

[159]吴则虞撰：《晏子春秋集释》，北京，中华书局，1982。

[160]武汉大学中国文化研究院编：《郭店楚简国际学术研讨会学术论文集》，武汉，湖北人民出版社，2000。

[161]奚侗集解：《老子》，上海，上海古籍出版社，2007。

[162]萧公权：《中国政治思想史》，沈阳，辽宁教育出版社，1998。

[163]邢文编译：《郭店老子与太一生水》，北京，学苑出版社，2005。

[164]熊十力：《十力语要》，北京，中华书局，1996。

[165]徐梵澄：《老子臆解》，北京，中华书局，1988。

[166]徐复观：《中国人性论史》，上海，华东师范大学出版社，2005。

[167]徐复观:《中国艺术精神》,上海,华东师范大学出版社,2001。

[168]徐克谦:《庄子哲学新探:道·言·自由与美》,北京,中华书局,2005。

[169]徐元诰撰:《国语集解》,北京,中华书局,2002。

[170]徐志钧校注:《老子帛书校注》,北京,学林出版社,2002。

[171]许抗生:《帛书老子注译与研究》,杭州,浙江人民出版社,1982。

[172]鄢圣华:《老子旨归》,合肥,安徽教育出版社,2013。

[173]严灵峰:《老子达解》,台北,华正书局,2008。

[174]颜世安:《庄子评传》,南京,南京大学出版社,1999。

[175]杨伯峻编著:《春秋左传注》,北京,中华书局,1981。

[176]杨伯峻撰:《列子集释》,北京,中华书局,1979。

[177]杨天宇撰:《周礼译注》,上海,上海古籍出版社,2004。

[178]叶国庆等:《庄子研究论集新编》,台北,木铎出版社,1988。

[179]叶海烟:《老庄哲学新论》,台北,文津出版社,1997。

[180]叶朗:《中国美学史大纲》,上海,上海人民出版社,1985。

[181]叶秀山:《美的哲学》,北京,人民出版社,1991。

[182]于省吾:《双剑誃诸子新证》上册,北京,中华书局,2009。

[183]余嘉锡撰:《世说新语笺疏》,北京,中华书局,1983。

[184]余英时:《士与中国文化》,上海,上海人民出版社,1987。

[185]袁保新:《从海德格尔、老子、孟子到当代新儒学》,武汉,武汉大学出版社,2011。

[186]袁行霈撰:《陶渊明集笺注》,北京,中华书局,2003。

[187]曾昭旭:《老子的生命智慧》,北京,中国广播电视出版社,2008。

[188]张炳玉主编:《老子与当代社会》,兰州,甘肃人民出版社,2008。

[189]张岱年:《中国古典哲学概念范畴要论》,北京,中国社会科学出版社,1989。

[190]张岱年:《中国哲学大纲》,北京,中国社会科学出版社,1982。

[191]张恒寿:《庄子新探》,武汉,湖北人民出版社,1983。

[192]张默生原著、张翰勋校补:《庄子新释》,济南,齐鲁书

社，1993。

[193]张默生注释：《老子章句新释》，济南，济东印书社，1948。

[194]张世英：《境界与文化——成人之道》，北京，人民出版社，2007。

[195]张世英：《新哲学讲演录》，桂林，广西师范大学出版社，2004。

[196]张双棣等译注：《吕氏春秋译注》，长春，吉林文史出版社，1987。

[197]张舜徽：《周秦道论发微》，北京，中华书局，1982。

[198]张松辉：《老子译注与解析》，长沙，岳麓书社，2008。

[199]张松辉：《庄子疑义考辨》，北京，中华书局，2007。

[200]张松如：《老子说解》，济南，齐鲁书社，1998。

[201]张祥龙：《从现象学到孔夫子》，北京，商务印书馆，2001。

[202]张祥龙：《海德格尔思想与中国天道》，北京，生活·读书·新知三联书店，1996。

[203]张扬明：《老子考证》，台北，黎明文化事业股份有限公司，1985。

[204]章启群：《论魏晋自然观》，北京，北京大学出版社，2000。

[205]《哲学研究》编辑部编：《庄子哲学讨论集》，北京，中华书局，1962。

[206]郑开：《道家形而上学研究》，北京，宗教文化出版社，2003。

[207]郑良树：《老子新论》，上海，上海古籍出版社，2011。

[208]钟泰：《庄子发微》，上海，上海古籍出版社，1988。

[209]周绍贤：《老子要义》，台北，台湾中华书局，1977。

[210]朱大星：《敦煌本〈老子〉研究》，北京，中华书局，2007。

[211]朱良志：《中国美学十五讲》，北京，北京大学出版社，2006。

[212]朱谦之撰：《老子校释》，北京，龙门联合书局，1958。

[213]朱维焕：《老子道德经阐释》，台北，学生书局，2001。

[214]朱哲：《先秦道家哲学研究》，上海，上海人民出版社，2000。

[215]《诸子学刊》编委会编：《诸子学刊》第一辑，上海，上海古籍出版社，2007。

[216]〔德〕海德格尔：《林中路》（修订本），上海，上海译文出版社，2004。

[217]〔德〕康德：《道德形而上学原理》，上海，上海人民出版

社，1986。

[218]〔德〕马丁·布伯：《我与你》，北京，生活·读书·新知三联书店，2002。

[219]〔韩〕崔珍皙：《闻老子之声　听〈道德经〉解》，济南，齐鲁书社，2013。

[220]〔美〕艾兰：《水之道与德之端——中国早期哲学的本喻》，上海，上海人民出版社，2002。

[221]〔美〕爱莲心：《向往心灵转化的庄子：内篇分析》，南京，江苏人民出版社，2004。

[222]〔美〕安乐哲、郝大维：《道不远人——比较哲学视域中的〈老子〉》，北京，学苑出版社，2004。

[223]〔美〕韩禄伯：《简帛老子研究》，北京，学苑出版社，2002。

[224]〔美〕史华兹：《古代中国的思想世界》，南京，江苏人民出版社，2004。

[225]〔日〕寺冈龙含：《敦煌本郭象注庄子南华真经校勘记》，福井，福井汉文学会，1961。

[226]〔英〕葛瑞汉：《论道者：中国古代哲学论辩》，北京，中国社会科学出版社，2003。

[227]〔英〕霍布豪斯：《自由主义》，北京，商务印书馆，1996。

[228]〔英〕李约瑟：《中国科学技术史》第二卷，北京，科学出版社等，1990。

[229]〔英〕以赛亚·伯林：《自由论》，南京，译林出版社，2003。

[230]〔英〕约翰·洛克：《论宗教宽容》，北京，商务印书馆，1996。

[231]〔英〕约翰·密尔：《论自由》，北京，商务印书馆，1959。